近代古墳保存行政の研究

尾谷雅比古

思文閣出版

目次

第二部　古墳保存行政と地域社会

近代古墳保存行政の研究

序章

本研究の契機は、著者が基礎自治体の文化財担当職員として地域の文化財保存行政を進める中で、保存されるべき文化財そのものの価値以外に、文化財として認識され保存されていくための、その時代時代の歴史的背景が重要な意味をもつことに気づいたことである。その歴史的背景とは、特に近代における国家による行政施策及びそれに対応する地域の民衆の動きであった。具体的には、文化財保護法以前の古墳保存行政が国家の専管事項とされながらも、文化財が所在する地域を抜きに保存行政の研究は考えられないことである。

本書は、近代における文化財保存行政について古墳を素材として取り上げ、その背景にある国家の理念とそれに基づく施策、実施される行政行為の歴史的変遷を解明するとともに、行政と対峙する地域、民衆の動きも明らかにするものである。

第一節　問題の所在

現在、古墳は日本において、立ち入りは別として国民誰もが無条件で見ることができ認識できる文化遺産であり考古学的資料である。また、それらは、文化財保護法(1)（以下「法」）第一〇九条の「史跡（史跡名勝天然記念物）」として、そして法第九三条の「周知の埋蔵文化財包蔵地」として規定され、文化財行政により保存の施策が行われている。また、古代陵墓として治定された古墳は、行政財産に組み込まれ皇室用財産(2)として宮内庁により管理されている。

一方、所在する地域においては古墳の濠水を灌漑に利用することや墳丘の一部が入会地となり墓地や草場に利用されるなど、古墳は生活に身近なものとして存在している。また、神霊の存在する場所として民間信仰の対象とされる場合もある。そこまでいかなくとも、民話や伝説などの題材となるものも多く、民間伝承の宝庫でもある。

古墳の保存行政は、近代天皇制国家において国家祭祀の対象である天皇陵などを古代陵墓治定の対象として認識し、また国家の威信財として位置付けたことにより進められた。この行政が保存という行為にのりだすのは、日本が近代天皇制のもとに国家として体制が整備されはじめる明治時代からである。そして、国家施策と連動しながら進められた近代の古墳保存行政は、太平洋戦争の終結による占領施策と新憲法の発布、文化財保護法の成立によって終焉を迎えた。

これまで、近代における古墳に関する研究は陵墓問題を中心として近世史、近代史、考古学、文化史などから進められてきた。しかし、これら陵墓問題を含む古墳の取り扱いは国家が施策として進めるものであり、それを実行する行政という視点からの研究は見られない。つまり「万世一系」の近代天皇制イデオロギーの理念を具現化するのが施策であり、施策を進めるのが中央、地方庁を含む行政であり、これに対する実証的な研究は皆無である。本書のオリジナリティーは、この行政という視点を重視し、さらに行政と対峙する地域という視点からも古墳を論じたことである。以下、本書の主な論点をあげる。

第一部「古墳保存行政の変遷」で論じているが、第一の論点は、行政が古墳保存を行う、その根拠となる関係法令の制定、また主担する宮内省や内務省、文部省が地方庁などへ発出する通牒についてである。これらの法令発布や通牒発出の時代的背景と時代的変遷の解明が、古墳保存行政の制度を考える上で必要なものである。

また第二部「古墳保存行政と地域社会」で論じているが、第二の論点は、古墳保存の具体的な行政施策を進めた事例を抽出し、宮内省、内務省、文部省による行政行為が指定や陵墓治定あるいは破壊の容認など、古墳にどのように作用したかを明らかにすることである。

さらに、第三の論点は、第二の論点から導かれるものであるが、具体的な行政施策が、宮内省、内務省、文部省による行政行為によって古墳所在地の地方庁を通じて実施され、それに対応する古墳所在地の地域社会あるいは行政施策を導こうとする地域社会の動きを明らかにすることである。

第二節　先行研究の状況

本論の古墳保存行政に関係すると考えられる従来の研究には、大きく二つのアプローチがみられる。一つは文化財研究[3]、二つめは古墳・陵墓研究である。

(1)　文化財研究からのアプローチ

文化財行政史については、先駆的な二人の元文化財行政担当者による総論的な研究がある。

一九七七年、鬼頭清明はその著書『日本都市論序説』[4]の中で「文化財行政史ノート」と題して章を設け、文化財行政にたずさわった経験者として、はじめて近代の文化財行政の総括を試みている。その中で一八六八年から一九四五年の太平洋戦争終結までの間を1（一八六八～一八九四）、2（一八九五～一九三〇）、3（一九三一～一九四五）に時期区分し、文化財行政の展開とその背景を論じている。そして、「文化遺産が天皇制イデオロギーの宣伝のために使われた道具としての歴史を示している」と結論づけている。そして、古墳、陵墓について第一段階（一八六八〜一八九四）の説明の中で「史蹟・古墳についていうと、明治初期にはそれほど行政上問題とされていない」と記している。しかし、陵墓については古墳が陵墓として比定されたことによって、近代の考古学者、歴史学者の科学的対象から隔離されたと論じた。

鬼頭清明も在籍した奈良国立文化財研究所に所属していた田中琢は、一九八二年「遺跡遺物に関する保護原則の確立過程」(5)を発表した。近代から現代（一九七〇年代）にいたる保護行政史について、初期博物館行政を進めた町田久成、近代の文化財保護制度の確立を推し進めた九鬼隆一、史蹟・遺跡遺物の保存について理論的に影響を与えた黒板勝美を介して論じている。そして、近代における史蹟名勝天然紀念物保存法の制定は「国家による歴史の選別保護顕彰にあった」とその理由を断じた。

この二人の先駆的な文化財行政の史的研究の後、一九九〇年代から日本近代史研究において近代国家形成における文化財問題が重要視されていった。一九九一年一一月の『日本史研究』(6)では「近代の文化財と歴史認識」と題して特集を組んでいる。その後、一九九八年には『歴史評論』(7)も「近代日本の文化財問題」と題して特集を組んだ。これら研究の中心となったのは、各特集で論を展開した鈴木良、住友陽文、高木博志、羽賀祥二、山上豊などであり、文化財問題の歴史的意義づけを含め文化財に関する諸問題を研究した。

高木博志は一九九七年の『近代天皇制の文化史的研究』(8)において、天皇就任儀礼や宮中の年中行事の研究とともに古器物・古社寺・名勝旧蹟・史蹟・天然記念物などいわゆる文化財を通じて、近代天皇制形成論を論じた。そして近代日本における文化財保護行政は天皇制の文化的統合として具体化されたものであるとしている。

一方、鈴木良は、二〇〇二年に『文化財と近代日本』(9)の中で「近代日本文化財問題研究の課題」と題して総括的に文化財問題の課題を抽出している。その課題として「御物」「博覧会」「帝室博物館」「国宝、史蹟、名勝」「陵墓」「戦争・植民地支配と文化財」を提示している。そして「近代日本の文化財は天皇家の尊厳の証明として、天皇家の財産として集積された」と述べ、文化財問題と天皇制との関係を示した。

また、自治体史では『河内長野市史』第三巻（本文編三）において、文化財保存の項目を起こして明治から昭和前期にかけての国、大阪府による市域の文化財施策について記述している。

二〇〇九年に大久保徹也は、史蹟名勝天然紀念物保存法及び文化財保護法による記念物指定制度について、八期に分けて指定動向を描いている[10]。また、その指定制度の重要な基礎資料となる『史跡・名勝・天然記念物指定等告示目録〈資料編〉[11]』を二〇〇八年に、同〈資料編二〉[12]を二〇〇九年に編集刊行している。

（2）古墳・陵墓研究

近代における陵墓研究は、明治以降の陵墓治定の解明である。今井堯は一九七七年一月の『歴史評論[13]』で「明治以降陵墓決定の実態と特質」と題して、『陵墓録』『陵墓一覧』などの近代の行政資料や考古学的知見をもちいて、陵墓の治定過程を明らかにしている。その中で、多くの考古学上重要な古墳が、現在まで陵墓として囲い込まれて古代史や地域史などの科学的研究が阻害されていることを示唆している。

先の高木博志は、陵墓問題を取り上げるにあたり、陵墓は、秘匿されて国民から隔絶した皇室用財産であり、その他の古墳は史蹟名勝天然紀念物保存法制定以後公開された文化財として存在し、両者は並列した状況であったとしている[14]。その状況が、依然として現在まで続いていることを示唆している。

この陵墓問題を取り上げるにあたっては、かならず問題になるのが陵墓の公開である。これは、戦後一貫して研究者たちが宮内庁に対して投げかけているものである。その運動の成果として、一九七九年一〇月には白髪山古墳（伝清寧天皇陵）が限定公開され、以後三〇回以上実施された。また二〇〇八年には五社神古墳（伝神功皇后陵）の陵墓立ち入り調査、陵墓参考地である百舌鳥御廟山古墳、ニサンザイ古墳の市民への発掘調査現場の公開が実現している。この公開運動三〇周年を記念して二〇〇九年一一月二三日に開催されたシンポジウムの中で茂木雅博が「陵墓公開運動三〇年の歩みと展望」、高木博志が「陵墓の近代と「国史」像」、谷口栄が「教科書のなかの陵墓」、今尾文昭が「埋蔵文化財行政と宮内庁陵墓」、大久保徹也が「記（紀）念物指定制度と陵墓制度」と題して発表し、陵墓・古墳・文化財について多面的な方向から論じている。特に大久保は近代の記念物指定制度が陵墓制度を補完する役割をもちながら、両者が併存して古墳保存、管理が進められ、この両者の共存体制が現在に引き継がれているとしている。(15)

また、外池昇は著書『幕末・明治期の陵墓』(16)の中で「陵墓伝承と明治政府」の章をたて、明治政府の陵墓施策について論じている。特に皇子・皇女墓の決定・管理については、従来天皇陵の治定を中心としていた陵墓行政から、皇子・皇女墓だけでなく宮家や二世以下など陵墓行政の対象が拡大していく状況を解明している。そして、具体例として地域における陵墓伝承に対する政府や地方庁の対応を挙げている。

（3） 地域と古墳

地方史においても、近代特に明治期の陵墓・古墳の地域における関わりについて、中央の行政措置との関連からの研究もされている。

山上豊(17)は奈良県の見瀬丸山古墳を取りあげ、「陵墓伝説地・参考地」の治定について論を展開している。この古墳は、天武・持統天皇陵の治定をうけながら取り消されたが、その後の政府による古墳の取り扱いについて、奈良県行政文書の分析を通じて明らかにしている。

また塩野博(18)は埼玉県内の陵墓伝承を持つ古墳を取りあげ、明治時代前期における陵墓伝承の調査が陵墓行政にどのような影響を与えたかを論じている。特に、陵墓伝説地の内定にいたる宮内省、埼玉県、所在地の樋遣川村との三者の行政的交渉を明らかにしている。

両論文とも、現在まで伝えられた地方庁の行政文書を分析することにより、陵墓に関して地方庁と中央との行政措置の経緯を明らかにした。

自治体史においては、古市古墳群が所在する羽曳野市、藤井寺市両市の市史の中で陵墓関係資料が掲載されている。『羽曳野市史』第五巻（史料編三）・第六巻（史料編四）、『藤井寺市史』第八巻（史料編六）が該当する。また両市に接する松原市では陵墓参考地である河内大塚山古墳について『松原市史』第二巻（本文編二）で補遺として一編を起こし西田孝司によって論じられている。近年今まであまり取り上げられなかった陵墓や古墳に関する近世から近代における地域史料が公開されるようになった。

第三節 本書の構成

本書は二部構成とし、第一部の「古墳保存行政の変遷」では、明治前期から昭和前期における行政施策とその根拠となる関係法令発布、通牒発出の状況とその背景について総論的に時系列で論じた。

まず、第一章の「近代古墳保存行政の成立」では、法令施行等の状況から大きく次の三期に画する。第Ⅰ期（一八六八～一八九四）は明治維新から日清戦争までの期間であり、歴代天皇の未定十三陵を主とする陵墓治定を目的とする陵墓行政が進められた。第Ⅱ期（一八九五～一九〇四）は日清戦争から日露戦争までの期間で、民間から古墳墓保存の運動が起こり陵墓行政とは異なる行政措置が行われはじめた。第Ⅲ期（一九〇五～一九一九）

は日露戦争後から一九一九年（大正八）の史蹟名勝天然紀念物保存法の制定までの期間とした。

この間、国家にとって最重要な陵墓古墳を選別し対象とする陵墓行政に、陵墓古墳と遜色のない大型古墳などを選別対象とする史蹟行政が加わったことを明らかにした。そして、この画期の背景には、近代天皇制国家の成立とナショナリズムの高揚、帝国主義化があると考えた。

このように、日本における古墳保存行政は、一九五〇年の文化財保護法の制定まで陵墓行政と史蹟行政という二面行政が行なわれたわけであるが、実態は、宮内省による陵墓行政を上位とするものであったと断じた。そして、陵墓行政、史蹟行政の対象にならない数多くの古墳は行政から顧みられなかったことを明らかにした。

第二章では、第一章に引き続き一九一九年の史蹟名勝天然紀念物保存法の制定から、一九五〇年の文化財保護法の制定と史蹟名勝天然紀念物保存法の失効までの古墳保存行政の変遷を明らかにした。この間は古墳保存行政の展開期としてとらえ、第Ⅳ期から第Ⅶ期までの四期に画して分析した。

第Ⅳ期は一九一九年の史蹟名勝天然紀念物保存法の制定から、史蹟行政の主坦が内務省から文部省に移管される一九二七年までである。第Ⅴ期は一九二八年に史蹟行政が文部省に移管後から一九三八年の国家総動員法の制定までである。第Ⅵ期は一九三八年の国家総動員法の制定から一九四五年の太平洋戦争の終結までである。第Ⅶ期は一九四五年の連合軍の進駐とGHQの占領政策開始から一九五〇年の文化財保護法制定による史蹟名勝天然紀念物保存法の失効までである。

第二部の「古墳保存行政と地域社会」では、各時期における地域での古墳保存行政の実例をあげ、そこからみえる近代の保存行政の実態と地域との関係を示し、国家と地域の思惑のうえに古墳の保存が論議されていたことを明らかにした。

第三章の「仲哀天皇陵墓伝承地の変遷」では、大阪府河内長野市上原町に所在する仲哀天皇陵とされた陵墓伝承地の変遷を例として、地域により守り伝えられてきた古墳が、近代に成立する行政制度によって地域の意向と関係なく処分が決定されていくことを明らかにした。

江戸時代、この上原の陵墓伝承地が天皇陵と認識されていた時期に陵墓の構成要素であった神社が、天皇陵が否定されるとともに単独で信仰対象となっていった。明治維新後、近代神社制度が整備されていく中で、陵墓伝承地が逆に神社の構成要素と認識された。そして、政府の社寺上知と地租改正により、周囲の山林とともに一括で上知処分された。しかし、その後、神社に払い下げられたが、合祀により、売却あるいは開墾などの処分が予定されることになった。そこで陵墓行政による古墳保存に関する判断と許可が必要となる。結果、宮内省から非陵墓と認定されたことで、この土地を処分することが可能になったのである。

古墳の保存は、一九一九年の「史蹟名勝天然紀念物保存法」の制定による新たな保存施策が実施されるまで、陵墓に関係するか否かによって大きく変わった。つまり、非陵墓古墳とされた古墳については行政上保存措置をとることはなかった。このことは、近代天皇制国家成立過程の中で行われた神社制度や社寺上知令など行財政制度により、江戸時代以来地域で守り伝えられさらには信仰対象とされてきた陵墓伝承地が打ち捨てられたことを意味する。

第四章では「淡輪古墳群に対する保存施策」として、古墳保存行政制度の成立過程における地域の古墳保存の実態として大阪府泉南郡岬町に所在する淡輪古墳群を構成する淡輪ニサンザイ古墳、西陵古墳、西小山古墳をとりあげた。

淡輪ニサンザイ古墳は陵墓の宇度墓として治定されるが、その経緯は第Ⅰ期の古墳保存行政を主導した陵墓行政の一例である。また、西陵古墳に対する保存措置は、第Ⅱ期から第Ⅲ期にかけてあらわれた史蹟という新たな保存施策により進められた。一方、西小山古墳に対する行政措置は、一九一九年の史蹟名勝天然紀念物保存法制定による第Ⅳ・Ⅴ期における地方行政組織による保存と破壊であった。これらの古墳は、国家の意思の下で選択・選別されたものである。治定や指定などといった行政措置は、近世以来の伝統的な地域社会に国家を強く意識させる要因となった。

近代の古墳保存行政では、第一に近代天皇制国家という枠組みに必要不可分な陵墓古墳という国家祭祀の伴う古墳を選別し保存行政を行った。次に陵墓古墳以外の古墳の中から国家にとって歴史的資源であり威信財、国民教化の教育資源として位置づけられる古墳を史蹟指定古墳として選別し保存行政を行った。これらの選別からはずれた古墳に対する行政による保存措置は、一九五〇年の文化財保護法の制定までまたなければならなかった。

第五章の「百舌鳥古墳群の史蹟指定」では、文化財保護法により史蹟として指定され保存されている大阪府堺市に所在の百舌鳥古墳群を構成する塚廻古墳と収塚古墳、長塚古墳をとりあげた。これら三基の古墳は、史蹟名勝天然紀念物保存法が一九一九年に制定された後、一九二〇年五月に塚廻古墳と収塚古墳が大阪府内最初の史蹟に仮指定され、その二ヵ月後に長塚古墳が仮指定された。これらの仮指定は、府内最初の史蹟に対する指定行為というだけでなく、全国的にも後の本指定に先駆けて行われた仮指定という最初の行政処分であった。

史蹟名勝天然紀念物保存法の制定は、行政上、陵墓古墳以外に新たな史蹟指定古墳を生み出した。これは、国家の直接管理すなわち官有地への編入をともなわず、民間所有地のまま私権を制限し国家が管理できる古墳の出現であった。それは、宮内省による陵墓行政以外に、内務省所管の史蹟行政による古墳保存行政の始まりである。そこには、最高の国家祭祀を伴う祖先崇拝の対象としての墳墓を守るという陵墓行政を補完するための史蹟行政の位置づけも忘れてはならない。

第六章の「大師山古墳の発見と顕彰」は、一九三〇年（昭和五）に石製腕飾類が多量に出土した大阪府南河内郡三日市村（現大阪府河内長野市）で発見された「大師山古墳」の行政手続きを例とし、文化財保護法以前における埋蔵文化財行政の分析を試みた。さらに、当時の宮内省、帝室博物館が進める古墳の出土品中央収奪型の埋蔵文化財行政が、発見者を含む地域の人々に対して与えた影響や地域の人々が行った古墳の改葬及び顕彰活動についても言及を試みた。

本章の中で古墳の発見後の行政手続きは、文化財保護法以前の古墳の取り扱いが埋蔵文化財の保護ではなく陵墓行政の一端であったことや埋蔵物行政が帝室博物館の古墳出土品を収奪するためのものであったことを明らかにした。また、地域では、古墳を改葬し模型や標柱石を設置し顕彰することにより、皇室財産（天皇と国家）と結びつく古墳という歴史的位置づけで新たな史蹟を誕生させた。さらに古墳は顕彰施設を造ることにより以後「郷土の史蹟」として強く意識され、地域の中で歴史を共有することとなった。

第七章は「九州における戦時体制下の古墳保存行政」として、陸軍飛行場建設で墳丘が破壊され、出土品が改葬という名目で再埋納された宮崎県の新田原古墳群、六野原古墳群の二ヵ所及び陵墓治定がなされた佐賀県の目達原古墳群を取り上げた。戦時体制下における古墳の取り扱いをみることによって、近代の古墳保存行政の変遷を論じた。

一九三七年（昭和一二）の盧溝橋事件を口実に日中両国は全面戦争へ発展し、その翌年四月一日に国家総動員法（昭和一三年法律第五五号）が制定された。これにより、わが国は戦時体制となり、国家のあらゆるものが統制された。さらに第二次世界大戦末期の一九四五年六月一日には戦時緊急措置法（昭和二〇年法律第三八号）が制定され、さらなる統制がなされた。

この戦時体制下において、国内各地に軍事関連施設及び軍需関連施設が増強されていった。その建設工事において古墳が破壊される場合も往々にして起こった。九州では軍事上地理的・地形的条件から、広範囲で平坦な土地が必要な飛行場建設が進められた。工事によって、そこに分布する古墳群が破壊されていった。しかし、そのことは防衛上の国家機密として建設工事自体があまり公にされることは少なく、詳細がわからないことが多かった。国内における軍事施設の建設に伴い古墳の破壊が進む中で、多くの古墳は記録されることもなく破壊されていった。しかし、辛うじて実施された緊急発掘調査では、記紀に登場する古代天皇家に関係する人物の墳墓に位置づけ、その調査の目的を改葬にともなう記録保存とする場合が多い。それは改葬という名目を持つことにより、かろうじて軍の協力を得て古墳の記録保存が行われたのである。特に目達原古墳群の都紀女加王墓の陵墓治定は、国家の祖先崇拝対象と威信財の保存という名目をつくるため、軍と宮内省の妥協の産物であることも否定できない。

第四節　抽出した歴史的公文書

本論を展開するにあたり、課題とする古墳等を現地踏査するとともに、関連する国と地方の歴史的行政資料及び行政文書を抽出し資料として用い分析を行った。特に国の行政資料及び行政文書の中では、新たに公開された宮内庁の収蔵資料から多くの新たな知見が得られ、論の展開を補強することができた。

(1)　大阪府庁文書の存在

宮内庁書陵部所蔵資料(19)の中で『和漢図書分類目録』(20)から抽出した『大阪府庁文書』と『大阪府古墳墓取調書類』は、大阪府内の明治期、大正期の陵墓及び古墳・史蹟・名勝に関する行政の動きを伝える重要な資料である。いずれも簿冊の見送り部分に「本書ハ」から始まり簿冊名が書かれ「(大阪府庁所蔵)ヨリ抄出ス」と記されている。

そして書き写した日付と執筆者及び校合者、校了日が記されている。それによれば、この二つの資料は一九三四年（昭和九）・一九三五年に当時の諸陵寮が大阪府庁の行政文書から関係するものを書き写したものである。
陵九八五『大阪府庁文書』は九分冊からなり、一八七三年（明治六）の堺県[21]（現在の奈良県の一部を含む）時代から一九二五年（大正一四）までの大阪府内における陵墓の取消及び墳丘の整備、地域からの濠水使用や枯木の採取に関する願書などがつづられている。内容は以下のとおりである。

第一冊　社寺陵墓ニ関スル願届之件（明治六）
第二冊　御陵墓諸達（明治八―一六）
　　大和国行幸之節御陵墓へ奉幣使一件（明治一〇）
　　御陵墓一件（明治一四―一八）
　　英照皇太后陛下御大喪一件綴（明治三〇）
　　陵墓社寺演舌並帳簿目録
第三冊　御陵墓願伺届（明治一四）
第四冊　御陵墓一件書（旧堺県之分　明治一二）
第五冊　御陵墓関係書類（明治七―一六）
第六冊　官営招魂社及墳墓（明治三八―大正二）
第七―九冊　官祭招魂社及墳墓（大正二―六、一四）

また陵一一八八『大阪府古墳墓取調書類』は七分冊され一八七六年（明治九）から一九二三年（大正一二）にかけての、同じく陵墓、古墳に関する行政文書である。内容は以下のとおりである。

第一冊　大阪府古墳墓取調書類　上　東成郡、西成郡、住吉郡、島下郡

第二冊　大阪府古墳墓取調書類　下　島上郡、豊島郡、能勢郡
第三冊　大阪府古墳墓取調書類　名所旧跡但陵墓ニ係ル件一
第四冊　大阪府古墳墓取調書類　名所旧跡但陵墓ニ係ル件二
第五冊　大阪府古墳墓取調書類　名勝旧跡一件
第六冊　大阪府古墳墓取調書類　史蹟名勝保存（抄）
第七冊　大阪府古墳墓取調書類　名勝旧蹟調抜書

特に第六冊の「自大正九年至仝十二年　史蹟名勝保存（抄）」に関しては史蹟名勝天然紀念物保存法制定後の大阪府内の史蹟指定に至る経過や現状変更等に関する文書があり、初期の史蹟指定の状況が判明するものであった。

このほか、書陵部陵墓課の歴史資料の中から古墳に関する地方庁からの伺いに関する『古墳調査書類』（C五一一—四二二陵墓関係参考資料／六村中彦）や陵墓決定書類、考説・考証資料などから関係資料を抽出した。特に今回抽出した簿冊『陵墓資料（考説・考証資料）仁徳天皇陵陪冢塚廻・収塚両古墳買収決裁書類写［附、仁徳天皇陵民有陪冢について］』（C二一—九五三陵・火葬塚・分骨所・灰塚／一六代）は、近代の陪塚認定の新たな資料として注目されるものである。

宮内庁書陵部の陵墓・古墳に関する公文書などの行政資料は、陵墓を含め古墳の保存行政を研究する上では欠かせないものである。これらは一九九五年から始まった情報公開制度の流れの中で二〇一一年四月に「公文書等の管理に関する法律」が施行され、宮内公文書館の設置などにより、最近は利用手続きが簡素化され利用公開が進んできている。

（2）宮崎県の資料

古墳が所在する地域の関係自治体の調査も重点的に行った。文化財担当課、公文書館、博物館、図書館及び自治体史編纂担当が収集・収蔵した資料を調査した。しかし、地域の史蹟や古墳に関係する歴史的公文書や地域資料の保存については、自治体間で格差があるのが現状である。

その中で、宮崎県では、明治期後半から昭和前期にかけての行政文書が『名勝旧蹟古墳』の簿冊名で三十冊に綴られ、担当課によって保管されている。内容的には古墳の調査、指定、盗掘などに関係する中央庁との往復文書や県内関係機関への通牒などであり、地方庁における文化財保存行政の貴重な歴史的資料である。特に、大正期の西都原古墳群の調査に関係する歴史的公文書は『宮崎県史』において公開されている。

註

（1）「文化財保護法」法律第二一四号、一九五〇年（昭和二五）五月三〇日。
（2）「国有財産法」法律第七三号、第三条第二項三　皇室用財産、一九四八年（昭和二三）六月三〇日。
（3）「文化財」の用語は、一九五〇年の文化財保護法制定以後、定着してきた用語であり、それ以前においての用語使用は適切ではないが、総体としての用語がないため文脈上使用する。用語の研究については、鈴木良「文化財の誕生」『歴史評論』№五五五、一九九六年七月号を参照。
（4）鬼頭清明「文化財行政史ノート」（『日本都市論序説』法政大学出版局、一九七七年）。
（5）田中琢「遺跡遺物に関する保護原則の確立過程」（『考古学論考』平凡社、一九八二年）。
（6）「特集　近代の文化財と歴史認識」（『日本史研究』三五一、一九九一年）。
（7）「特集　近代日本の文化財問題」（『歴史評論』五七三、一九九八年）。

(8) 高木博志『近代天皇制の文化史的研究』(校倉書房、一九九七年)。
(9) 鈴木良「近代日本文化財問題研究の課題」(『文化財と近代日本』山川出版社、二〇〇二年)。
(10) 大久保徹也「記念物指定制度の九〇年」(『考古学研究会第五五回総会・研究集会ポスターセッション資料』二〇〇九年)。
(11) 大久保徹也編『史跡・名勝・天然記念物指定等告示目録〈資料編〉』(徳島文理大学文学部文化財学科、二〇〇八年)。
(12) 大久保徹也編『史跡・名勝・天然記念物指定等告示目録〈資料編二　都道府県別目録〉』(徳島文理大学文学部文化財学科、二〇〇九年)。
(13) 今井堯「明治以降陵墓決定の実態と特質」(『歴史評論』三二一、一九七七年)。
(14) 註(8)に同じ。
(15) 陵墓関係一六学協会『シンポジュウム　陵墓公開三〇年の総括と展望』二〇〇九年。「陵墓限定公開」三〇周年記念シンポジウム実行委員会編(『「陵墓」を考える—陵墓公開運動の三〇年—』新泉社、二〇一二年)。
(16) 外池昇「陵墓伝承と明治政府」(『幕末・明治期の陵墓』吉川弘文館、一九九七年)。
(17) 山上豊「明治二、三〇年代の「陵墓」治定をめぐる一考察」(『日本文化史研究』二五、一九九六年)。
(18) 塩野博「明治政府の古墳調査—埼玉県の「陵墓伝説地」をめぐって—」(『埼玉県史研究』三一、埼玉県立文書館、一九九六年)。
(19) 現在は宮内庁書陵部図書課宮内公文書館所蔵特定歴史公文書等。
(20) 宮内庁書陵部編『和漢図書分類目録』(明治書院、一九六八年)。
(21) 明治元年(一八六八)六月二二日に設置され一八七六年には奈良県を併合し管轄が広がる。一八八一年二月七日に大阪府に併合される。

第一部　古墳保存行政の変遷

第一章　近代古墳保存行政の成立

はじめに

現在、古墳は考古資料であるだけでなく、行政的には文化財という国民の財産とされ、文化財保護法や地方自治体条例により指定史蹟など記念物として、あるいは埋蔵文化財として保存措置がとられている。一方で陵墓という天皇家の皇室用財産としては、宮内庁の管轄のもと「文化財と違う次元の、御霊のやどる聖域(1)」として措置がとられているのが現状である。

近代における古墳に対する行政措置は、前代から続く陵墓の治定作業に端を発するものであった。近代天皇制国家体制確立の根本に関わる歴代陵墓の調査、治定と整備、祭祀などを行う陵墓行政の中で、古墳保存の行政がなされた。その根底には、古墳が考古学の研究対象でも現代でいう文化遺産としての文化財でもなく、天皇家を含む遠祖の墓としてあるいは民間信仰や名所、旧蹟の対象として存在した。

古墳には、陵墓に治定された陵墓古墳（陵墓参考地を含める）とそれ以外の古墳とが存在する。陵墓古墳以外では宮内省から「陵墓ノ徴証ヲ認メス(ママ)」と判断された非陵墓古墳と、どちらとも判断されていない未選別古墳とが行政上存在する。この未選別の古墳の中から未定陵墓を選別するために、古墳の保存に関する行政措置が執られた。それが、明治政府において神祇省(2)から引き続き陵墓行政を主担した教部省(3)教部大輔宍戸璣から太政大臣三条実美宛に「古墳墓保存之儀ニ付伺(4)」が起案されて、一八七四年（明治七）に布達された「太政官達第五九号」[5]である。さらに、一八七九年（明治一二）に内務省から陵墓行政を引き継いだ宮内省が一八八〇年（明治一三）に布達した「宮内省達」[6]である。

また、一八九七年（明治三〇）第一〇回帝国議会[7]で貴族院から提出された「功臣元勲碩学鴻儒等ノ古墳墓保護」の建議が議決される。続いて、一八九九年（明治三二）第一三回帝国議会[8]で同じく貴族院から天皇陵古墳以外の皇后・皇子・皇孫墓の可能性がある古墳を保護するように「古墳墓保護」の建議が提出された。この建議に対応するかのように一九〇一年（明治三四）からは、一八七四年（明治七）の太政官達や一八八〇年（明治一三）の宮内省達による手続きを励行するように内務省訓令や内務省警保局からの通牒が出されるに至った。

そのようななか、民間において一九〇〇年（明治三三）に「歴朝聖皇の皇居山陵、王公名士の墳墓遺跡等」[9]の保存顕彰を目的に公爵九条道孝、伯爵土方久元を中心に帝国古蹟調査会が設立された。また一九一一年（明治四四）には史蹟史樹保存茶話会から発展した徳川頼倫を会長とする史蹟名勝天然紀念物保存協会[10]が設立された。この会は、[11]史蹟名勝天然記念物[12]の普及啓発を進めるとともに、史蹟名勝天然紀念物保存法[13]の制定とその後の同法による行政に大きな影響力をもった。

一九一一年（明治四四）、第二七回帝国議会[14]に史蹟名勝天然紀念物保存協会の会長であった徳川頼倫が中心となって「史蹟名勝天然紀念物保存儀」の建議案が提出され議決されると、それに応えるように内務省の訓令あるいは大臣訓示のなかで、史蹟の保存が示された。一九一九年（大正八）には史蹟名勝天然紀念物保存法が施行され、このことにより、いわゆる非陵墓古墳や未選別古墳の中で陵墓に匹敵する大型の古墳や壁画古墳等が史蹟として指定され保存されていった。これ以後、宮内省による陵墓行政としての古墳保護と、内務省による史蹟行政による古墳保護との二面行政が実施されるに至った。しかし、古墳の発掘、遺物の収蔵等における行政システム上の宮内省優位は歴然としていた。

つまり、近代天皇制国家において古墳に対する陵墓行政は「万世一系の天皇」を頂く国家体制を強力に補完するものであり、史蹟行政では「国民性ヲ愈涵養シ之ニ由テ国光ヲ益発揚セム」[15]として国民教化の媒体として重要な位置をしめるものであった。

本章では、この近代の古墳の国家的管理システムである古墳保存行政の成立過程を、その法令施行の状況から大きく第Ⅰ期から第Ⅲ期に画して分析する。すなわち、明治時代初期から日清戦争までは、歴代天皇の未定十三陵の確定を主とする陵墓行政が古墳保存行政として開始された第Ⅰ期（一八六八〜一八九四年）である。次に日清戦争から日露戦争までの期間は、陵墓以外の未選別古墳も含めての保存行政が制度として形成される第Ⅱ期（一八九五〜一九〇四年）とみることができる。日露戦争後から「史蹟名勝天然紀念物」の用語が確立され、史蹟行政の展開による新たな古墳保存行政制度が確立されるのが第Ⅲ期（一九〇五〜一九一九年）である。そして一九一九年（大正八）四月に史蹟名勝天然紀念物保存法が制定され、史蹟指定古墳という行政処分による古墳保存行政が新たに加わり展開する。

第一節　古墳の保存行政が始まった第Ⅰ期

（1）　最初の法令

①最初の陵墓治定

古墳に対する行政措置は、明治政府による陵墓治定にともなってはじまり、その対象は古代陵墓が中心となる。前代、特に「文久の修陵」では大半の天皇陵が決定されたが、まだ未治定の天皇陵が残されていた。その後、「文久の修陵」から約一〇年経過した明治維新後の一八七四年（明治七）七月、明治政府による最初の陵墓治定が行われた。それが、鹿児島県のいわゆる「日向三代」神代御陵である。[16]

明治政府による陵墓治定が前代の治定と異なるのは、外池昇[17]によれば「天皇・皇后以外の皇族、つまり后妃・皇子・皇女らの皇族も含めるものに陵墓施策が拡大した」ことである。前代の治定の大部分が天皇陵に集中しているのに対し、対象を天皇・皇后以外に広げることにより治定陵墓の量的拡大となった。それは、明治維新後の「万世一系」の天皇を頂点とした近代国家形成において、天皇制イデオロギーの確立が第一義であり、その手段の一つである天皇系譜の体現の完成を目指したものである。

②「太政官達第五九号」の布達

陵墓施策の拡大により、治定すべき陵墓対象が必然的に増加し、考証作業量も増加することとなった。つまり、陵墓として条件が整った墳墓をさらに多くの古墳から選択抽出しなければならなかった。そのためには、沖縄・北海道を除く全国各地の古墳の現状保存と情報収集の必要性が生じた。そして、当時の陵墓を主管していた教部省教部大輔宍戸璣は、一八七四年（明治七）四月二七日付で太政大臣三条実美宛「古墳墓保存之儀ニ付伺」を提出する。その結果、同年五月二日付で左記の太政官達（以下「太政官達第五九号」と略す）が府県宛通達された。

第五十九号　　　　　　府　県

上世以来御陵墓ノ所在未定ノ分即今取調中ニ付各管内荒蕪地開墾ノ節口碑流伝ノ場所ハ勿論其他古墳ト相見ヘ候地ハ猥ニ発掘為致間敷候若差向墾闢ノ地ニ有之分ハ絵図面相副教部省ヘ可伺出此旨相達候事

太政大臣三条実美

ここで重要なのは、未定陵墓確定のための考証作業の必要性から、古墳やその伝承地の発掘を禁止していることである。これは決して古墳を文化財として保存しようとするためのものではなく、未定陵墓の考証作業の妨げにならないための措置として地方庁に指示したのである。これに対し地方庁は、古墳発見時の手続きの確認を行っている。たとえば、一八七八年（明治一一）四月一七日に堺県令から「石棺露出ノ義ニ付伺」[18]が内務卿大久保利通宛に出されている。

　当県下大和国第二大区三小区広瀬郡池（部）[19]村山林字南谷元字千代ノ代ト唱ヘ候同村吉村儀八所有地、伐木跡根取致居候処、数個ノ大石等有之ニ付、追々発掘候処、本月十七日別紙粗図面ノ通、石棺露出ノ旨届出候。然ルニ是迄右様ノ類毎度有之、直ニ官員出張如元埋立候処、一度露出候中ハ、必何歟古品物有之ヲ懸想致シ、終ニハ何時誰人ヲ不知窃ニ発掘、鏡剣等ヲ捜奪候者往々有之。不然モ猶古来ヨリ御陵墓サエモ発掘候悪弊有之。況乎無名之古墳墓ニ於ル多クハ、私有地等ニテ所詮取締行届候義ニ無之、就テハ向後猾者ノ所業ハ度外ニ置、如従前埋立置可申哉、又器品有之候ハヽ、採収シテ後可及御届哉、将来ノ義モ有之候間、相伺候也。

この伺いから、古墳の不時発見時の県の対応がうかがえる。二大区区長から図面添付による届出[20]がなされ、これを受けて県から職員が現地に派遣され、出土品があればそれも含めて埋め戻し、古墳復旧がなされている。しかし、一度発見された場合、埋め戻しをしても盗掘が横行し、陵墓さえも被害にあっていることがわかる。直接関係する堺県では、古墳の多くは私有地にあるため取り締まりが行き届かないが、従来どおり埋め戻してよいか、出土品がある場合は県が保管してから届出をしてよいかを伺っている。県としては盗掘の横行等から、現地保存に苦慮し「太政官達第五九号」に従った措置について、そのタイミング等を内務省に確認している。この伺いに対し内務省は次のとおり堺県に指令している。

　書面伺之通、尤古墳墓発掘ノ義ハ明治七年五月第五十九号公達ノ趣ニ照準シ厚注意可致事。
　但、私有地ニ属シ、且ツ口碑伝説等無之場所タリモ、石槨幷古器物品発掘ハヽ、地名及形状等ヲ詳記シ、絵図面相添、内務宮内両省へ可届出事。

右当省掌管ノ事件ニ付、及指令候事

明治十一年五月廿三日

指令によれば、「太政官達第五九号」の届出対象は、官有地だけでなく私有地における古墳発見時にも及ぶことを但し書きしている。この指令内容からみると内務省は、堺県が古墳発見後の煩雑さから私有地内の措置については消極的と判断した可能性もある。

③「宮内省達乙第三号」の布達

この間の陵墓行政の所轄官庁は、明治二年（一八六九）九月一七日に神祇官に諸陵寮[21]が置かれた後、明治四年（一八七一）八月八日に神祇官が神祇省[22]に組織替えされ、さらに明治五年（一八七二）三月一四日には神祇省から教部省[23]と組織替えされている。そして、同年五月[24]には神祇省の所管事務であった諸陵事務を担当した。これ以後陵墓治定が加速する。そして一八七四年（明治七）八月三日には諸陵掛[25]が設置された。この年だけで「日向三代」神代御陵以後淳仁天皇陵と天皇陵以外四四カ所[26]の陵墓の治定が行われている。さらに驚くべき事に一八七五年（明治八）に一七五ヵ所の治定、一八七六年（明治九）には崇峻天皇陵を含め四一ヵ所の陵墓が治定されている。まさしく、教部省時代は陵墓の量的拡大が図られた。このため、この時期に決定された陵墓のなかには、後の宮内省時代に再考証され、取り消されたり改定されたりする例もみられる。

一八七七年（明治一〇）一月一一日の教部省廃止にともない、事務は内務省[27]に移った。内務省では、社寺局の設置とともに陵墓事務を主管したが、翌一八七八年（明治一一）二月八日には宮内省に移管され、同年六月二四日には陵墓地も所管替え[28]が完了した。これ以後、陵墓は宮内省が管轄し、高木博志が考察しているように「皇室の所有物として明確化し他からの介入を許さない体制がつくられる」[29]ことになる。

移管後の宮内省は、さらに考証対象となる古墳の保全と情報収集の必要から古墳に対する行政措置を強く進めていった。そして、一八八〇年（明治一三）一一月一五日に宮内省達乙第三号「人民私有地内古墳等発見ノ節届出方」（以下「宮内省達乙第三号」と略す）が府県に通達された。


上世以来御陵墓ノ所在未定ノ分即今取調中ニ付云々ノ件去ル七年五月第五十九号ヲ以テ公達ノ趣有之就テハ古墳ト相見候地ハ人民私有地タリトモ猥ニ発掘不致筈ニ候ヘトモ自然風雨等ノ為メ石槨土器等露出シ又ハ開墾中不図古墳ニ掘当リ候様ノ次第有之候ハヽ、口碑流伝ノ有無ニ不拘凡テ詳細ナル絵図面ヲ製シ其地名並近傍ノ字等ヲモ取調当省ヘ可申出此旨相達候事

「太政官達第五九号」では示されず、前述の堺県への指令では但し書きなどで手続きが示されていたような、私有地での古墳発掘の禁止と古墳の不時発見における宮内省への上申などの手続きがあらためて示された。

④天皇陵の治定

宮内省は、遅々として進まない未定陵墓の治定作業に新たな施策を打ち出した。一八八二年（明治一五）八月八日に上申[30]して「他日考証トナルヘキ古墳ハ御陵墓見込地ト定メ宮内省ノ所轄トナス」とし、陵墓として検討される可能性のある古墳は「陵墓見込地」として官有地であれば地種を組み替え、民有地であれば買い上げて宮内省の所轄とすることとした。この時、上申によれば「猶其所有湮埋ニ属シ居候分御歴代ニ於イテハ顕宗天皇山陵始メ十三陵、皇后以下ニ至テハ神武天皇皇后媛踏韛五十鈴媛命御陵ヲ始メ実ニ夥敷事ニテ」という状況であった。

そして、明治政府の諸外国との条約改正の手段として伊藤博文から「万世一系の皇統を奉戴する帝国にして、歴代山陵の所在の未だ明らかならざるものあるが如きは、外交上信を列国に失ふの甚だしきものなれば、速やかに

之れを検覈し、以て国体の精華を内外に発揚せざるべからず[31]」と意見が出された。この伊藤博文の意見により未治定の十三陵の本格的な確定作業が急速に進められ、治定の不確定な要素を含みながらも、一八八九年（明治二二）六月二五日には崇峻天皇陵の改定と、安徳天皇陵の決定がなされた[32]。

これで、天皇陵はすべて（後に南朝長慶天皇の在位が認められ陵墓が決定される[33]）治定された。しかし、記録にも現われない古代の皇后以下皇子・皇女・皇孫等の陵墓治定作業は終わりが見えないものであり、考証対象となる未選別古墳に対する行政措置は続けられた。このため、「太政官達第五九号」と「宮内省達乙第三号」は終始近代における古墳保存行政の基本法令として認識されることとなった。

（2）　埋蔵物と古墳出土品

①埋蔵物の取り扱い

前述のように古墳そのものの取り扱いについては、「太政官達第五九号」と「宮内省達乙第三号」によって行政措置がとられた。一方、古墳からの出土遺物について、その帰属も含め行政措置を実行するための法的な根拠が示されたのは、後述する一八九九年（明治三二）の遺失物法[34]の制定と同年の内務省訓令「学術技芸若ハ考古ノ資料トナルヘキ埋蔵物取扱ニ関スル付訓令[35]」によってである。

それ以前においては、明治四年（一八七一）五月二三日の太政官布告「古器旧物保存方[36]」により地方官に提出を促している保全リストの分類品目に古墳出土品と考えられる曲玉、管玉が「古玉宝石ノ部」に、古鏡が「古鏡古鈴ノ部」にあげられている。また、古墳出土品だけでなく他の考古資料として「石弩雷斧ノ部」に雷斧、石剣、天狗ノ飯匙が、「古瓦ノ部」で古瓦などもあげられている。しかし、この太政官布告の古墳出土品やその他考古資料は、埋蔵物ではなく、すでに発掘なり収集なりがなされたものである。

実際の出土した時点での措置については、古墳出土品ではないが、たとえば明治四年（一八七一）二月七日、上総国菊間藩から「埋蔵物ヲ掘得ル者分配方其節ニ申請セシム」の伺いが弁官宛に出されている。その埋蔵物の分配について「古器或ハ古金銭等ノ別ヲ論セス総テ堀（ママ）得候者ト地主へ中分給付シテ」と、新律綱領(37)の雑犯律「得遺失物」の条により埋蔵物を地主と発見者とで折半(38)させることについて伺いをたてている。

このような新律綱領により、簡単な埋蔵物の取り扱いは規定されている。しかし、実質は個々の案件に対して地方庁が内務省に伺いをたて、それに対する指令により埋蔵物の処置が行なわれていた。

②遺失物取扱規則

そして一八七六年（明治九）四月一九日「太政官布告第五六号」で遺失物取扱規則が制定され、条文中で埋蔵物（出土品）に関して法的根拠が示され、このことにより行政措置がとられるようになった。

遺失物取扱規則は一四条から構成され、この条文中第六条において埋蔵物に関しては「凡官私ノ地内ニ於テ埋蔵ノ物ヲ掘得ル者ハ、並ニ官ニ送リ、地主ト中分セシム」と規定している。官有地、私有地にかかわらず発見の埋蔵物を役所に届け出し、発見者と地主とで折半することがあらためて明記された。

この遺失物に関し新たな法的整備がなされたことにより、内務省博物局は、届け出された埋蔵物を博物館で保存すべきであるとし、一八七七年（明治一〇）五月一四日に内務大臣宛「各地方於テ発掘ノ古器博物館へ保存之儀ニ付伺(39)」を起案した。この起案を決裁した内務省は大蔵省とも協議した結果、同年九月二七日付で次の太政官布達甲第二〇号を出す。

明治九年四月太政官第五拾六号ヲ以、遺失物取扱規則中第六条埋蔵物掘得ル者処分ノ儀公布相成候処、右物

品ノ中古ノ沿革ヲ徴スルモノモ有之候ニ付、処分前一応当省ヘ届出検査ヲ受、其品ニヨリ相当代価ヲ以テ購求シ、官私中分ニ係ルモノハ其価格ノ半高ヲ発掘人ヘ下附シ、該物品ハ永ク博物館ヘ陳列可致候条、此旨布達候事

但、物品ハ先ツ掘出地名及形状等ヲ詳記シ、及ヒ模写スルモノヲ郵送シ、其見込アルモノニテ逓送方相達候後、本文ノ通可取計候事

明治十年九月廿七日

内務卿　大久保　利通

この布達により、埋蔵物が発見された場合は内務省への届出と、「古代の沿革を徴するもの」は博物館が買い上げ収蔵することとなった。この後、古墳からの出土品も含め埋蔵物についての行政措置は博物館が行うことになり、一八七八年（明治一一）二月までの一時期ではあるが、陵墓を含む古墳行政、埋蔵物行政は内務省が主管した。

③宮内省の埋蔵物行政

一八八〇年（明治一三）になると、古墳行政を内務省から移管された宮内省は、「宮内省達乙第三号」により、陵墓治定の考証作業をより進めるために古墳に関する届け出を促した。これにより古墳そのものの発見などの把握が行われたが、さらに考証作業を進めるために古墳出土品についてもその権限が広げられた。一八八一年（明治一四）宮内省は博物館に収集される埋蔵物の中から古墳出土品だけを選別し、他の遺跡出土品と明らかに取り扱いを区別しようとする。同年七月二七日宮内省は「陵五三三号」[40]により当時博物館を主担していた農商務省に「古墳中ヨリ古器物発見之際ハ宮内省ヘ照会ニ可及」と照会をかけ、「別段差支之儀モ無之候」と回答を得た。宮

内省は照会文の中で「古墳ヨリ発見ノ器物中、御陵墓取調ノ考証トナルヘキモノハ、一二品ツ、選抜シ、当省へ備へ置申度」とその理由を示している。

この宮内省による埋蔵物行政への介入は、一八八六年（明治一九）三月一四日博物館の宮内省移管により正当化される。そしてこれにより、埋蔵物行政は宮内省が主担することになり、全国の埋蔵物の優品を収集することができるようになった。その目的は、前年の内閣制度発足により宮内大臣を閣外に置くなど皇室と政府との区別が明確化された中で、皇室財産を形成することにあった。一八八九年（明治二二）五月一六日には宮内省帝国博物館に改組され、博物館の性格が明らかになった。

古墳の出土品は、宮内省内部すなわち埋蔵物行政担当の博物館と古墳行政担当の諸陵寮との間でその取り扱いについて定められた。同年六月九日に「発掘古器物所分手続ノ儀ニ付諸陵寮へ御照会」[41]が博物館から諸陵寮へなされ「取扱手順」が取り決められたが、この手順では「宮内省達乙第三号」により届け出された「古墳ヨリ発見ノ古器物」は「諸陵寮ニ於テ処分スル」こととなった。つまり発見された古墳出土品については、諸陵寮にまず書面で届け出られたのち博物館に回議され、二者で協議してから処理されることになった。

これにより、この後宮内省は埋蔵物として届け出られた古墳出土品の中から優品を皇室財産として収奪するとともに、陵墓考証資料も手中に収めることができるようになった。

（3）　宮崎県の古墳古物取締規則

一方、地方庁においては、古墳と古墳出土品に対する法令が布達され、管内での事象に対し行政措置を行っているが、積極的に地方庁において法令を施行するまでには至っていない。そのようななかで地方庁において先駆的な法令が施行されている。それは、神話の里高千穂や西都原古墳群を有する肇国の地である宮崎県が制定した古墳古物取締規則である。

この規則は、一八九二年（明治二五）一一月七日に宮崎県令第六二号[42]として制定され、四条から構成されている。

第一条　官民ノ地内ニ於テ左ノ箇所ノ開掘若クハ埋立ヲ為シ又ハ其箇所ニ在ル竹木ノ類ヲ伐ラントスル者ハ予シメ其事由、地名、現況及近傍ノ模様ヲ記シ図面ヲ添ヘテ知事ニ伺出《ママ》シ可シ

但本文ト仝キ箇所ニ付他ノ成規ニヨリ許可ヲ受クヘキモノハ仝時ニ本文ノ書類ヲ差出ス可シ

一古墳又ハ古墳ト見ユル所　　二由緒又ハ古キ言ヒ伝ヘアル所

第二条　官民ノ地内ニ於テ開堀《ママ》若シクハ埋立ヲ為シ又ハ其箇所ニ在ル竹木ノ類ヲ伐ルニ当リ第一条ノ箇所ヲ見出シタル者ハ先其工事ヲ止メテ第一条ノ手続キヲ為ス可シ

第三条　官民ノ地内ニ於テ左ノ物品（遺失物ヲ除ク）ヲ見出シ又ハ堀《ママ》出シタル者ハ三日以内ニ其事由地名及其地ノ模様ヲ述ヘ実物ヲ添ヘテ所轄警察官ニ届出ツ可シ

一昔ノ遺物又ハ遺物ト認ムル物　　二古キ図書画ノ類

第四条　本則ニ違反シタルモノハ三十日未満ノ拘留又ハ貳拾円未満ノ科料ニ処ス

この規則は、第一条で古墳だけでなく現在の史蹟に相当する場所の開発の事前届け出制をとっている。第二条では開発においての不時発見時における手続きをあげ、届け出が済むまでの工事中止を掲げている。第三条では出土遺物だけでなく典籍、美術品も対象とし、埋蔵物の取扱方法を示している。さらに注目されるのは第四条で罰則規定を設け、科料を科していることである。この条文構成から、地方庁に令された「宮内省達乙第三号」及び遺失物取扱規則を宮崎県は上位法としてとらえ、県内での手続き手順を定めたものと考えられる。

この制定主旨について同年同日に県内郡役所・警察署・警察分署・町村役場に対して次の訓令[43]が出された。

> 本県ハ古代ノ遺跡遺物ノ類多ク地理上歴史上共ニ我カ国体ニ著シキ関係ヲ有スルヲ以テ之ヲ保存スルハ最モ必要ノコト、ス然ルニ従来道路又ハ水路ヲ開鑿シ山野荒無（ママ）地ヲ開拓シ又ハ鉱物ヲ採掘スル等ノ際古墳又ハ古物ヲ発見シ或ハ予メ之ヲ認知シナカラ古物ヲ得ルノ目的ヲ以テ之ヲ開堀（ママ）スルモノ等ナキニアラサリシモ其保存ノ法充分ナラサルモノ多ク為ニ地理上歴史上ノ考証ヲ失フモニナラス旧蹟古物ノ廃亡ヲ免レサルコト少カラス是レ今般県令第六十二号古墳古物取締規則ヲ発シタル所似ナリ依リテ篤ク此ノ旨趣ヲ体認シ心得違ノ者無之様注意致スヘシ而シテ若シ発見ノ古物等ニシテ当庁ニ於テ保存スルコトヲ欲スル者アレハ之ヲ聞届クルコトアルヘキニ付便宜寄附セシメ候様取計フヘシ

内容的には、宮崎県の神話的伝承による皇祖発祥地としての国史的位置づけと、西都原古墳群や新田原古墳群に代表される二〇〇基から三〇〇基以上の古墳群の存在が背景となって、この規則が制定されたことが推測できる。そして、歴史的背景から古代の遺跡・遺物に対する保存の必要性を訴え、開発や盗掘目的の発掘は「地理上歴史上ノ考証ヲ失フ」としている。

この「古代ノ遺跡遺物ノ類多ク地理上歴史上共ニ我カ国体ニ著シキ関係ヲ有スル」という思想は、宮崎県で受け継がれていき、一九一二年（大正元）から実施された宮崎県主催による西都原古墳群の学術発掘調査へとつながっていく。この調査を発案して実行した知事有吉忠一は「古墳保存ニ関スル訓令(44)」を布達し、訓令の最後に関係部局に対し「深ク県令ノ趣旨ヲ貫徹シ、保存上必ス遺策ナキヲ努ムベシ」

図1　西都原古墳群標柱石

と戒めている（図1）。

古墳古物取締規則は、日本で最初の地方庁による古墳・旧蹟・古物（埋蔵物）に関する法令である。内容的には、地方庁が中央各省の行政集約的執行機関であることを差し引いても画期的なものであった。各地方庁が古墳や旧蹟などの保護を目的とした法令を制定しはじめるのが一九一〇年代から一九二〇年代であることからも、この県令は先駆的であることがうかがえる。

第二節　古墳の保存行政制度が形成される第Ⅱ期

（1）古墳発掘手続きの履行

前節で述べたように、「太政官達第五九号」及び「宮内省達乙第三号」の布達以降、古墳の発掘に関する新たな行政措置はとられなかった。一方、出土品に関しては、埋蔵物行政の中で、宮内省による優先的な古墳出土品収集の途が開かれた。しかし、古墳行政や埋蔵物行政における行政的な手続き方法などの整備は行われていない。この整備がなされたのは、日清戦争後から日露戦争開戦までの間で、内務省訓令などにより手続き方法や履行が促された。

日清・日露戦争以降、国内産業は活況を呈し、鉄道路線の拡張、道路網の整備が行われ地域社会が変貌していった。日清戦争の戦時体制から国内輸送の整備にともない、日露戦争開戦前には二・五倍の鉄道路線の拡張、道路網の整備が行われた。また、戦後の賠償金による軍備拡張は国内産業を活気付け、耕地整理や商業的農業のための入会地の開墾など地域開発が盛んに行われた。これら開発にともなう古墳の「破壊」のための発掘が急増し、埋蔵物の発見が増加したであろうことは想像できる。

この状況下で、改めて行政手続きの履行を促すために、一九〇一年（明治三四）五月三日に内務省総務局地理課長及び内務省警保局長名で庁府県長官宛「古墳発掘手続ノ件依命通牒」[45]（以下「明治三四年内務省通牒」と略す）が出されている。

古墳又ハ古墳ト認ムベキ個所ヲ発掘セントスルモノアルトキハ其土地ノ官民有ニ拘ラズ予メ詳細ノ図面ヲ添へ宮内省へ打合可相成右ハ明治七年太政官達第五十九号明治十三年宮内省達乙第三号ノ趣モ有之候ニ付依命念及通牒候也

すなわち、内務省の地方、警察行政の面から、官有地、民有地にかかわらず「太政官達第五九号」や「宮内省達乙第三号」による宮内省への発掘手続きを履行するよう地方庁に対して通牒した内容である。

さらに、考古学の発展に伴う学術発掘について、宮内省から文部省への申し入れにより、「人類学研究等ノ為メ自然古墳発掘ノ必要アル場合」においては宮内省へ直接照会するように、文部省から東京、京都の両帝国大学に通牒[46]されている。これに関連して地方庁を通しての両大学の発掘手続きの方は、必要なしと内務省から通牒[47]されている。

これら訓令や通牒以外に一九〇八年（明治四一）には「埋蔵物発掘ニ際シ東京帝国大学職員携帯帰学ノ件訓令[48]」が内務省より地方庁に出されている。これは、東京帝国大学によるいわゆる学術発掘に伴う古墳関係の発掘、出土遺物の手続きについて指示したものである。内容的には出土遺物を「携帯帰学」する申し出があった場合は、宮内省に対する事前の発掘同意の確認と詳細な出土遺物に関する報告を、宮内省と内務省へ提出するよう指示するものであった。

このように、日清戦争後の経済発展に伴う開発による古墳の発掘と、学術研究の発展とともに増加する帝国大学による学術発掘にともなう行政手続き方法が、内務省訓令によりこの時期に整った。

（2）　遺失物法の制定と出土遺物

前節のように埋蔵物のうち古墳出土品の取り扱いについては、宮内省内部すなわち埋蔵物行政担当の博物館と古墳行政担当の諸陵寮との間で定められた。その結果、古墳出土品は諸陵寮が主担することとなった。その後、憲法制定など法体系の整備が政府によって進められ、一八七六年（明治九）に制定された遺失物取扱規則にかわって一八九九年（明治三二）三月二三日に遺失物法が施行される。[49]

この新たに制定された「遺失物法第一三条」と、同年一〇月二六日の庁府県長官宛の「内務省訓令第九八五号」「学術技芸若ハ考古ノ資料トナルへキ埋蔵物取扱ニ関スル付訓令」（以下「明治三二年内務省訓令」と略す）に基づいて埋蔵物とりわけ古墳出土品は措置された。

「遺失物法第一三条」には埋蔵物について以下のとおり定められている。

第十三条　埋蔵物ニ関シテハ第十条ヲ除クノ外法ノ規程ヲ準用ス。
学術技芸若ワ考古資料ニ供スヘキ埋蔵物ニシテ其ノ所有者知レサルトキハ其ノ所有権ハ国庫ニ帰属スコノ場合ニオイテハ国庫ハ埋蔵物ノ発見者及埋蔵物ヲ発見シタル土地ノ所有者ニ通知シ其価格ニ相当スル金額ヲ給スヘシ。
埋蔵物ノ発見者ト埋蔵物ヲ発見シタル土地ノ所有者ト異ルトキハ前項ノ金額ヲ折半シテ之ヲ給スベシ。
本条ノ金額ニ不服アル者ハ第二項ノ通知ノ日ヨリ六箇月内ニ民事訴訟ヲ提起スルコトヲ得。

このように遺失物法では、学術技芸もしくは考古資料について、所有者が不明の場合、国庫に帰属し発見者、土地所有者に代価を払うとされている。この国庫に帰属するという部分は、文化財保護法が一九九九年（平成一一）に改正され、都道府県に帰属するとされるまで変わらなかった(50)。

また、その手続きを示した「明治三二年内務省訓令」は以下の通りである。

遺失物法第十三条ニ依リ学術技芸若ハ考古ノ資料ト為ルベキ埋蔵物ヲ発見シタルトキハ其ノ品質形状発掘ノ年月日場所及口碑等徴証トナルベキ事項ヲ詳記シ模写図ヲ添ヘ左ノ区別ニ従ヒ之ヲ通知スエシ

一、古墳関係品其ノ他学術技芸若ハ考古ノ資料トナルベキモノハ宮内省

一、石器時代遺物ハ東京帝国大学

宮内省又ハ東京帝国大学ヨリ前項埋蔵物送付ノ通知ヲ受ケタル時ハ仮領収証書ヲ徴シ物件ノ毀損セサル様装置シテ之ヲ送付スエシ

宮内省又ハ東京帝国大学ヨリ貯蔵ノ必要アル旨通知ヲ受ケタル埋蔵物ニシテ公告後法定ノ期間ヲ経過シ所有者発見セス所有権国庫ニ帰属シタルトキハ其ノ宮内省ニ係ルモノハ相当代価ヲ以テ同省ニ譲渡シ東京帝国大学ニ係ルモノハ同学ヒ保管転換ノ手続ヲ為シ当省へ報告スベシ

宮内省又ハ東京帝国大学ヨリ貯蔵ノ必要ナキ旨通知ヲ受ケタル埋蔵物ハ学術技芸若ハ考古ノ資料ニ供スベキ物件ノ取扱ヲ為サズ法定期間経過後発見者ニ交付スル等便宜ノ処分ヲ為スベシ

「明治三二年内務省訓令」は、地方庁に対して遺失物法第一三条の規定を運用するための具体的な手続きを規定している。埋蔵物を発見したときは、品質・形状・発掘の年月日・場所・口碑等を記載して古墳関係品その他学術技芸もしくは考古の資料となるものは宮内省に通知することとなっている。また、石器時代の出土品は東京帝国大学に通知し、宮内省及び東京帝国大学それぞれの指示に従って埋蔵物を送致するとされている。すなわち、石器時代の出土遺物以外は、宮内省が主担することを、内務省は地方庁に対する訓令により明確に示した。

さらに、貯蔵の必要があると通知されたものについては、一定の手続き後、国庫に帰属するのだが、宮内省に属するものは有償で同省に譲渡し、東京帝国大学に属するものは同大学に保管手続きをして内務省に報告することとされている。また、貯蔵の必要がないと通知された場合は、発見者に交付するなど処分することが訓令されている。

この「貯蔵ノ必要」と決定されたものは、遺失物法第一三条により公告後所有者が判明しない場合は国庫に帰属し、代価が発見者と土地所有者に折半して支払われることになる。そして国庫に帰属した埋蔵物は「宮内省ニ係ルモノハ相当代価ヲ以テ同省ニ譲渡」となる。しかし、古墳からの出土品が「貯蔵ノ必要」として発見者あるいは地方庁から宮内省に直接送致された場合は、国庫の権利者への代価支出行為はなく、宮内省への譲渡は無償となる。その根拠は、一九〇一年（明治三四）一一月二一日内甲第二六号[51]により「宮内省ヘ譲渡スル場合ニ於ケル譲渡価格ハ該物件ニ関シ国庫ニ於テ支出シタル金額ト為ス」と通牒されているからである。つまり、国庫から支払われるべき権利者への代価費用は、譲渡を受けた宮内省の予算（帝室博物館の列品費[52]）から権利者への譲受金として執行される。ちなみに、この国庫から宮内省のみの限定された譲渡（「明治三二年内務省訓令」）については、契約事務上は随意契約する必要がある。しかし、会計法第二四条[53]で随意契約できる金額は第八項により二〇〇円以下の動産を売り払う時である。埋蔵物の譲渡価格は、その事象が起きて実物を監査してからでないかぎり価格は判明しない。このため、価格が判明しない以上、二〇〇円を超えることもありうることから、会計法上では宮内省との随意契約は不可能であった。つまり、皇室財産となるべき古墳出土品の収集は困難となる。そこで、宮内省への譲渡の事務手続きが確実に行われるように「遺失物法第十三条第二項ニ依リ国庫ニ帰属シタル埋蔵物ヲ宮内省ニ譲渡スルトキハ随意契約ニ依ルコトヲ得」の内容の勅令第四二四号[54]が発せられた。このことにより、宮内省は、会計法の規定に縛られず随意契約により国庫に帰属した出土品を収集することができた。

また、宮内省・東京帝国大学が保管の必要なしと判断した遺物を地方庁が参考のために保存する場合について、一九〇一年（明治三四）四月一日に内務省が「埋蔵物中参考トシテ庁府県ニ保存スル場合ニ於ケル取扱方ニ関スル訓令」として次のように庁府県長官に宛発している。

遺失物法第十三条ニ依ル学術技芸若ハ考古ノ資料ニ供スベキ埋蔵物取扱ニ関シテ三十二年十月訓第九八五号ヲ以テ訓令及置候所宮内省又ハ帝国大學ニ於テ保管ノ必要ナシト認メタル物件ニシテ地方長官ニ於テ教育其他ノ参考トシテ保存ヲ要スト認メタルトキハ内務大臣ニ報告シ遺失物法第十三条第二項ニ依リ取扱ヒ庁府県ニ於テ保管スルルハ差支無之候而シテ発見者又ハ発見シタル土地所有者ニ給付スル相当代価ハ国庫費用遺失物収得費ノ目ヨリ支出スベシ

この訓令では、保存する場合の内務大臣宛の報告と国庫帰属にともなう地方庁における代価の支払に関する会計処理の方法を指定している。また、この訓令を受けて同日に内務省警保局長から「埋蔵物中参考トシテ庁府県ニ保存スル場合ニ於ケル取扱ノ件依命通牒」が以下のとおり庁府県長官宛に発せられた。

遺失物法第十三条ニ依リ取扱フベキ埋蔵物中宮内省又ハ帝国大学ニ於テ保管ノ必要ナシト認メタル物件ニシテ参考用トシテ庁府県ニ於テ保存スル場合ニ於ケル取扱方ニ関シ本日訓令相成候所右ニ依リ庁府県ニ於テ保存セントスルトキハ可成予メ宮内省又ハ帝国大学ヘ依頼シ其ノ適否ノ鑑別ヲ受ケ候上保存候事ニ御取扱相成候様致度依命比段及通牒候也

地方庁で保管する遺物については、先に宮内省あるいは帝国大学にその適否について判断を仰ぐように通牒している。

このように、遺失物法第一三条の埋蔵物の取扱規定は従来の埋蔵物に関する規定を踏襲したうえで、出土品の国家管理を明確化し確定させた。そして、「明治三二年内務省訓令」とその他の複数の訓令と通牒により地方庁あるいは帝国大学に対し具体的な行政措置を指示している。そこに一貫して流れているのは、優品を収集しようとする宮内省の、古墳関係出土品に対する行政措置の優位性を明確に示すことであり、システムとして確定させていることは明らかである。また、古墳以外の出土品についても国家機関としての帝国大学による出土品の集中管理のシステムを示している。

第三節　名所、旧蹟(古蹟)、古墳墓の保存顕彰

(1)　名所、旧蹟(古蹟)、古墳墓

古墳が陵墓あるいは非陵墓古墳や未選別古墳という陵墓行政上からの対象以外に、近世以来、紀行文や地誌類にあらわれる「名所、旧蹟(古蹟)、古墳墓」という地域を体現する歴史的景観として、あるいは歴史的な価値を有するものとして地域住民のアイデンティティーとしてとらえられている。

日清戦争後から日露戦争までの間に、「名所、旧蹟(古蹟)、古墳墓」に対する保存顕彰の動きが民間で活発化[55]し、行政サイドでも調査等の措置が行われ、この時期に広義の保存行政がはじまった。また、古墳だけでいえば、陵墓行政主体の古墳保存行政にあらたな歴史的価値を有する「古墳墓」という行政対象が加わった時期である。

これらの「名所、旧蹟(古蹟)、古墳墓」の所轄官庁は内務省であった。内務省は一時期陵墓行政も所管したが、陵墓行政が未定陵墓の調査と治定及び陵墓古墳の保全であるのに対し、「名所、旧蹟(古蹟)、古墳墓」については保存顕彰行政であった。一八七四年(明治七)一月一〇日の「内務省職制及事務章程[56]」によれば「事務章程第十七条　古蹟ヲ保存スル事」とある。さらに一八七六年(明治九)一月二九日内務省の「地理寮職制及事務章程」

では、下款第三八条に「御陵及ヒ墓地公園名所旧蹟地ノ事務ヲ処分スル事」とあり、これ以降内務省の『例規類纂』[57]や内務省分課規程[58]などからも「名所、旧蹟（古蹟）、古墳墓」が、所管事項であったことがわかる。

なお、この「名所、旧蹟（古蹟）、古墳墓」を包括する統一的な用語としての「史蹟」が登場する一九一九年（大正八）の史蹟名勝天然紀念物保存法の制定までは、概念が不確定なまま個々の用語が行政上でも法令上でも使用された。

（2）帝国議会による古墳墓保存建議

日清戦争の勝利後、国際社会での日本の存在が認められるようになると、ナショナリズムの高揚により、「名所、旧蹟（古蹟）、古墳墓」は地域の歴史的価値を有するものから「国家の光彩」を放つものとして認識されはじめる。そして、戦後の経済発展にともなう開発による破壊から「名所、旧蹟（古蹟）、古墳墓」の保存顕彰を進めようと帝国議会からの働きかけが行なわれた。

特に古墳墓については、国家そのものが皇室を宗家とする一大家族であり「祖先崇拝や親子関係を皇室・天皇と国民の関係と同視して忠と孝が一体のもの[59]」という家族国家の観念から祖先祭祀が重要視された。このため、名所、旧蹟とは明らかに区別した中で古墳墓が取り扱われるとしている。

一八九七年（明治三〇）二月二三日、第一〇回帝国議会において貴族院から提出された「功臣元勲碩学鴻儒等ノ古墳墓保護ノ建議[60]」が議決された。これに対し内務省では、「保護ノ方法ヲ確立」するための墳墓に関する調査の予算を要求したが、内閣で認められなかった。このため地方長官に訓令して現状調査とその保全を計らせると共に、調査で所在地等が判明すれば、その市町村に保存させ補助金を支出するのが適当であるとの内務省案を閣議に提出し決定された。

一八九九年（明治三二）一月一一日第一三回帝国議会に同じく貴族院から天皇陵古墳以外の皇后・皇子・皇孫の陵墓の可能性がある古墳を保護するように「古墳墓保存ノ建議」[61]が提出され、議決された。この建議では、考古学の発展などでのちに考証が可能になるので、民有地にある古墳を国家で買い上げ保存しなければならないとしている。その中で開発による破壊とともに、外国人による買収を懸念し、それが「国家ノ風教ニ関スル至重ノ事」としている。

古代陵墓ノ地ヲ相スルヤ必ス清浄高燥ニシテ或ハ山ニ依リ或ハ海ニ臨メル景勝ノ地ヲ襷ヘリ故ニ登臨游所ニ最モ適ヂタル好個ノ仮山多シ是ヲ以テ外人雑居ノ日ニ至ラハ古墳墓ノ壮大ナル者外人ノ買収占居スル所トナリ亭榭ヲ設ケテ游宴ノ場ト為サヽルヲ保ス可カラス

また、この建議案に対する同年六月の閣議決定において、内務省の意見として「他日法律案ヲ具シテ閣議ニ提出セントス」として古墳墓に対する保存法案提出の可能性を述べている。さらに、内閣はこの建議の内容が「国家風教上最モ必要ノコト」と認識を示した。

（3）　名所、旧蹟（古蹟）、古墳墓に対する行政の動き

国の保存施策としては、一八九七年（明治三〇）には古社寺保存法[62]が施行された。この法律は、わが国最初の文化財保存のための法律であり、社寺が保有する建造物や美術工芸品を特別保護建物や国宝に指定して保存金を下付するというものである。この法の根幹は美術行政を主眼としたが、同法の第一九条で「名所旧蹟ニ関シテハ社寺ニ属セサルモノト雖仍本法ヲ準用スルコトヲ得」と名所旧蹟について規定している。しかし、その実効性は

なかったようであるが、法律としては最初に名所旧蹟の保存が示された。

しかし、一八九七年（明治三〇）の貴族院の建議に対する内閣閣議案の内務大臣の意見に示されているごとく、政府はまず古墳墓の状況調査から始めなければならないとして、予算削減もあることから当分地方庁による調査と保存施策を促す方針を示した。

この内閣案と符号するかのように、建議後の一八九八年（明治三一）一二月二〇日付内務省訓令第一一〇四号が大阪府知事宛[63]に発せられた。それは、以下のごとく府内の「名勝（旧蹟）」調査を指示したものである。


其府管内所在ノ名勝旧蹟ニシテ史書ニ著称セラレ又ハ其風景優秀ニシテ人口膾炙シ、永遠ニ保存スルノモノノ中ニ就キ特ニ顕著ナルモノ及ビ由緒特殊ナル社寺堂宇ノ建築ニシテ其年代三百年以上ヲ経過セルト認ムヘキモノ

この訓令の中で「名勝（旧蹟）」について「社寺境内、公園、古墳墓、御料地、国有林野、其ノ他土地ノ種類ニ拘ワラス記載スヘシ　但御陵墓之ヲ除ク」とされ、陵墓以外の古墳墓も「名勝（旧蹟）」の対象としてあげられている。

さらに、一八九九年（明治三二）一月「古墳墓保存ノ建議」が提出議決され、第二節で明らかにしたように、同年三月二三日に遺失物法が制定されると内務省は一〇月二六日に「明治三二年内務省訓令」を発した。これにより、古墳関係品その他学術技芸もしくは考古の資料となるものは宮内省に通知するという手続きを示し、古墳出土品が同省の主管であることを明確にした。そして一九〇一年（明治三四）五月三日には「明治三四年内務省訓令」を発し、古墳発掘における「太政官達第五九号」や「宮内省達乙第三号」による手続きの履行をあらためて地方庁に発している。

また、直接的な保存施策ではないが、一九〇〇年（明治三三）に施行された土地収用法施行令[64]第三条では、以

下のように掲げられた土地について申請地内にある場合は調書を添付することを義務づけている。

第三条起業者カ内閣ノ認定ヲ受ケムトスル場合ニ於テ起業地内ニ左ニ掲ケタル土地アルトキハ其ノ土地ニ関スル調書及図面ヲ申請書ニ添付スヘシ

一　御陵墓地及御料地

二　国有地

三　現ニ公用ニ供スル土地

四　社寺境内地

五　名所、旧蹟及古墳墓

この内閣の認定の必要な土地の中に名所、旧蹟、古墳墓が加えられており、土地収容においても特別に配慮されている。ここでは名所、旧蹟、古墳墓の三種は、明確に分類され行政上の用語として使用されている。

これらの内務省訓令や土地収用法施行令における古墳や名所、旧蹟に対する措置には、一八九九年（明治三二）の「古墳墓保存ノ建議」が影響していることが考えられる。

（4）　民間による保存顕彰

日清戦争後、名所、旧蹟、古墳墓の保存活動が盛んに行われるようになってきた。それは、日清戦争の勝利が、いやがうえにもナショナリズムを高め、排外的な国権拡張が進められたことによる。

このような状況下、岩倉具視の古蹟保存取調の意志を継ぐということで、一九〇〇年（明治三三）に帝国古蹟取調会が公爵九条道孝、伯爵土方久元を中心に設立された。この会は、会報の発刊の辞[65]によれば「歴朝聖皇の皇居、山陵、王公名士の墳墓遺跡等、すべて我国史と離るべからざる旧址を保存顕彰するは是れ我帝室の尊厳を萬世に維持し、国家の光彩を永遠に発揚せしむる所以なり」と保存顕彰することにより天皇と国家威信を高めようとするものであった。この団体は一九〇二年(明治三五)には宮内省から金一〇〇〇円を下賜されている。その設立の趣旨は、鉄道や山野の開墾等、多くの工事による旧蹟(古蹟)の「破壊湮滅」が進む現状に対し保存取調を講じなければ「他日豈に陵谷の変滄桑の嘆きなからんや」としている。また、一八九四年(明治二七)の条約改定による治外法権撤廃で外国人の国内雑居が認められたことにより「今後の趨勢、此等の名蹟の外人の有に帰して空しく其蹂躙する所」となり、これを保存しなければ国体の威信の問題となることも主張している。

この会は、「歴朝聖皇の皇居、山陵、王公名士の墳墓遺跡」の保存は天皇及び国家の威信の問題であり、それは国内ばかりでなく対外的にも万世一系の天皇のもとに他国に劣らない古蹟の存在をアピールするものであるとしている。この外国人に対する懸念は、帝国古蹟取調会が設立される前年の一八九九年(明治三二)一月一四日の貴族院による「古墳墓保存ノ建議」でも現われている。この建議では、「外人雑居ノ日ニ至ラハ古墳墓ノ壮大ナル者外人ノ買収占居スル所トナリ」とし、開発による破壊とともに外国人による買収を懸念し、それが「国家ノ風教ニ関スル至重ノ事」としている。

第四節　古墳の保存行政が確立する第Ⅲ期

(1)「名所、旧蹟(古蹟)、古墳墓」から「史蹟」へ

日露戦争後、日本の資本主義経済がさらに発達するが、一方で農村部は疲弊し、町村財政が逼迫する。このよ

うな中、帝国主義列強と肩を並ぶべく国力増強のために町村財政、生活習俗の改良を目指して、内務省官僚井上友一らを中心に地方改良運動が開始された。そして、それは住友陽文[66]によれば「国民には国家を背負ってたつ自覚を養成していく必要があり、その教化策として有効な教育材料が史蹟や記念碑であった」としている。この時期、一九〇九年（明治四二）の地方官会議で平田東助内務大臣訓示の中で「名区勝区旧蹟地ノ保存」が取り上げられた。さらに、翌年七項目からなる「史蹟勝地及古墳ノ調査保存ニ関スル方法ノ件[67]」について地方官会議に諮問がなされた。『奈良県庁文書[68]』では、法案の形式をとって「史蹟勝地保存法案」として答申している。この諮問で、行政文書上はじめて「史蹟」という用語が標題として使用された。しかし、文書上「古墳」が「史蹟」と並列して使用されていることから、この時点での「史蹟」の用語の概念は「名所、旧蹟」を表わしたものである。

そして、一九一一年（明治四四）三月一一日第二七回帝国議会で「史蹟及天然紀念物保存ニ関スル建議案[69]」が貴族院に徳川頼倫、徳川達孝、田中芳男、三宅秀らの議員が発議者となって提出された。この建議の理由書では、まず「我邦ハ建国古ク金甌無鉄ノ国体」を有し、歴史的・学術的・風景的に記念となり考証の対象となるものが多いとしている。また、史蹟名勝天然記念物対象となるものは「名木老樹竝木森林原野又ハ禽獣魚介或ハ古墳貝墟岩洞瀑布等ニシテ歴史上著名ノ事蹟ニ関系《ママ》アルモノ或ハ学術上貴重ノ資料トナルモノ」としている。ここで、「古墳貝墟」が記念考証の対象としてあげられ、古墳も史蹟に分類されている。また、欧米の保存施策を示し、よりグローバルな発想も交えて国家の保存義務を訴えている。この建議は、後の史蹟名勝天然記念物保存の施策に強い影響を与えた。

この帝国議会では、さらに三月一八日に衆議院で「名所旧蹟古墳墓保護ニ関スル建議[70]」が議決された。この建議における古墳墓については「文武ノ忠臣又ハ学者ノ墳墓」とし、それを修復、功績表彰することが人心作興上及び教育上望ましく、外国観光客への周知により国威発揚ともなるとしている。三月二〇日には同じく衆議院で富士山周辺での電力開発、森林破壊を憂慮し「名勝地維持保存ニ関スル建議」も議決されている。また、「史蹟及天然紀念物保存ニ関スル建議案」を提出した徳川頼倫を会長、徳川達孝を副会長とする史蹟名勝天然紀念物保存協会が[71]一九一一年（明治四四）一二月一〇日に南葵文庫に設立された。そして、雑誌『史蹟名勝天然紀念物』[72]を発刊し、史蹟名勝天然紀念物保存法制定や普及活動などを活発に行うことで、保存行政に大きな影響力をもった。この会は後には、内務省内に事務局が置かれ、会長に歴代の内務大臣が就任し、外郭的な性格をもった団体となった。

（2）　古墳保存行政の新たな施策

①依命通牒

一九一三年（大正二）六月に内務省警保局長から東京府を除く地方長官宛に「古墳発掘ニ関スル件依命通牒」[73]が通達された。通牒では「古墳発掘ニ付テハ曩ニ及通牒置候所近来宮内省ニ申出スルコトナク往々発掘ニ従事スル場合之有」とし「未定御陵墓ノ調査上大ニ差支ヲ生ス」として、地方庁に注意を促している。このことは、「明治三四年内務省通牒」以後も開発が進み、古墳が手続きを経ずして発掘されることが多く、宮内省としては「太政官達第五九号」や「宮内省達乙第三号」の布達が徹底されず陵墓行政上への影響力を懸念したのではないかと考えられる。

この四年後の一九一七年（大正六）二月に内務省警保局長から地方長官宛に「古墳及埋蔵物ノ発掘ニ関スル件依命通牒」[74]が通達された。この依命通牒は以下のとおり、一九一三年（大正二）までの従来の訓令や依命通牒とは異なっていた。

古墳及埋蔵物ノ発掘ニ関シテハ屢次訓令及通牒ノ次第モ有之候得共今尚宮内省へ申出ツルコトナクシテ密ニ古墳ノ発掘ヲ洩シ又ハ学術上ノ参考トナルヘキ埋蔵物ヲ発掘シタルニ拘ラス法定ノ手続ヲナサスシテ密ニ之ヲ所持若ハ処分スル等古墳ノ内容ヲ非学術的ニ破壊スル者往々有之斯タテハ未定御陵墓ノ調査上ニ支障ヲ来スノミナラス史蹟名勝天然紀念物等ノ保存方法ニ付目下詮議中ニ属スルヲ以テ是等調査ノ結了ヲ告ケ又ハ保存方法ノ確立スルニ至ル迄ハ原状ノ儘存置スルノ必要アルモノモ有之既ニ一部人民中ニ於テモ右等古墳ノ密掘並埋蔵物ノ不正処分ノ幣アルヲ認メ之ニ対スル防止方第三十七議会へ請願シタル向アリ旁、一層取締ヲ要スヘキ義ト被存候条相当御注意相成様致度尚今後古墳又ハ古墳ト認ムヘキ場所ノ発掘ヲ企画シ若ハ学術技芸考古ノ資料トナルヘキ埋蔵物ヲ発見シタル者アルトキハ既訓令並通牒ノ趣旨ニ依リ夫々手続ヲ為サシムル様特ニ御配慮相煩度

追テ本件古墳ノ密掘及密売等防止ニ関スル従来ノ御措置振承知致度候

古墳及び埋蔵品に関する無届での発掘について「未定御陵墓ノ調査上ニ支障ヲ来ス」という従来の陵墓行政上の理由だけでなく、宮内省あるいは無届の発掘や盗掘（密掘）を取り締まる側の内務省が新たな行政措置の方向性を示した。

それは古墳に対する措置が「史蹟名勝天然紀念物等ノ保存方法」という新たな概念あるいは位置づけによって保存しようと検討されていることである。これは、前述のように日清戦争以後の史蹟保存顕彰の機運がたかまり、古墳保存の施策に現われてきた結果である。特に一九一一年（明治四四）の第二八回帝国議会の貴族院に「史蹟及天然紀念物保存ニ関スル建議案」が提出、議決された後、国においても立法措置等、保存が講じられることが決まったためである。

②本山彦一の請願

また、この依命通牒に示された「密掘並埋蔵物ノ不正処分」に対する取り締まりの強化は、第三七回帝国議会での請願[75]が端緒となっている。この請願とは、「古墳ノ発掘ト埋蔵物ノ処分ニ関スル請願」で大阪毎日新聞社長本山彦一[76]から衆議院に提出されたものである。その内容は、「現行法令改定ノ必要」「現行法令ノ弊害」「現行法令改正ト其希望」の三項目からなっている。現行の「太政官達第五九号」や「宮内省達乙第三号」は、歴代陵墓のほとんどが判明してきた以上、必要を認められない。また、「明治三四年内務省通牒」はその繰り返しであると主張し、古墳所有者の私権行使を規制するならすべての古墳を買い上げるべきであると主張する。また、埋蔵物についても出土品の所有権を博物館や帝国大学が独占すべきではない。考古学研究の自由を犯し、盗掘や出土品の密売を助長して非科学的破壊を進めるだけであり、現行法令を改正すべきとの主張であった。これに対し内務省は閣議案の中で、現行法令の改正については、現在「史蹟（古墳ヲ含ム）名勝天然記念物ノ保存ニ付キテハ目下其ノ方法ニ付調査中」であり、その方法が確立するまでは、現状のまま保存する必要がある。また、すべての古墳の買い上げは非現実的であるとしている。埋蔵物については遺失物法第一三条で学術研究資料の必要性を認めているとして、現行法令の改正は必要なしと内閣に閣議案を提出し「請議ノ通」として了承された。

しかし、この請願が内務省通牒の内容までも左右したことは特筆すべきである。やはり、請願者である本山彦一の影響力によるものと推測される。彼が大阪毎日新聞社長であるとともに東京日日新聞社長という

図2　本山彦一

立場、政界や考古学・人類学の学会とのつながりを考えれば、国としても安易な対応ができなかったものと思われる（図2）。

その後、本山彦一は一九二三年（大正一二）二月の第四六回帝国議会にも同様の請願を提出し、衆議院、貴族院で「願意ノ大体ハ採択スヘキモノ」と議決している。このことは、史蹟名勝天然紀念物保存法が制定されても、なんら古墳に対する行政側の施策に目新しいものがなかったとの認識で請願が繰り返されたと推測される。

この一九一七年（大正六）の依命通牒は、陵墓行政からのみであった古墳保存行政に、新たに「史蹟」という国家的位置づけがはじめて示されたものとして重要な通牒である。そして、この二年後の一九一九年（大正八）に史蹟名勝天然紀念物保存法が制定されたのである。

まとめ

古墳保存行政の成立過程を明治元年（一八六八）から一九一九年（大正八）までで大きく三期に画した。それぞれの各期の状況をまとめてみたい。

〈第Ⅰ期〉

古墳保存行政は、日本の対外拡張政策が戦争という形で最初に現われた日清戦争までは形成期であった。古墳保存行政は陵墓行政における陵墓治定、特に天皇陵の治定を最優先にして進められた。それは、伊藤博文の意見にみられるように、条約改正における対外的な国家威信の問題として、すべての天皇陵の治定を急いだのである。そして、一八八九年（明治二二）の崇峻天皇陵の改定をもって天皇陵の治定は終わった。この時期までの陵墓治定においては一八七九年（明治一二）を中心に春日宮天皇皇妃吉隠陵や桓武天皇皇后高畠陵、日本武尊野褒野陵などの改定あるいは春日大娘皇后陵や五十瓊敷入彦命玉田山墓の取り消しが行われるなど再考される陵墓があり、ある程度柔軟なものであった。しかし、一八八九年以降は陵墓の改定取り消しはなく硬直した陵墓行政が行われた感がある。

一方、陵墓以外の古墳については、「太政官達第五九号」や「宮内省達乙第三号」によって未選別古墳に含まれていると思われる陵墓を保存するための行政措置を示した。そして、宮内省による古墳出土品についての独占的収集システムも立ち上げられた。

〈第Ⅱ期〉

日清戦争後から日露戦争までは、はじめての対外戦争勝利による資本主義の発達による開発が進み未選別古墳の破壊が進んだ。そして、日清戦争の勝利が、いやがうえにもナショナリズムを高め、帝国主義化とともに排外的な国権拡張が進められた。それにともない、有識者の中から伝統的な「名所、旧蹟（古蹟）、古墳墓」は「国家の光彩」を放つものとして保存すべきものであるとの運動が展開され、政府も動き出した。つまり古墳に対し陵墓行政とは異にする方向でも行政が保存措置を講じはじめたのである。

また、未選別古墳に対する保存措置に対しては「太政官達第五九号」や「宮内省達乙第三号」の手続き励行を促す「明治三四年内務省通牒」が出され、内務行政からの古墳保存行政への強化が図られはじめた。さらに遺失物法の制定とその手続きを促す「明治三二年内務省訓令」による古墳出土品の宮内省独占を法令的に強化させた時期でもある。

〈第Ⅲ期〉

日露戦争の勝利は、日本の資本主義経済を進展させる一方で農村社会を疲弊させた。そのような中で開発はさらに拍車がかかり、陵墓以外の古墳は消失の危機に向かっていった。

第Ⅱ期で使用されていた「名所、旧蹟（古蹟）、古墳墓」にかわり史蹟という用語が用いられるようになり、さらに名勝、天然記念物の用語も加わり、包括的な用語として「史蹟名勝天然紀念物」が使用されるようになった。古墳はその史蹟を構成する要素の一つと位置づけられた。これらの保存について内務省が地方長官会議や訓令、通牒により史蹟保存行政を進めるように警察、地方庁を指導し、地方庁では史蹟調査会や補助金支出などに関する法令が制定された。また、この第Ⅲ期は、日本が対外的にも東アジアに積極的に進出し日韓併合と満洲経営に乗り出した時期でもある。この植民地統治においても、史蹟（古蹟）保存が唱えられ、最初の法令[77]が制定された。

こうした流れの中で、一九一九年（大正八）史蹟名勝天然紀念物保存法が制定された。

註

（1）高木博志「陵墓の近代」（『近代天皇制と古都』岩波書店、二〇〇六年）。
（2）外池昇『天皇陵の近代史』（吉川弘文館、二〇〇〇年）一八四頁、表18。
（3）「教部省諸陵事務ヲ掌ル」（『太政類典』国立公文書館蔵）。明治五年（一八七二）五月二〇日から一八七七年（明治一〇）一月一一日まで陵墓事務を行う。外池昇『天皇陵の近代史』（吉川弘文館、二〇〇〇年）。
（4）「古墳墓保存之儀伺」一八七四年（明治七）四月二七日（『公文録』国立公文書館蔵）。
（5）「口碑流伝ノ古墳発掘ヲ停ム」太政官達第五九号、一八七四年（明治七）五月二日（『太政類典』国立公文書館蔵）。
（6）「御陵墓取調中ニ付石槨土器等ノ露出又ハ古墳ヲ発見セシ者ハ開申セシム」宮内省達乙第三号、一八八〇年（明治一三）一一月一五日（『太政類典』国立公文書館蔵）。
（7）「第一〇回議会上　明治二九年」（『帝国議会　貴族院議事速記録一二』東京大学出版会、一九八〇年）。
（8）「第一三回議会上　明治三一年」（『帝国議会　貴族院議事速記録一四』東京大学出版会、一九八〇年）。
（9）「発刊の辞」（『帝国古蹟取調会会報』第壱号、一九〇〇年）。

(10)「故徳川公爵保存事業年表」(『史蹟名勝天然紀念物』一―五、一九二六年)。
(11) 基本的に「史蹟」を使用するが、文化財保護法制定以降の記述については「史跡」を使用する。
(12) 本論では「紀念物」は法令や行政用語、固有名詞として使用、「記念物」は一般的用語として使用する。
(13)「史蹟名勝天然紀念物保存法」法律第四四号、一九一九年(大正八)四月一〇日。
(14)「第二七回議会上　明治四三年」(『帝国議会　貴族院議事速記録二七』東京大学出版会、一九八一年)。
(15)「常務委員法学博士井上友一君逝去弔辞」(『史蹟名勝天然紀念物』三―六、一九一九年)。
(16) 瓊々杵尊の可愛山陵＝鹿児島県高城郡東水引村大字宮内(現川内市宮内町)。彦火火出見尊の高屋山上陵＝鹿児島県始良郡溝辺村大字麓(現霧島市溝辺町)。鸕草葺不合尊の吾平山上陵＝鹿児島県肝属郡始良村字上名(現鹿屋市吾平町)。
(17) 註(2)に同じ。
(18) 山中永之佑「堺県公文録(九)」(『堺研究』一三、堺市立中央図書館、一九八二年)。
　この内務卿への伺の日付については、戸長からの届出経緯からみて四月一七日以降、四月二二日と推測される。
(19) 奈良県北葛城郡河合町。
(20)「第三二号広瀬郡池部村山林石棺発見届」(『陵墓関係　大阪府庁文書三　御陵墓願伺届』宮内庁宮内公文書館蔵)。
(21)「神祇官中ニ諸陵寮ヲ置ク」太政官布告　明治二年(一八六九)九月一七日(『太政類典』国立公文書館蔵)。
(22)「神祇官ヲ神祇省ト改ム」太政官布告　明治四年(一八七一)八月八日(『太政類典』国立公文書館蔵)。
(23)「神祇省ヲ廃シ教部省ヲ置ク」神祇省達　明治五年(一八七二)三月一四日(『太政類典』国立公文書館蔵)。
(24) 註(3)に同じ。
(25)『東京市史稿　御墓地篇』(東京市役所編纂、一九一三年〈大正二〉一一月)。
(26) 外池昇『天皇陵の近代史』(吉川弘文館、二〇〇〇年)一八五～一八七頁、表19から表22の統計を参照。
(27)「教部省へ達」一八七七年(明治一〇)一月一一日(『太政類典』国立公文書館蔵)。
(28)「第五十六款　山陵及御墓」(『例規類纂』内務省地理局編輯、一八八四年〈明治一七〉七月、国立公文書館蔵)。
(29) 高木博志「一八八〇年代、大和における文化財保護」(『近代天皇制の文化史的研究』校倉書房、一九九七年)。

(30)「他日考証トナルヘキ古墳ハ御陵墓見込地ト定メ宮内省ノ所轄トナス」一八八二年（明治一五）八月八日（『公文類聚』国立公文書館蔵）。
(31)『明治天皇紀』一八八九年（明治二二）六月三日条。
(32)註(2)に同じ。
(33)一九二六年（大正一五）一〇月二一日に皇統加列の詔書、一九四四年（昭和一九）二月一一日嵯峨東陵を決定。
(34)「遺失物法」法律第八七号、明治三二年（一八九九）三月二四日。
(35)「学術技芸若ハ考古ノ資料トナルヘキ埋蔵物取扱ニ関スル付訓令」内務省訓令第九八五号、一八九九年（明治三二）一〇月二六日。
(36)「古器旧物保存方」太政官布告、明治四年（一八七一）五月二三日（『太政類典』国立公文書館蔵）。
(37)「新律綱領」明治三年（一八七〇）一二月。
(38)「新律綱領」に「若シ官私ノ地内ニ於テ埋蔵ノ物ヲ掘得ル者ハ、並ニ官ニ送リ、地主ト中分セシム」とある。
(39)東京国立博物館『東京国立博物館百年史』資料編、一九七三年。
(40)註(39)に同じ。
(41)註(39)に同じ。
(42)「古墳古物取締規則」宮崎県訓令第六二号、一八九二年（明治二五）一一月七日（『現行宮崎県令規全集第一綴』帝国地方行政学会、帝国地方行政学会編輯局編纂、帝国地方行政学会、一九一七年、国立国会図書館蔵。
(43)宮崎県訓令第一四一号、一八九二年（明治二五）一一月七日（『現行宮崎県令規全集第一綴』帝国地方行政学会、帝国地方行政学会編輯局編纂、帝国地方行政学会、一九一七年、国立国会図書館蔵）。
(44)斉藤忠「西都原古墳群調査報告書の学史上の意義」（『宮崎県西都原古墳調査報告書』西都市教育委員会、一九八三年〈昭和五八〉）。
(45)「古墳発掘手続ノ件依命通牒」内甲第一七号、一九〇一年（明治三四）五月三日（『内務省警保局文書』国立公文書館蔵）。
(46)「人類学研究等ノ為古墳発掘ヲ要スル際宮内省へ照会方」文部省丑専甲四一〇号、一九〇一年（明治三四）四月二

二日（『保存行政関係法規、昭和一二年一二月一日現在』文部省宗教局、文部省宗教局保存課編、内閣印刷局、一九三八年、国立国会図書館デジタル化資料）。

(47)「古墳又ハ古墳ト認ムヘキ箇所ヲ帝国大学ニ於テ発掘方ノ件」内務省地第一三三九号、一九〇一年（明治三四）一一月四日（『内務省警保局文書』国立公文書館蔵）。

(48)「埋蔵物発掘ニ際シ東京帝国大学職員携帯帰学ノ件」内務省訓令第六五五号、一九〇八年（明治四一）八月六日、史蹟名勝天然紀念物（『内務省警保局文書』国立公文書館蔵）。

(49) 註(34)に同じ。

(50) 文化庁『文化財保護法五十年史』二〇〇一年。

(51) 内務省総務局会計課長、内務省警保局長「遺失物法第一三条ニ依ル考古ノ資料等ニ供スヘキ物件宮内省へ譲渡スル場合ニ於ケル処置ノ件（通牒）」一九〇一年（明治三四）一一月二一日（『内務省警保局文書』国立公文書館蔵）。

(52) 東京国立博物館『東京国立博物館百年史』一九七三年、四三四頁。

(53)「会計法」法律第四号、一八八九年（明治二二）二月一一日。

第二十四条　法律勅令ヲ以テ定メタル場合ノ外政府ノ工事又ハ物件ノ売買賃借ハ総テ公告シテ競争ニ付スヘシ但シ左ノ場合ニ於テハ競争ニ付セス随意ノ約定ニ依ルコトヲ得ヘシ（中略）第八　見積価格二百円ヲ超エサル動産ヲ売払フトキ

(54)「遺失物法第十三条第二項ニ依リ国庫ニ帰属シタル埋蔵物ヲ宮内省ニ譲渡スルトキハ随意契約ニ依ルコトヲ得」勅令第四二四号、一八九九年（明治三二）一一月四日（『公文録』国立公文書館蔵）。

(55)「古蹟保存、紀念碑建設という事大に流行し、」（『日本人』七九、一八九八年〈明治三一〉）。「古蹟保存に関する諸運動」（『歴史地理』一—二、一八九九年〈明治三二〉）。大阪府内では楠木正成関係を中心に旧蹟保存顕彰を目的に保存会が設立され、活動した（籠谷次郎「楠公顕彰と長野地域」〈『河内長野市史』第三巻、二〇〇四年〉）。

(56) 山中永之佑「堺県公文録（三）」（『堺研究　七』堺市立中央図書館、一九七六年）。

(57)『例規類纂』内務省地理局編輯、一八八四年（明治一七）七月から一八八八年（明治二一）九月。

(58)「内務省分課規程改正ノ件」（『内務省警保局文書』一九一三年〈大正二〉八月一一日、国立公文書館蔵）。

(59) 山室信一「明治国家の制度と理念」（『岩波講座　日本通史』第一七巻、岩波書店、一九九四年）。
(60) 「貴族院建議古墳墓保護ニ関スル件」一八九七年（明治三〇）二月二三日（『公文雑纂』国立公文書館蔵）。
(61) 「同建議古墳保存ニ関スル件」一八九九年（明治三二）一月一一日（『公文雑纂』国立公文書館蔵）。
(62) 「古社寺保存法」法律第四九号、一八九七年（明治三〇）六月五日。
(63) 「名勝旧蹟調」（『大阪府古墳墓取調書類　七』陵‐一一八八、宮内庁宮内公文書館蔵）。
(64) 「土地収用法施行令」勅令第九九号、一九〇〇年（明治三三）三月三〇日。
(65) 「発刊の辞」（『帝国古蹟取調会会報』第壱号、一九〇〇年）。
(66) 住友陽文「近代日本の国民教化と文化財保存問題」（『萱野三平邸の保存運動』箕面市地域史料集二、箕面市、一九九一年）。
(67) 「名勝旧蹟」（『埼玉県文書』埼玉県立文書館蔵）。
(68) 「名勝　旧蹟一件」（明37‐2A‐11）（『奈良県庁文書』奈良県立図書情報館蔵）。
(69) 内田英二「史蹟名勝天然紀念物保存法解説二」（『史蹟名勝天然紀念物』一―五、一九二六年〈昭和元〉）。
(70) 「名所旧蹟古墳墓保護ニ関スル件」一九一一年（明治四四）三月一八日（『請願建議関係文書』国立公文書館蔵）。
(71) 「故徳川公爵保存事業年表」（『史蹟名勝天然紀念物』一―五、一九二六年（昭和元）。
(72) 徳川頼倫によって設立された私立図書館、明治後期から一九二四年（大正一三）まで開館。
(73) 「古墳発掘ニ関スル件」一九一三年（大正二）六月二日（『内務省警保局文書』国立公文書館蔵）。
(74) 「古墳発掘並埋蔵物処分ニ関スル請願（閣議案）」一九一七年（大正六）一月三〇日（『内務省警保局文書』国立公文書館蔵）。
(75) 註(74)に同じ。
(76) 本山彦一　嘉永六年（一八五三）～一九三二年（昭和七）（『松陰本山彦一翁』大阪毎日新聞社・東京日日新聞社、一九三七年）。
(77) 朝鮮総督府による一九一六年（大正五）七月四日朝鮮総督府令第五一号「古蹟及遺物保存規則」や同年一二月二日関東都督府令第三四号「古蹟保存規則」がこの時期制定されている。

第二章　近代古墳保存行政の展開

はじめに

内務省の事務分掌として行われていた史蹟行政による古墳保存は、一九一九年（大正八）の史蹟名勝天然紀念物保存法の制定によって、法律という立法措置を得て指定という行政処分による方法がとられるようになり、一つの法体系のもとに行政制度として確立した。これにより、古墳保存行政は宮内省による陵墓行政と内務省による史蹟行政との二面行政が行われるようになった。[(1)]

しかし、一方で内務省の通牒等で「太政官達第五九号」や「宮内省達乙第三号」が終始、基本法令として位置づけられていることからみても、実態は決して二面行政ではなく未定陵墓候補としての古墳を保存するという陵墓行政を上位とする一連のものであった。

この古墳保存行政について、第一章では、その制度の成立過程を第Ⅰ期から第Ⅲ期までの三期に分けて論じた。すなわち、第Ⅰ期（一八六八～一八九四）は明治時代初期から日清戦争までの間、歴代天皇の未定十三陵の確定を主とする陵墓行政が行われるなど古墳保存行政が開始された時期。次に第Ⅱ期（一八九五～一九〇四）は日清戦争から日露戦争までの期間で、陵墓以外の未選別古墳も含んでの保存行政制度が形成される時期である。第Ⅲ期（一九〇五～一九一九）は日露戦争後から「史蹟名勝天然紀念物」の用語が確立され、史蹟行政の展開による新たな古墳保存行政制度が確立される時期である。

本章は第一章と一連のものであるが、史蹟名勝天然紀念物保存法の制定が古墳保存行政制度上大きな画期ととらえ、構成上の都合で別章とした。本章では、史蹟名勝天然紀念物保存法制定以後の史蹟指定や法令を検討しながら、一九五〇年（昭和二五）の文化財保護法制定までの近代の古墳保存行政の展開を四期に画して分析する。区分は前章からの一連であることから、画期の区分名を前章から連続の表記とし、第Ⅳ期から第Ⅶ期を使用した。第Ⅳ期は一九一九年（大正八）の史蹟名勝天然紀念物保存法の制定から史蹟行政の主担が一九二八年（昭和三）の内務省から文部省に移管されるまでの、積極的に史蹟指定が進められた時期である。第Ⅴ期は史蹟行政の文部省移管後から一九三八年（昭和一三）の国家総動員法の制定までの時期。第Ⅵ期は国家総動員法の制定から一九四五年（昭和二〇）の太平洋戦争の終結まで、そして第Ⅶ期は一九四五年の連合軍の進駐とＧＨＱの占領政策開始から一九五〇年の文化財保護法制定による史蹟名勝天然紀念物保存法の失効までである。

第一節　史蹟名勝天然紀念物保存法の制定にはじまる第Ⅳ期

（1）史蹟名勝天然紀念物保存法の制定

古墳に対し陵墓関係以外で「史蹟」という新たな国家的位置づけを法令上確定したのが、一九一九年（大正八）の史蹟名勝天然紀念物保存法の制定である。これは、前章で述べたごとく、従来陵墓行政の枠組みから外された古墳を含め、旧来「名所、旧蹟、古墳墓」としてとらえられてきたものを「史蹟名勝天然紀念物」という概念で包括的にとらえ、立法化して行政処分がともなう方法で保存しようとしたものである。

①徳川頼倫と史蹟名勝天然紀念物保存協会

史蹟名勝天然紀念物保存法が制定される以前、一九一一年（明治四四）三月一三日、第二七回帝国議会に[2]「史蹟及天然紀念物保存ニ関スル建議案」が提出された。これは、徳川頼倫[3]、徳川達孝[4]及び田中芳男[5]、三宅秀[6]の四名が発議者となり一一七名の賛同者の連署をもって提出されたものである。この発議者である徳川頼倫は、一九一〇年（明治四三）一二月七日に南葵文庫内で[7]「史蹟史樹保存茶話会」第一回有志会を徳川達孝とともに主催した。この会では戸川安宅[8]、坪井正五郎[9]、三上参次[10]の講演や喜田貞吉[11]などの学者や阪谷芳郎[12]東京市長や内務官僚、貴族院議員などの政治家が五〇人ほど集まって議論した。建議案が可決された後、この会は翌年四月二五日に「史蹟及天然紀念物保存研究会茶話会」と名称を変え一二五名の参加があった。茶話会は巡見などを開催しながら発展し、同年六月一三日には「史蹟名勝天然紀念物保存協会[13]」の創立が決められた。そして徳川頼倫を会長に徳川達孝・阪谷芳郎を副会長に据え、戸川安宅を幹事とし、同年一二月一〇日に南葵文庫で発会式が行われた[14]。この会は雑誌『史蹟名勝天然紀念物』を発刊し、史蹟名勝天然記念物に関する講演会や報告書の刊行など普及啓発を進めた。また、会の主要構成メンバーや支援者、賛同者を時の政治家、中央官僚、学者などが占めていたことから、史蹟名勝天然紀念物保存法の制定とその後の同法による行政に大きな影響力をもった（図1）。

同会の雑誌『史蹟名勝天然紀念物』は一九二三年（大正一二）に一旦廃刊となった。そして一九二五年（大正一四）五月一九日の徳川頼倫死去により、

史蹟名勝天然紀念物

第壹巻

第壹號

図1　雑誌『史蹟名勝天然紀念物』

事務所が南葵文庫から内務省地理課内に移された。この時点で会則が改正され、時の内務大臣が会長に就任することと定められ、副会長には内務次官、幹事には地理課長が就任することが恒例となった。さらに、一九二六年（昭和元）にはあらためて機関雑誌として月刊『史蹟名勝天然紀念物』が発行された。同年六月から国庫より奨励金の名目で毎年四五〇〇円の補助金が支出された。また、各道府県に支部が置かれたが、ほとんどの事務所が道府県庁内に置かれている。この後、文部省に史蹟行政が移管され、会長は文部大臣、副会長には文部次官、幹事には保存課長が就任している[15]。このことは、同会が徳川頼倫死去後、政府の外郭団体化したことを示している。また、この会は戦後、一九五五年（昭和三〇）頃まで形骸化して残されていたようである[16]。

②法の制定

史蹟名勝天然紀念物保存法は、一九一九年（大正八）三月八日に史蹟名勝天然紀念物保存協会会長であった徳川頼倫他六名の発議者及び六九名の賛成者をもって第四一回帝国議会貴族院に法案として提出されたものである。この法案の趣旨については、同年三月一〇日の第一回読会で、発議者の一人である水野錬太郎により提案理由の説明がされている。

是等ノ史蹟、紀念物ハ、国ノ歴史ヲ思イ、国家ノ精華ヲ発揚スルニ於テ最モ有力ニシテ且ツ必用ナルモノデアルト云ウコトハ申スマデモナイコトデアリマス、故ニ斯ル史蹟、紀念物等ヲ永遠ニ保存スルト云ウコトハ、国家思想ヲ発揚シ国民性ヲ涵養スルコトニ於イテ、最モ力アルモノ

この説明からすれば、「史蹟、紀念物」は国威を揚げるにおいて必要なものであり国民に対する国家思想の教化にもっとも有効なものであることから、これらを保存するために史蹟名勝天然紀念物保存法を制定するということである。

法案は、提案理由説明の後、特別委員会に付託され同月一一日に若干の修正を経て委員会議決し、同月一三日に本会議で議決された。その後衆議院に回付され同月一五日に委員会に付託され、同月二〇日に委員会で原案通り可決し、翌日二一日の本会議で可決された。そして法律第四四号として同年四月一〇日制定、同年六月一日に施行された。主管は内務省で、同年一二月二四日に分課規程が改正され大臣官房地理課の主管事項となった。

この法施行にあわせて同年一二月二九日には史蹟名勝天然紀念物保存法施行令[17]、史蹟名勝天然紀念物保存法施行規則[18]が制定された。また、施行前の同年五月三〇日に史蹟名勝天然紀念物調査会官制[19]が制定され内務大臣の諮問機関として史蹟名勝天然紀念物調査会が設置された。

（2）　史蹟名勝天然紀念物保存要目と古墳

この法の制定後、現在の文化財保護法による指定基準にあたる史蹟名勝天然紀念物保存要目[20]（以下、保存要目と略す）が定められた。これは、指定し保存する種類を示しており、史蹟については次のように分類されている。

史蹟ニシテ保存スヘシト認ムヘキモノ左ノ如シ

一　都城阯、都阯、行宮阯其ノ他皇室ニ関係深キ史蹟
二　社寺ノ阯跡及祭祀信仰ニ関スル史蹟ニシテ重要ナルモノ
三　古墳及著名ナル人物ノ墓並碑
四　古城阯、城砦、防塁、古戦場、国郡庁阯其ノ他政治軍事ニ関係深キ史蹟
五　政廟、国学、郷学、藩学、文庫又ハ是等ノ阯其ノ他教育、学芸ニ関係深キ史蹟
六　薬園阯、悲田院阯其ノ他社会事業ニ関係アル史蹟

七　古関阯、一里塚、窯阯、市場阯其ノ他産業交通土木等ニ関スル史蹟
八　由緒アル旧宅、苑池、井泉、樹石ノ類
九　貝塚、遺物包含地、神籠石其ノ他人類学考古学上ニ重要ナル遺蹟
十　外国及外国人ニ関係アル重要ナル史蹟
十一重要ナル伝説地

古墳は、この史蹟を構成する一一の項目の第三番目「三　古墳及著名ナル人物ノ墓並碑」に分類されている。その理由の一つは、[21]万世一系の天皇を戴く国民道徳としての祖先崇拝上から墳墓を守ることであり、陵墓以外の古墳を史蹟として保存しようとするものである。始祖として神武天皇を祀り、神武天皇陵はじめ歴代天皇陵を治定し祭祀を進めてきた天皇制国家にとって、始祖をはじめとする歴代天皇を祀ることは最も重要視しなければならないことであった。そして、国民に墳墓を守らせ祖先祭祀を最重要視させることにより、体制を維持させるための精神的システムを組み上げた。二つ目は、古墳を歴史上天皇と密接に関係する人物や記紀に記された人物の墓に比定し、古代天皇家の勢力を示す記念物として保存するというものである。そして、三つ目は、古墳が歴史研究上、多くの貴重な資料を包蔵するものであるとして、考古学上の対象として保存しようとするものである。さらに、この三つ目の理由から考古学上の対象として保存要目の第九番目「九　貝塚、遺物包含地、神籠石其ノ他人類学考古学上ニ重要ナル遺蹟」にも分類されている。

つまり、古墳を史蹟として指定する場合は保存要目三か九に該当するものとして指定した。もちろんこの場合は、非陵墓古墳と行政判断された古墳しか指定できないはずであるが、現実的には非陵墓古墳と認定された古墳は総数から言ってもわずかであることから、未選別古墳も史蹟指定の対象となる。この結果、大塚古墳（河内大塚山古墳）[22]のように史蹟指定されてから陵墓参考地に選定される古墳もあらわれた。

（3） 最初の史蹟指定

史蹟名勝天然紀念物保存法が制定された後、最初の第一条第一項に基づく内務大臣による指定は天然記念物であった。一九二〇年（大正九）七月一七日に内務省告示第五七号として岐阜県坂本村花ノ木自生地など八件が指定された。

史蹟に関しては一九二一年（大正一〇）三月三日の第二回の指定が最初である。この時、内務省告示第三八号として天然記念物以外に史蹟が四七件指定された。このうち古墳は保存要目「三」に該当するものとして大型の前方後円墳の九件、保存要目「三、九」に該当するものとしては九州の装飾古墳の七件であった。[23]

これらの指定古墳を詳細にみてみると、まず、保存要目「三」に該当する古墳はすべて前方後円墳である。さらに規模をみれば全長三五〇メートルの岡山県造山古墳や全長三三五メートルの大阪府河内大塚山古墳、全長二八六メートルの岡山県作山古墳、全長二三八メートルの奈良県宮山（室大墓）古墳、全長一九四メートルの兵庫県五色塚古墳、全長一八六メートルの茨城県舟塚古墳、全長一四三メートルの兵庫県壇場山古墳、全長約一二二メートルの滋賀県茶臼山古墳、全長約一一八メートルの三重県御墓山古墳が指定されている。

すべて全長一〇〇メートルを超える巨大古墳であり、特に造山古墳や大塚山古墳は全長が三〇〇メートルを超える。また、舟塚山古墳、御墓山古墳、五色塚古墳は各県下最大の前方後円墳である。さらに宮山古墳は「高貴な人の墓」と記載され、武内宿禰の墓の伝承があるとされている。壇場山古墳も県下第二位の大きさで、神功皇后と関係する伝承をもつ。そして、茶臼山古墳は、弘文天皇陵の治定において候補地となった古墳である。

このように、初めて史蹟指定された保存要目「三」に該当する古墳をみてみると、陵墓治定されていない大阪府内や奈良県内の巨大古墳、古代陵墓が治定されていない地域の最大規模の古墳、記紀に現われる英雄や古代天皇家に関わる人たちの伝承をもつ巨大古墳が指定されている。この指定には、歴史学的な指定根拠は見いだせず、前方後円墳という墳形とその規模が最大の理由のように思われる。

(4)　古墳の発掘、新規発見の行政手続き

史蹟名勝天然紀念物保存法が制定され、古墳の発掘や発見に対する手続きが従来の「太政官達第五九号」や「宮内省達乙第三号」「明治三四年内務省通牒」によるものだけでなく、新たに発掘に関しては史蹟名勝天然紀念物保存法施行令、(24)新規発見に関しては史蹟名勝天然紀念物保存法施行規則の中で手続きが規定された。

史蹟名勝天然紀念物保存法施行令は、第三条第一項で「史蹟名勝天然紀念物保存法第二条ノ規定ニ依リ古墳ヲ発掘スル場合ニ於テハ当該吏員ハ地方長官ヲ経由シ内務大臣ノ認可ヲ受クヘシ」とし、吏員による指定のための職権による事前調査、所有者による現状変更、行政庁による指定のための事前事後調査に関しては、宮内大臣及び内務大臣の認可を必要としている。(25)やはり、古墳行政は陵墓行政を抜きにして進めることはできず、史蹟行政における古墳指定についても宮内省との二面行政は避けて通ることはできなかったようである。

また、史蹟名勝天然紀念物保存法施行規則では第四条で新規発見について以下のように規定された。

土地ノ所有者、管理者又ハ占有者古墳又ハ旧蹟ト認ムベキモノヲ発見シタルトキハ其ノ現状ヲ変更スルコトナク発掘ノ日ヨリ十日以内ニ左ノ事項ヲ具シテ地方長官ニ申告スベシ

一　発見ノ年月日

二　所在地

三　現状

従前の「達」や「訓令」に比べて、行政手続き期間などの内容が明確に示されている。

このような史蹟名勝天然紀念物保存法の制定は、古墳の新たな保存顕彰の国家的位置づけを示したが、古墳行政における行政手続きはさらに煩雑なものとなった。つまり、古墳の新規発見にしても、法令的には「太政官達第五九号」や「宮内省達乙第三号」「明治三四年内務省通牒」に示された手続きと史蹟名勝天然紀念物保存法施行規則の手続きが必要となったのである。これに、出土遺物がともなう発掘が生じれば、さらに遺失物法第一三条あるいは「明治三二年内務省訓令」による手続きをともなうことになる。先の一九一七年（大正六）二月の内務省警保局長の通牒においても「既訓令並通牒ノ趣旨ニ依リ夫々手続ヲ為サシムル様特ニ御配慮相煩度」としている。古墳行政は複数の法令によって進められていったが、このことが手続きの煩雑さを招き、その煩雑さからますます手続きを経ない発掘や出土遺物の消失に拍車をかけたとも考えられる。

第二節　文部省による史蹟行政がスタートした第Ⅴ期

（1）　文部省への史蹟行政の事務移管

①概要

史蹟行政は、その主担が内務省であり、すでに一八七四年（明治七）の内務省職制及事務章程[26]第一七条に「古蹟ヲ保存スル事」が事務分掌として規定されている。その後一八八六年（明治一九）二月の内務省官制第三五条に地理局地籍課の事務分掌として「旧蹟名所公園地等ニ関スル事項」があげられている。その後地理局が縮小した後これは廃止され、再び一九一三年（大正二）八月一一日に分課規程が改正され、大臣官房地理課の事務分掌として「名勝、旧蹟及古墳墓ニ関スル事項」が示されている。従来の名勝、旧蹟には古墳も含まれていると考えられるが、この時点で古墳墓と特記されたと思われる。そして史蹟名勝天然紀念物保存法が制定された六ヵ月後の一九一九年（大正八）一二月二四日に分課規程が改正され、大臣官房地理課の主管事項として「「名勝旧蹟及古墳墓」ヲ「史蹟名勝天然紀念物」ニ改ム」とされた。ここにおいて新たに正式に「史蹟名勝天然紀念物」という用語で行政が行われることになった。

このように、警察、地方行政を掌握していた内務省によって進められていた史蹟行政は、ある一面、強力な行政指導の形で保存を進めることができたとも言える。

ところが、一九二八年（昭和三）一一月五日勅令第二六五号により文部省官制が改正され「史蹟名勝天然紀念物保存ニ関スル事項」が加わり、史蹟行政の主担が内務省から文部省へ移管された。この時の移管主旨としては文部省官制第一条に「文部大臣ハ教育、学芸及宗教ニ関スル事務ヲ管理ス」とあることから、「「保存ニ関スル事項」カ「学芸ニ関スル事項」中ニ包容セラル」という解釈によるものである。この移管については前年の行政制度審議会会長の報告に基づき内閣書記官長から法制局長に陸運を移管するとともに「史蹟名勝天然紀念物保存ニ関スル事務ノ所管ヲ内務省ヨリ文部省ニ移スコト」という通牒によるものであった。文部省では古社寺保存行政を担当していた宗教局古社寺保存課が保存課に変更され、あわせて史蹟行政も担当することとなり、いわゆる文化財行政が文部行政として一本化されたのである。

②法令の改正

〈1〉　文部省官制の改正

移管には法令の改正がともなった。ただ、この移管にともない史蹟名勝天然紀念物保存法第一条及び第四条、第五条の内務大臣の権限規定を文部大臣に変更することは行われなかった。

事務移管において、その根拠となる法律の法文において主務大臣が明確に規定されている場合、変更するのが通常と思われる。これについて文部省官制改正案[32]の資料中に以下のように説明されている。

一、史蹟名勝天然紀念物法中内務大臣ノ権限ヲ定メタル規程存スレドモ、右ハ当該権限ヲ絶対ニ内務大臣ニ保留セント為スノ趣旨ニハ非ズ（法律制定当時ノ政府委員ノ説明参照）官制ノ改正ニ依リ史蹟名勝天然紀念物ニ関スル事務ヲ文部大臣ノ所管ト為スニ於テハ同法ノ内務大臣ノ権限ハ当然文部大臣ノ権限ト為ルモノト解ス。―後略―

つまり、史蹟名勝天然記念物の保存の主管は内務大臣と定めていない。史蹟名勝天然記念物が地理に関する事項であり、地理に属する事項は内務省官制第一条で内務大臣に権限があることから、史蹟名勝天然紀念物保存法において内務大臣となっているだけであり、法文上の「内務大臣」は「主務大臣」と同様であるとの理由である。結果として、法文上、「内務大臣」を残しても、官制を改正することにより文部大臣への権限移管は差支えないということである。この先例として、一九一三年（大正二）[33]に内務省宗教局が文部省に移管された時点で古社寺保存に関する事務も文部省に移管された。この時も古社寺保存法[34]における「内務大臣」の権限規定の条文は改正されず官制の改正だけが行われている。

〈2〉　関係法令の改正

史蹟名勝天然紀念物保存法の改正はなされなかったが、実際の法の運用面を考えれば、関連法令は改正しなければならなくなる。このため、文部省への移管が閣議決定をへて一九二八年（昭和三）一〇月二〇日付で「史蹟名勝天然紀念物保存法施行令中改正」が起案され、史蹟名勝天然紀念物保存法施行令[35]及び史蹟名勝天然紀念物保存法施行規則[36]の改正が行われた。

史蹟名勝天然紀念物保存法施行令における改正[37]は、第三条から第六条における「内務大臣」を文部大臣に改めるものであった。これは、主務大臣が許認可権及び行政命令を発する行政行為を規定している部分である。

また史蹟名勝天然紀念物保存法施行規則の改正[38]は第一条中の「内務大臣」を「文部大臣」に改め、第五条中では「内務省」を「文部省」に改めた。

これにより、史蹟名勝天然紀念物保存法の「内務大臣」規定をそのままにして、実際に文部省で史蹟行政行為を行うことができるようになった。

さらに、移管後の同年一二月七日付発宗八一号で文部省は以下の「史蹟名勝天然紀念物保存事務ニ関シ地方庁通牒」を発した。

史蹟名勝天然紀念物保存ニ関スル事務ハ本月一日ヨリ文部省ヘ移管相成リ保存処理ニ際シ従前内務省ヨリノ通牒等ハ今後ニ於イテモ其ノ効力ヲ有スルハ勿論ノ議ニ有之候間為念此段及通牒候也

文部次官

府県長官宛

これにより、従来、内務省から各地方長官に宛てられた通牒の内容、効力が文部省に引き継がれたことが周知された。

③行政整理と古墳保存行政

史蹟行政が文部省に事務移管される前年、一九二七年（昭和二）一二月二一日付で行政制度審議会から許認可事項の整理に関する報告書第六号『各官庁許可認可事項ノ整理ニ関スル報告書』が内閣総理大臣に対して提出された。これを受けて内閣書記官長名により同年同月二四日付内閣閣甲第二四九号で各省次官・法制局長官・内閣拓殖局長・各殖民地長官宛に「―前略―貴庁関係事項ノ整理方可然取計相成度候」と通牒が発せられた。この中で内務省に関係する項目の一つに以下のように「第六　史蹟名勝天然紀念物保存ニ関スル件」があった。

一、史蹟名勝天然紀念物ノ現状変更又ハ保存ニ影響ヲ及ホスヘキ行為ノ許可若クハ承認ノ件

二、史蹟名勝天然紀念物ニ付観覧料徴収ニ関スル許可ノ件

三、史蹟名勝天然紀念物調査ニ関シ古墳発掘ニ関スル認可ノ件

四、指定古墳発掘ノ許可又ハ承認ニ関スル認可ノ件

この報告での行政制度審議会の許認可についての意見は、一に関しては必要、二は不要、三と四は宮内大臣の認可を止め内務大臣による協議とするよう付されている。この中で重要事項に関する変更が古墳に関することであった。

しかし、内務省ではこの問題に対しての処理は行われなかった。それは前述したようにすでに前月に行政制度審議会の報告に基づく閣議決定により史蹟名勝天然紀念物の文部省への事務移管が決定されていたからである。

結局、文部省に移管後、一九三一年（昭和六）九月一四日付勅令二四〇号により以下のように史蹟名勝天然紀念物保存法施行令の改正によって整理された。

勅令二百四十号

史蹟名勝天然紀念物保存法施行令中左ノ通リ改正ス

第三条第一項及第二項中「宮内大臣及文部大臣ノ認可」ヲ「文部大臣ノ認可」ニ改メ同条ニ左ノ一項ヲ加フ

前項ノ規定ニ依リ文部大臣認可ヲ為ス場合ニ於テハ予メ宮内大臣ニ協議スエシ

第七条中「地方長官ニ許可ヲ受ケ」ヲ削ル

附則

本令ハ公布ノ日ヨリ之ヲ施行ス

改正される項目は、前記の二の観覧料に関連する史蹟名勝天然紀念物施行令第七条と、三及び四の宮内大臣の認可について定められている第三条関係であった。第七条については問題なく改正された。しかし、第三条関係は古墳発掘に関することであり、宮内省との協議が必要であった。このため、文部省は前年の一一月一二日付発宗一四四号で「許可認可事項整理ニ関スル件」として宮内省に協議を行い、翌一九三一年（昭和六）六月二四日付宮発第三二五号で、第三条に宮内大臣への協議を加えることに同意している。

改正は、第三条中の「宮内大臣及文部大臣ノ認可」を「文部大臣ノ認可」とするものである。つまり法文中では古墳についての宮内省の認可権限を削除したことになり、行政上の影響力が弱まった感がある。しかし、かわりに第三条に別項が付帯され、文部大臣が認可する前に宮内大臣に協議しなければならなくなった。結局は、認可の受付窓口が一つになっただけで、行政処分の権限は従来の宮内省の古墳保存行政が優位のままであった。

（2）　新たな文化財法令の制定

文化財に関する法律制定は、一八九七年（明治三〇）の「古社寺保存法」[39]にはじまるが、一九二九年（昭和四）

になって古社寺保存法が対象としていた社寺所有の建造物・宝物類から、保存対象を国・公有、個人・法人所有のものにまで拡大した「国宝保存法」(40)が制定された。

　さらに日本経済の悪化による円為替安などにより古美術品の海外流出が増加し、この防止対策として一九三三年（昭和八）に「重要美術品等ノ保存ニ関スル法律」が制定された。この法律は重要な美術品（国宝と同等又はそれに準ずる価値のあるもの）を登録し、輸出・移出を制限するものであった。これにより、文化財保護法が成立するまでの近代における文化財関係法令、現在旧法と呼ばれている三法（「史蹟名勝天然紀念物保存法」「国宝保存法」「重要美術品等ノ保存ニ関スル法律」）が出そろったことになる。

　また、植民地においても文化財関係法令が整備された。朝鮮半島では、すでに一九一六年（大正五）七月に朝鮮総督府が「古蹟及遺物保存規則」(41)を制定しているが、一九三三年（昭和八）総督府は制令により「朝鮮総督府宝物古蹟名勝天然記念物保存令」(42)を制定している。この制令は、古蹟（史蹟）名勝天然記念物だけを対象とするものでなく、宝物（建造物、典籍、絵画、彫刻、工芸品等）も対象とした総合的なものであった。

　台湾においては、独自の「律令」による法令は制定されず、一九三〇年（昭和五）に国内法である「史蹟名勝天然紀念物保存法」を台湾に施行する勅令(43)が出された。また、樺太においても一九三一年（昭和六）一月一八日に樺太庁が樺太庁令第三号「史蹟名勝天然紀念物保存規程」を制定している。

　植民地ではないが傀儡国家であった満洲国では、一九三三年（大同二）に全文一七条の「古蹟保存法」(44)を制定している。また、満洲に隣接する関東州においては一九一六年（大正五）一二月に関東都督府が「古蹟保存規則」(45)を制定し一三ヵ所の指定(46)を行っている。

　このように、この時期に植民地を含めいわゆる文化財に関する法規が整えられ、国内では主管省庁が文部省に統一された。

（3）史蹟と国民教化

①教化総動員運動

史蹟指定の目的の一つが国民教化の教育資源として利用を意図されたものであったが、一九三〇年代になってより積極的に国民教化の道具として利用されはじめた。その背景には、一九二九年（昭和四）九月にはじまった文部省を主務官庁として「国体観念明徴化・国民精神作興」「生活改善・国力培養」を目的とした教化総動員運動により、国民に対する教化活動が進められたことがある。その実践要目には宮城遙拝とともに敬神崇祖があげられている。また、一九三一年（昭和六）九月の満洲事変以降の社会情勢の中で、思想対策も含めさらに拡大強化する必要が生じてきたことによる。そして一九三七年（昭和一二）七月七日の盧溝橋事件により日中戦争がはじまると、戦争協力のために挙国一致、尽忠報国、堅忍持久をスローガンとして、同年九月第一次近衛内閣により国民精神総動員運動[47]が展開された。運動目標としては「日本精神ノ昂揚」「民風ノ振作更強」などが掲げられた。特に「日本精神ノ昂揚」では、たとえば大阪府[48]における国民精神総動員運動大阪府実施要項及び実践事項案では、実践例として「国体ノ明徴ト教学ノ刷新（イ）事務並ニ作業開始前毎朝神宮皇居ノ遙拝（ロ）神社皇陵参拝（ハ）戸毎ノ神仏礼拝（ニ）祝祭日国旗掲揚励行（ホ）神社境内ノ清掃（ヘ）墓地ノ清掃（ト）先賢遺文ノ講述（チ）忠臣孝子烈婦ノ顕彰」があげられている。ここには、神社皇陵参拝にみる祖先崇拝、忠臣孝子烈婦の顕彰にみられる史蹟顕彰が読みとれる。

②聖蹟調査と史蹟名勝天然紀念物調査会

これらの運動と連動するかのように、まず一九三三年（昭和八）四月一一日に明治天皇聖蹟の指定が開始された。それにあたり、調査審議を速やかに行うために史蹟名勝天然紀念物調査委員会[49]が設置される。これ以前、史蹟名勝天然紀念物保存法が制定された一九一九年（大正八）五月三〇日に、文部省官制により史蹟名勝天然紀念物調査会[50]が設置されているが、一九二四年（大正一三）一二月二五日に行政整理で廃止となっていた。これを文部省訓令で再設置したのである。また、文部省の職制が改正[51]され、明治天皇聖蹟の史蹟指定を専門とする職員が一名増員され、指定作業が本格的に開始された。この明治天皇聖蹟の指定に関しては、史蹟名勝天然紀念物保存法の制定運動の段階から唱えられていたものである。

一九三四年（昭和九）三月一三日には、後醍醐天皇の建武中興から六〇〇年に当たるとして東京を中心として各地で「建武中興六百年祭」が開催された。それとともに、文部省により全国一七ヵ所の寺社、城跡等が建武中興関係史蹟として同日付で指定された。

さらに同年一〇月五日には宮崎神宮で「神武天皇御東遷二千六百年祭」が行われた。また翌六日には関連して西都原古墳群の陵墓参考地である男狭穂塚・女狭穂塚古墳の前で古墳祭[52]が行われた。この古墳祭は、前日の宮崎神宮の大祭に出席していた神武天皇御東遷二千六百年祭全国協賛会総裁秩父宮雍仁親王[53]はじめ政府関係者、黒板勝美などの研究者、県、軍関係者約三〇〇人を集めて行われた。このように、「皇祖発祥の地」としての宮崎県で式典が盛大に行われたのである（図2）。

翌一九三五年一〇月一日には内閣によって「紀元二千六百年祝典準備委員会[54]」が設立された。このようにして、一九四〇年（昭和一五）一一月一〇日の宮城前広場での神武天皇橿原宮即位を祝う「紀

図2　神武東遷二千六百年紀念祭記念碑

元二千六百年記念式典」[55]をピークとする始祖顕彰がはじまったのである。

そして一九三六年（昭和一一）には文部省訓令で設置された史蹟名勝天然紀念物調査委員会が「小規模ナル調査機関」ということで、同年一一月一一日に史蹟名勝天然紀念物調査会官制[56]を制定し、勅令により史蹟名勝天然紀念物調査会として格上げされた。その理由は「最近聖蹟関係ノ指定ニ著手《ママ》スルニ及ビソノ内容ノ重大性ニ鑑ミテ特ニ慎重ナル審議ト関係諸官庁ノ緊密ナル連絡トヲ以テ過誤ナキヲ期スル必要性ヲ生ジタル」ことであった。明治天皇聖蹟史蹟に対する文部省、国家の意気込みが読みとれる。

（4）宮内省の通牒

①古墳の盗掘と新規発見

〈1〉　持田古墳群の盗掘

「皇祖発祥の地」宮崎県において、同県児湯郡上江村（現高鍋町）に所在する持田古墳群（上江古墳群）が一九二九年（昭和四）一〇月頃から盗掘[57]を受け、出土遺物が京阪神に売買または隠匿された。一九三一年（昭和六）一月には容疑者二三名[58]（実は、このほとんどが、その土地の所有者であった）が逮捕起訴された。同年一一月に第一回公判、翌年一月一六日[59]には実地検証を経て第二回公判が行われ、県史蹟関係職員らも証人として出廷したことが新聞記事[60]に掲載されている。そして二月九日[61]に判決が下され、二三名全員が有罪[62]となった。

この事件を契機に盗掘遺物の追跡調査と現地調査の報告書が、梅原末治の執筆により宮崎県から出版[63]されている。梅原は、司法関係から要請され、この事件の出土品鑑定と現地での検証を行っていた。その報告書の序記に「昭和四年頃より考古の学に興味を持つ高橋正之等土地の人々が遺物を得る為に、自己の所有する古塚を次々に掘開して為に同五年の終わりには、悉く古墳の内部が破壊されたのは史蹟保存の見地より見て、まこと痛恨事と云他はない」と記されている。さらに「而もこの古墳の盗掘はそれ等の人々に依って西北方に離れた西ケ別府古墳群に及ぶに至って、司直の手で大がかりな一斉検挙となって」と記されている。この西ケ別府古墳群とは川南古墳群(64)と思われる（図3）。

この事件は「大審院でもまだ判例をみない」事件として注目され、盗掘をした土地の所有者達は刑法の適用を受け、墳墓発掘罪(65)と墓内蔵置物領得罪(66)として起訴有罪判決を受けている。

この盗掘が刑事事件として新聞紙上を賑わした背景には、大がかりな出土品売買が行われたこともあるが、この事件が皇祖発祥の地として明治時代より古墳の保存を進めていた宮崎県で起こったことも大きな要因と思われる。明治時代には古墳古物取締規則(67)を全国に先駆けて制定し、明治から大正のはじめには、有吉忠一知事によって西都原古墳群の学術発掘が実施され、古墳の保存顕彰に力が注がれたところであった。この古墳盗掘事件は、この地域の古墳発掘を一九一七年（大正六）に禁止(68)していた宮内省に少なからず衝撃を与えた

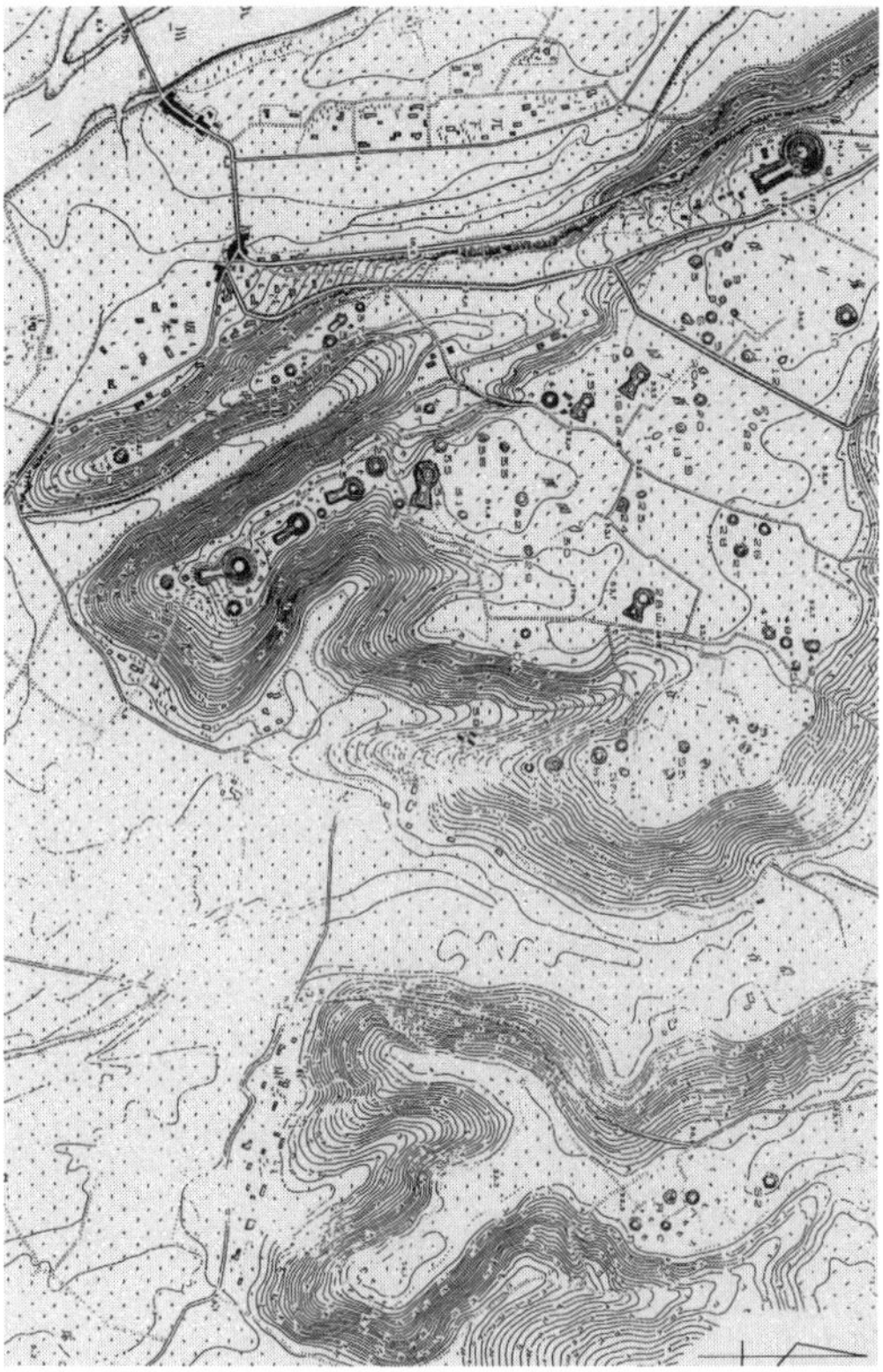

図３　持田古墳群分布図

ことが推測される。

宮崎県では事件発覚後、一九三一年（昭和六）二月四日付文部大臣宛電報[69]で約一〇〇基以上の古墳盗掘があり、保存のため至急に古墳群の仮指定を行うことについて承認を求めている。その結果、同年には川南古墳群（六五基）・茶臼原古墳群（四九基）・新田原古墳群（一七八基）・本庄古墳群（三三基）・上江古墳群（九六基）など県内でも大規模な古墳群を県が仮指定している。また事件が明るみに出た一九三〇年（昭和五）一二月九日には西都原古墳群（二一五基）が仮指定を受けている。ただ、古墳群の仮指定については、新聞の第二回公判記事の中で事件後の後追い施策と批判された。

これとともに、県は盗掘古墳の復旧と臨時の古墳祭を実施するように関係市町村に指示している。また、宮崎県は警察部長・学務部長連名で、各警察署長・各市町村長宛で一九三一年（昭和六）一月に「古墳取締ニ関スル件」を発している。一方、宮崎県警察部も各警察署長宛「古墳取締ニ関スル件」を発し、古墳の保存に留意し毀損や盗掘などに対して取り締まるように通牒している。さらに、古墳の現状を把握すべく同年二月に各市町村長宛に「古墳調査ニ関スル件」として古墳調査を実施するにあたり古墳の現状について照会をかけ、各駐在所巡査にも協力するよう各警察署長に照会している。また、古墳群に関係する県内二四市町村には「古墳ノ保存保護ニ関スル件」として依命通牒を発している。

このように、宮崎県は盗掘事件を重くみて、矢継ぎ早に県内各市町村、各警察署に指示している（表1）。そして、県内古墳の仮指定、保存のための台帳整備、パンフレットや表示による顕彰、市町村による管理、古墳尊重の啓発を進めた。

表１　盗掘関係宮崎県公文書一覧

日付	文書番号等	発信者等	受信者（宛先）等	表題（内容）
昭和5年12月9日	宮崎県告示史1号	史蹟仮指定		西都原古墳群（215基　児湯郡妻町）
昭和6年1月24日	社兵第6号	警察部長・学務部長	各警察署長・各市町村長	古墳取締ニ関スル件通牒
昭和6年1月27日	宮崎地方裁判所検事局	起訴		
昭和6年2月 3日	社兵第18号	学務部長	各市町村長	古墳調査ニ関スル件照会
昭和6年2月 3日	社兵第19号	警察部長・学務部長	各警察署長	古墳調査ニ関スル件
昭和6年2月 4日	電報	知事	文部大臣	史蹟仮指定伺（電報）案
昭和6年2月 6日	保発第47号	宮崎県警察部長	各県下警察署長	古墳取締ニ関スル件指揮
昭和6年2月14日	社兵第30号	部長	24市町村長	古墳ノ保存保護ニ関スル件依命通牒
昭和6年2月23日	社兵第36号	知事	文部大臣	新田原史蹟仮指定
昭和6年3月18日				古墳調査及保存顕彰ノ方法協議事項
昭和6年3月19日	宮崎県告示史1号	史蹟仮指定		本庄古墳群（33基　東諸県郡本庄町）
昭和6年3月19日	宮崎県告示史2号	史蹟仮指定		川南古墳群（65基　児湯郡川南村）
昭和6年4月 7日	宮崎県告示史3号	史蹟仮指定		新田原古墳群（178基　児湯郡新田村）
昭和6年4月 7日	宮崎県告示史4号	史蹟仮指定		上江古墳群（96基　児湯郡上江村）
昭和6年8月19日	社兵第1542号	学務部長	宮崎地方裁判所判事	古墳祭ニ関スル件
昭和6年9月23日	宮崎県告示史5号	史蹟仮指定		茶臼原古墳群
昭和6年11月1日	宮崎地方裁判所	第1回公判		
昭和7年1月16日	宮崎地方裁判所	第2回公判		
昭和7年2月 9日	宮崎地方裁判所	判決		
昭和8年6月19日	乙第6419号	長崎控訴院検事局	宮崎県知事	古墳棺内蔵置物領得品送付書
昭和8年7月15日	乙第5750号	宮崎地方裁判所検事局	宮崎県知事君島清吉	古墳棺内蔵置物送付ノ件

〈2〉 阿武山古墳の発見

一方大阪府では、一九三四年（昭和九）の四月に藤原鎌足の墓かと騒がれた三島郡奈佐原村（現高槻市）の阿武山古墳が不時発見された。この古墳は、阿武山の山頂にあった京都大学地震研究所の地下に実験室を新設する工事中、研究所の志田順[70]が発見した。発見された石室内には夾紵棺が安置されており、棺内からは玉枕に金糸をまとった男性人骨が出土した。玉枕もガラス玉を銀線で連ねたもので類例のない貴重なものであった。新聞紙上[71]では「金糸をまとう貴人の古墳」の見出しで衆人の興味をおこし、同年五月二七日から六月三日まで一般公開され、二万人の見学者が集まったと言われている（図4）。

この古墳の調査については、調査報告書[72]の執筆者である梅原末治が文中で「学術的の見地からすると、希有の好資料に対する十二分の調査を加え得なかった感がないではない」

図4-1　阿武山古墳位置図

と記している。そして、十分な調査もなく埋め戻された背景には、藤原鎌足説などの貴人説が流布したことから、国（宮内省・内務省）から中止させられた可能性も考えられる。それは、調査報告書に記されている調査をしていた志田の発言内容からも推測される。志田は六月二〇日の大阪府庁の会議で「余りに科学的な調査は貴人に対する冒瀆である」と調査中止の発言をした翌日に、前日の発言を翻すような「直ちに当面の調査に着手するように慫慂せられた」との梅原の注記からもうかがえる。さらには、同年八月一一日の埋め戻しの一週間ほど前から阿武山周囲に警察、憲兵が配置されていた(73)とのことからも、当局が古墳被葬者に対し敏感に反応していたと推測される。

図4-2　阿武山夾紵棺

②宮内省の通牒

このように不時発見による重要な古墳の発見や盗掘が相次ぐ中、宮内省は地方長官宛に一九三四年（昭和九）一二月二七日付宮発第七八七号「古墳ノ発掘及発見ニ関スル件(74)」の依命通牒を発した。

古墳ノ発掘及発見ニ関シテハ明治七年五月二日太政官達第五九号、明治十三年十一月十五日宮内省達乙第三号、史蹟名勝天然紀念物保存法施行令第三条及同施行規則第四条ヲ以テ又古墳関係品其ノ他学術技芸若ハ考古ノ資料トナルヘキモノ発見ニ付テハ遺失物法及明治三十二年十月二十六日付内務省訓令第九八五号ヲ以テ夫々規定及通達有　之右ハ未定ノ陵墓考証上極メテ緊要ノ次第ニ付今後共右諸法令ノ趣旨ヲ厳守励行相成苟

モ当省ノ承認ヲ経スシテ軽々ニ古墳ヲ発掘セシムル等ノコトナキ様特ニ御取締相成度候
追而偶然古墳ニ掘当リタル場合等ニ在リテハ速ニ貴官ヨリ当省ニ申報何分ノ指令ヲ待チタル上発掘調査其ノ他適当ノ処置相成候様致度

通牒は古墳の取り扱いに関する法令遵守と不時発見時の手続き励行と処置の方法を指示している。

このように天皇家の歴代聖蹟顕彰や始祖顕彰にともなって「国民道徳ノ上カラ祖先崇拝」に基づく古墳あるいは陵墓の保存のために行政手続きの徹底を促したものと思われる。

前述の持田古墳群の盗掘事件でも、担当検事は論告の中で「いやしくも日本帝国臣民は祖先崇拝の精神によって昭和の現在まで保たれている」(75)と述べ、それに反したとして被告人たちに求刑している。

(5)　諸陵寮考証官の任命と臨時陵墓調査委員会の設置

前述のように宮内省は地方長官に対し、「陵墓考証上極メテ緊要ノ次第」ということで宮内省が未承認の古墳発掘について取り締まるように依命通牒を発している。一方で宮内省は、陵墓治定に関し省内組織の強化を図った。

その一つとして通牒の翌年一九三五年(昭和一〇)の三月に宮内省官制(76)の第四二条を改正(77)し、陵墓の考証を掌る考証官(奏任官)専任一人、陵墓の考証に従事する考証官補(判任官)を新たに設置した。この宮内省官制改正に関する宮内大臣から内閣への照会に関する決裁文書(78)の中で、未定陵墓数として長慶天皇陵一、歴代外陵六七、皇族墓一四五一で合計一五一九の数字を出し、考証官設置の理由としている。

官制の改正による考証官の設置とともに、同年六月に宮内大臣の諮問機関として臨時陵墓調査委員会を設置し

表２　臨時陵墓調査委員会諮問事項一覧

番号	諮問内容
諮問第１号	長慶天皇陵ハ如何ニ考証スベキヤ
諮問第２号	淳和天皇皇后正子内親王ノ陵ノ御治定ヲ仰クヘキヤ否ヤ
諮問第３号	淳和天皇皇子恒貞親王ノ墓ノ御治定ヲ仰クヘキヤ否ヤ
諮問第４号	崇神天皇皇子豊城入彦命ノ墓ノ御治定ヲ仰クヘキヤ否ヤ
諮問第５号	大阪府三島郡高槻町今城塚ハ之ヲ陵墓参考地ニ編入スヘキヤ
諮問第６号	埴口丘陵ハ墓ト改メラルヘキヤ
諮問第７号	倉梯岡上陵ハ倉梯岡陵ト改メラルヘキヤ
諮問第８号	後山階陵（尊称太皇太后順子）ハ後山科陵ト改メラルヘキヤ
諮問第９号	後山科陵（醍醐天皇）ハ後山階陵ト改メラルヘキヤ
諮問第10号	紙屋上陵ハ紙屋川上陵ト改メラルヘキヤ
諮問第11号	宇治陵ニ関シ不明ノ事項ハ如何ニ調査考証スヘキヤハ紙屋川上陵ト改メラルヘキヤ
諮問第12号	白鳥陵ニ関シ意見ヲ諮ス
諮問第13号	霊元天皇曾孫日照女王ノ墓ノ御治定ヲ仰クヘキヤ
諮問第14号	後伏見天皇十八世皇孫日尊女王ノ墓ノ御治定ヲ仰クヘキヤ
諮問第15号	畝傍陵墓参考地ハ之ヲ解除スヘキヤ
諮問第16号	郡山陵墓参考地ハ之ヲ解除スヘキヤ
諮問第17号	遍照墓ハ之ヲ皇族ノ墳塋タル墓ノ中ヨリ除クヘキヤ
諮問第18号	了山墓ハ之ヲ皇族ノ墳塋タル墓ノ中ヨリ除クヘキヤ
諮問第19号	東山天皇皇孫尊信女王ノ墓ノ御治定ヲ仰クヘキヤ
諮問第20号	宇多天皇皇孫雅慶王ノ墓ノ御治定ヲ仰クヘキヤ
諮問第21号	順徳天皇皇曾孫志玄王ノ墓ノ御治定ヲ仰クヘキヤ
諮問第22号	亀山天皇曾孫尊観親王ノ墓ノ御治定ヲ仰クヘキヤ
諮問第23号	後伏見天皇七世皇孫日承王ノ墓ノ御治定ヲ仰クヘキヤ
諮問第24号	後伏見天皇八世皇孫任助親王ノ墓ノ御治定ヲ仰クヘキヤ
諮問第25号	景行天皇皇子五十狭城入彦命ノ墓ノ御治定ヲ仰クヘキヤ
諮問第26号	履中天皇皇孫女飯豊青尊ノ墓ノ名称ニ付意見ヲ諮ス
諮問第27号	長慶天皇皇子承朝王ノ墓ノ御治定ヲ仰クヘキヤ

表３　臨時陵墓調査委員会による陵墓治定

	決定日	陵墓名	官報告示日	諮問番号
1	1939年(昭和14)10月2日	宇多天皇皇孫　雅慶王墓	同年10月5日	第20号
2	〃	後伏見天皇18世皇孫女　日尊女王墓	〃	第14号
3	〃	霊元天皇皇曾孫　日照女王墓	〃	第13号
4	〃	東山天皇皇孫女　尊信女王墓	〃	第19号
5	1941年(昭和16)4月18日	景行天皇王子　五十狭城入彦王子墓	同年4月24日	第25号
6	〃	順徳天皇皇曾孫女　志玄王墓	〃	第21号
7	〃	亀山天皇皇孫　尊観親王墓	〃	第22号
8	〃	後伏見天皇7世皇孫　日承王墓	〃	第23号
9	〃	後伏見天皇8世皇孫　助親王墓	〃	第24号
10	1943年(昭和18)8月　5日	応神天皇皇曾孫　都紀女加王墓	なし	
11	1944年(昭和19)2月　5日	長慶天皇嵯峨東陵	同年2月11日	第　1号
12	〃	長慶天皇皇子　承朝王墓	〃	第27号

た。この委員会は同年六月二二日宮内省達二号臨時陵墓調査委員会規定により以下のように位置づけられた。

第二条　臨時陵墓調査委員会ハ陵墓ノ考証ニ関シ宮内大臣ノ諮問ニ応シ意見ヲ会申ス

宮内大臣必要アリト認ムルトキハ委員会ヲシテ陵墓、陵墓参考地及古墳ノ考証ニ関シ調査審議ヲ為サシムルコトヲ得

右記のように規定第二条で同委員会を宮内大臣の諮問機関であると規定している。委員会の構成は委員長に宮内次官大谷正男、委員に図書頭兼諸陵頭渡辺信・宮内省参事官浅田恵二・図書寮編修官芝葛盛・東京帝国大学教授兼史料編纂官辻善之助・京都帝国大学濱田耕作・東京帝国大学名誉教授黒板勝美・国宝保存会委員荻野仲三郎・東京帝国大学助教兼帝室博物館鑑査官原田淑人の九名であった。この委員会は一九四四年（昭和一九）二月二八日宮内省達第一号で廃止されるまでの九年間存在した。

この間の当委員会の役目について、一九三五年（昭和一〇）六月二七日の「臨時陵墓調査委員会ニ於ケル宮内大臣挨拶」の中で左記のように述べられている。

――前略――本委員会ニ御諮リ致シマスル事柄ノ大体ヲ申上クレハ長慶天皇ノ御陵ノ調査ヲ主要ナルモノト致シマシテ之ト共

ニ其ノ他未タ御治定ニナツテ居リマセヌ御陵墓ニ対シテモイロイロ疑義ノアルモノカ御座イマスルノテ其ノ究明ニ関スル事柄或ハ陵墓参考地ノ調査整理ニ関スル事項等―後略―

委員会の諮問要項は未定陵墓に関する件、第二に治定されている陵墓に関する件、第三に陵墓参考地に関する件についてであり、第一の目的は長慶天皇陵の治定であり、併せて治定された疑義のある陵墓の調査や陵墓参考地の調査に関することなどが諮られた。この時の未定陵墓の数は、考証官設置の理由書の数値とは若干違い皇族墓が一四五一ではなく一四四九であった。

委員会に対する諮問件数は二七件で、諮問第一号は「長慶天皇ノ陵ハ如何ニ調査考証スヘキヤ」であった。これは同委員会設置の第一目的であり、長慶天皇陵には嵯峨東陵が治定された。他に景行天皇皇子五十狭城入彦皇子墓など一二ヵ所の墓が治定された（表2・3）。

第三節　戦時体制下の第Ⅵ期

（1）　紀元二千六百年

一九三一年（昭和六）の満洲事変からはじまった一五年戦争は、一九三七年（昭和一二）の盧溝橋事件を口実とする日本軍の軍事行動により日中両国の全面戦争へ発展し泥沼化していった。その翌年の一九三八年（昭和一三）四月一日に戦争遂行のため国家総動員法[79]が制定され、戦時体制となり、国家のあらゆるものが統制された。そして、前年にはじめられた戦争遂行のための「精神力発揚に依る時難克服」の国民精神総動員運動が引き続き進められる。そのような中で、前述したように一九三五年（昭和一〇）一〇月一日に「紀元二千六百年祝典準備委員会」[80]が設立され、一九四〇年（昭和一五）一一月一〇日の神武天皇橿原宮即位を祝う「紀元二千六百年記念式典」[81]をピークとする始祖顕彰がはじまったのである。

一九三八年（昭和一三）六月には、紀元二千六百年祭奉祝会から文部省に神武天皇の顕彰のために神武天皇聖蹟調査が委託されている。そして同年七月には文部部内臨時職員設置制が改正[82]され、史蹟調査事務にあたる属専任二人が増員された。さらに同年一二月二六日には神武天皇聖蹟調査委員会官制[83]を制定して文部大臣の諮問に応じる神武天皇聖蹟調査委員会を設置した。結果的には一九三八年度から一九四〇年（昭和一五）度までに四〇件の諮問答申がなされ三七カ所の聖蹟が文部大臣により決定され、紀元二千六百年祭奉祝会に報告された。この調査事業完了により一九四一年（昭和一六）四月一日、神武天皇聖蹟調査委員会官制は廃止[84]された。

このように、一九四〇年（昭和一五）二月一一日には「紀元二千六百年」に関する詔書、内閣告諭号外が出され「紀元二千六百年記念行事」が国を挙げて行われた。特に同年一一月一〇日には宮城前広場で内閣主催の「紀元二千六百年記念式典」[85]が行われた。

また、戦時体制下への突入とともに基本国策要項が同年七月二六日に近衛内閣によって閣議決定された。これによれば、「真に肇国の大精神に基づく皇国の国是」「皇国の国是は八紘を一宇とする肇国の大精神」としてやはり始祖としての神武天皇を強調することにより、アジア進出、大東亜共栄圏構想を正当化し戦争の遂行を意義づけしている。

このような状況下で一九三四年（昭和九）の宮内省通牒の六年後、文部省から一九四〇年（昭和一五）一〇月二五日付発宗第一二六号で文部省宗教局長名により北海道庁長官並各府県知事宛に「古墳等ノ発掘防止方ニ関スル件」として次の依命通牒が発せられた。

近時地方ニ依リテハ未ダ史蹟ニ指定セラレザル古墳其ノ他遺蹟ニ付学術調査ト称シテ濫ニ発掘シ或ハ埋蔵物

ヲ目的トシテ盗掘スル等ノ事実頻々トシテ行ワレ貴重ナル遺構遺物ノ毀損滅失スルモノ尠カラザルハ史蹟等保存上甚ダ遺憾ナル次第ニ有之ヲ以テ爾今之ガ発掘ノ防止方ニ関シ特ニ左記ニ依リ御取扱相成様致度此段依命通牒ス

記

一　庁府県史蹟調査委員等ノ当該吏員史蹟名勝天然紀念物保存法第二条ノ規定ニ依ル調査ノ為古墳以外ノ遺蹟ヲ発掘スル場合ニハ予メ当省ニ打合ヲ為スコト

二　古墳発掘方ニ関シ明治七年太政官第五十九号達ニ依リ宮内省へ伺出ヲ為シタルモノニ付テハ別ニ当省ニモ打合ヲ為スコト

三　相当価値アリト認メラルル古墳其ノ他ノ遺蹟ニシテ発掘ノ処アルモノニ付テハ差当リ史蹟名勝天然紀念物保存法第一条ノ規定ニ依ル仮指定ヲ為シ又ハ府県ノ史蹟名勝天然紀念物保存顕彰規程ニ依リ指定顕彰ヲ為ス等適当ノ処置ヲ講ズルコト

四　史蹟名勝天然紀念物保存法施行規則第四条ノ規定ニ依ル申告ヲ励行セシムルコト

五　盗掘ニ対シテハ所在市町村等ヲシテ所轄警察官署ニ連絡シテ其ノ取締ニ協力セシムルコト

この通牒は、陵墓行政ではなく史蹟行政から古墳に関する法令手続きの励行を促すものであった。主管が内務省から文部省に移管された後、最初の地方長官宛のものであるとともに、一九四五年（昭和二〇）八月一五日の戦争終結以前においては唯一のものでもある。

（2）太平洋戦争中の古墳保存

①戦争の激化

一九四一年（昭和一六）一二月八日太平洋戦争が始まり、戦争末期の一九四五年（昭和二〇）六月二一日には戦時緊急措置法(86)が公布され、さらなる統制がなされた。

また、国土防衛の名の下に軍事施設や軍需工場が造られ、その建設工事において遺跡が発見され破壊される場合も往々にして起こった。たとえば、静岡県の登呂遺跡は一九四三年（昭和一八）一月に軍需工場造成時に発見され、造成地の部分は破壊された。また、史蹟指定を受けていた北海道のモヨロ貝塚(87)は一九四一年（昭和一六）八月、海軍施設の建設時において一部が破壊されることも起こった。一方、九州では広範囲で平坦な土地が必要とされる飛行場建設が進められ、それによって、そこに分布する古墳群が破壊されていった。このようなことは、防衛上の国家機密として建設工事自体あまり公にされず、詳細については今もわからないことが多い。

そのような中で、陸軍飛行場建設にともない一九三九年（昭和一四）に宮崎県新田原古墳群、一九四二年（昭和一七）から一九四三年（昭和一八）にかけて宮崎県六野原古墳群、続いて佐賀県目達原古墳群が大規模に破壊され削平されるに至ったが、これらについては発掘報告書と公文書が一部残されていた。これらの資料によると、宮内省・文部省・当該県史蹟担当者の努力により、かろうじて発掘調査と改葬が実施されたことがわかる。しかし、その交渉過程をみると調査実施にかかる軍部との折衝の難易度は戦争の激化とともに高くなっていったことがうかがえる。

②手続きの簡素化

戦争が激化した一九四四年（昭和一九）七月にサイパン島が陥落し、東条内閣が総辞職した。このような中で軍事施設の建設にともなう古墳の取り扱いについて、同年一〇月三一日付宮発第三九六号で宮内大臣から「古墳ノ発掘ニ関スル件」として以下の通牒が地方長官宛に出された。

通　牒

国土防衛上軍事施設構築ノ為緊急止ムヲ得サル場合ニ在リテハ戦時中ヲ限リ昭和九年一二月二七日附宮内大臣通牒ニ拘ラズ御陵墓ノ伝説アルモノヲ除キ古墳発掘ノ許可ニ関シ当省ノ承認手続ヲ省略セラレルモ差支ナシ但シ左記事項厳守相成度

記

一軍事施設構築ノ為ト雖日時ノ余裕アル場合ハ古墳発掘ノ許可手続ハ仍従来ノ通タルヘキコト
一発掘許可ノ古墳ハ能ク限リ改葬スルコト尚主要古墳ハ必ス墳別ニ改葬スルコト
一発掘改葬ハ現状調査ヲ行ヒタル後ニ着手シ発掘改葬ノ経過ヲ記録セルコト
一発掘改葬終了ノ上ハ速ニ古墳発見ノ例ニ依ル報告（古墳ノ所在、内外ノ形状、大サ、埋蔵物ノ名称、種類、品質、数量、形状、模様及口碑伝説等ノ報告）ト共ニ発掘改葬ノ経過ニ付詳細報告スルコト

「当省ノ承認手続ヲ省略セラレルモ差支ナシ」というように、この通牒は、古墳発掘における行政手続きの事務の簡素化を目的としている。太平洋戦争が開始される直前の一九四一年（昭和一六）七月二五日に「国政処理ノ戦時態勢化ニ関スル件」が閣議決定され、さらに一九四二年（昭和一七）六月一六日には「行政簡素化実施要領」が、同年八月七日には「内閣及各省行政簡素化案大綱」が閣議決定されている。この一連の行政事務簡素化の中で、「内閣及各省行政簡素化案大綱」に基づいて同年一一月一日に史蹟行政を主担していた文部省宗教局保存課

も宗教局と社会教育局の統合による教化局総務課の一係となった。さらに一九四三年（昭和一八）一一月一日には教化局が教学局となり、文化課の一係として史蹟行政を担当するところまで至ったのである。必然的に人員が減少し、行政事務処理能力が落ちていく一方で、事務の簡素化が進んだ。

内閣に属さない宮内大臣はこの閣議決定に影響されないが、戦時体制化における史蹟行政事務の簡素化は、古墳保存行政を主導する宮内省行政に必然的に影響を与えたものと考えられる。

そしてこの通牒が出される直前の一九四四年（昭和一九）一〇月一六日には「国内防衛力方策要綱」が閣議決定され、以下の方針が示された。

一　方針

国内防衛態勢ノ確立ニ付テハ現下ノ情勢ニ鑑ミ差シ当リ特ニ肝要ナル防衛対策ノ本年内急速遂行ヲ目途トシ之ニ対スル緊急措置ヲ講ズ

さらなる防衛対策が実施されることとなったのである。この情勢下で、飛行場建設などによる広範囲での古墳の破壊だけではなく、古墳が軍事関連施設として利用される例も増えたものと想像される。

③古墳の軍事利用（図5・6）

一九四五年（昭和二〇）二月に完成した奈良県天理市の海軍大和航空隊基地（柳本飛行場）は、一九四四年（昭和一九）六月あるいは九月から工事が行われた。そして、この飛行場の周囲にある古墳の墳丘を利用して関連する軍事施設が作られた。この飛行場に関する公文書等の資料はほとんど残されていない。しかし、防衛研究所所蔵の航空隊引渡目録大和基地の項に「砲熕ノ部」として一二糎高角砲が唐古[88]（現田原本町）と太田（現桜井市）に各六門、乗鞍（現天理市付近）に七糎野戦高射砲が四門配置されていたことが記載されている。また附図として「大和航空基地防空砲台及対空電探位置表示図」が付けられている。この地図は五万分の一のスケールで詳細は判明しないが、基地周辺の高射砲台や電探の配置が示されている。この地図と高射砲の目録、利用されたと思われる古墳の発掘調査報告書から砲台などの軍事関係施設の古墳利用を一部であるが知ることができる。

たとえば一二糎高角砲が設置されていた飛行場南側に位置する太田の纏向石塚古墳は、発掘調査報告書に(89)「高射砲を設置するために平らにした」という住民の話を載せている。また同古墳西北の径一五メートル余りの小丘

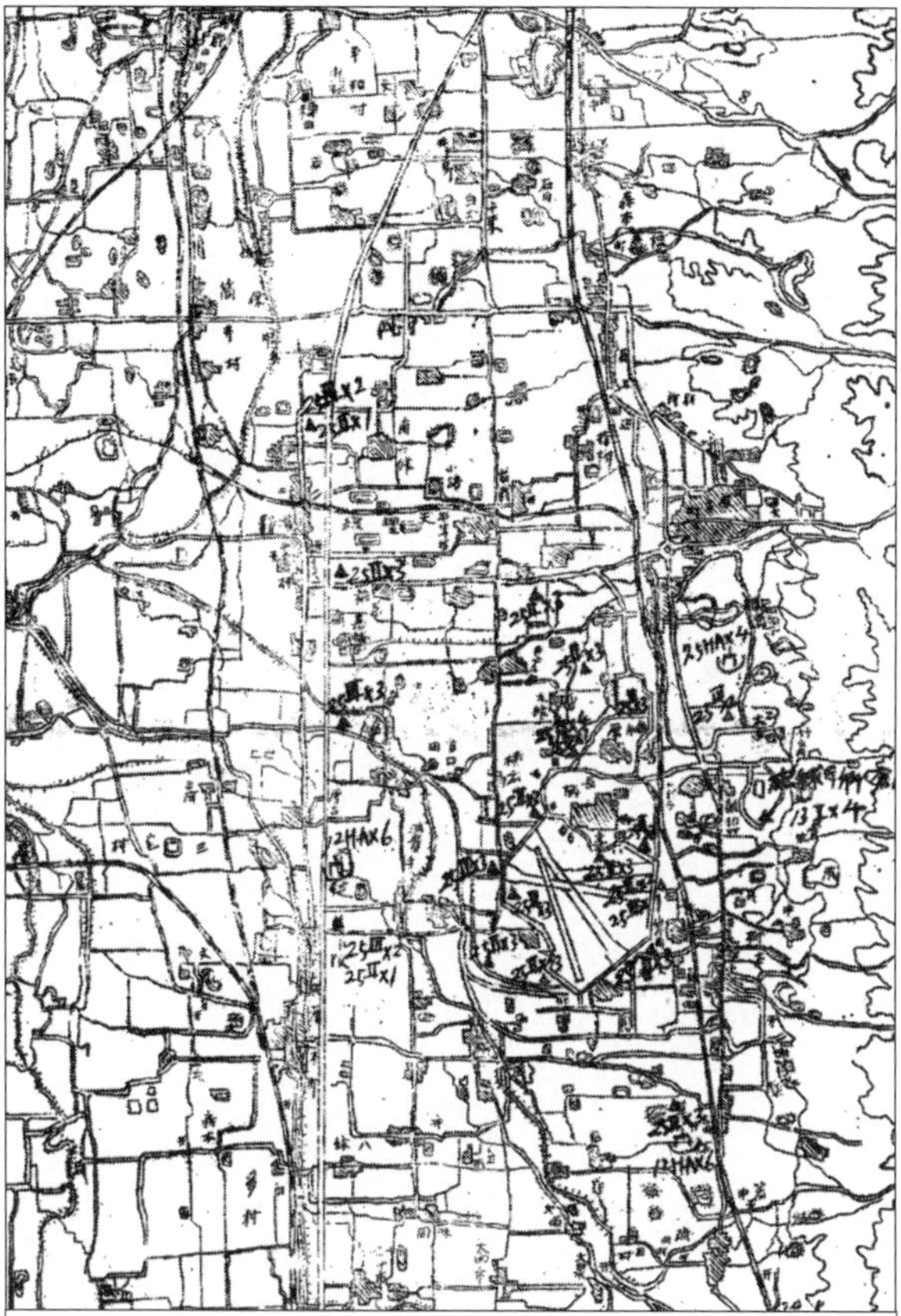

備考

一　砲術科倉庫内格納物件中主ナルモノ次ノ如シ

(イ) 照空電探(L2)×3　(ロ) 110 糎探照灯×2　(ハ) H.A. 閉鎖機全部

(ニ) Mg 砲身全部

二　12HA 砲台ハ未完成

三　[symbol] H.A 砲台　▲ Mg 砲台　25II ハ 25 粍機銃聯装其ノ他左ニ準ズ

~~[symbol] 13 号電探~~

図５　大和航空基地防空砲台及対空電探位置表示図

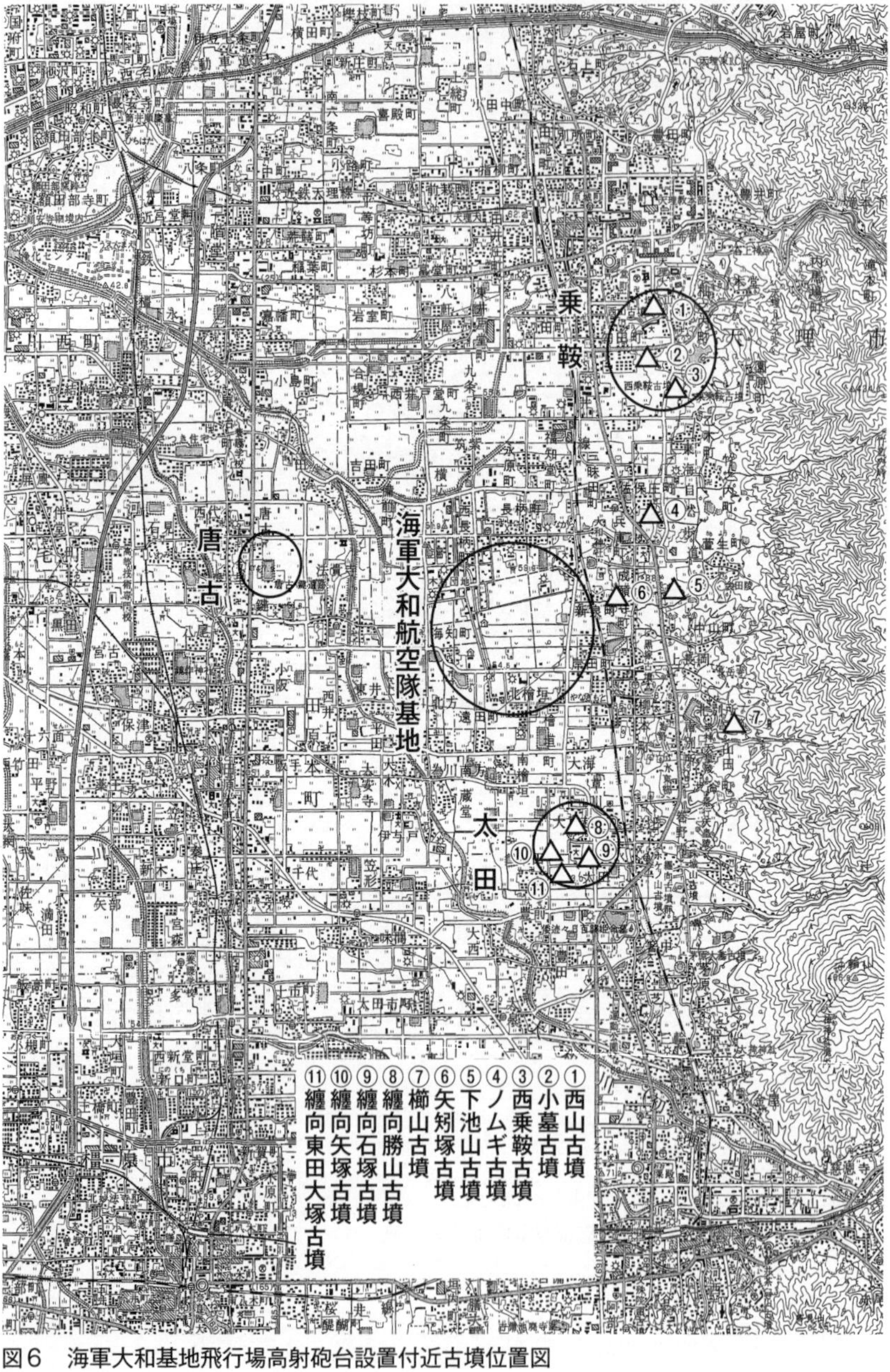

図6　海軍大和基地飛行場高射砲台設置付近古墳位置図

には、盛土下にコンクリートの土台が残されていて、高射砲台跡と認識された。しかし、最近の石塚古墳の調査では、墳頂部における高射砲台等については不明であると報告されている。[90]図5によればこの付近に二五粍機銃二連装も三基設置されている。さらにその南側には未完成の砲台が描かれている。また、飛行場北東側では七糎野戦高射砲が配置された乗鞍（現天理市付近）にある西山古墳に砲台があったことが天理教二代真柱の記録に記されている。[91]また、この付近には二五粍三連装機銃座が示されており、西山古墳だけでなく付近の小墓古墳や西乗鞍古墳など杣之内古墳群の一部が利用されていた可能性が高い。飛行場東南側の下池山古墳では、一九九六年（平成八）から一九九七年（平成九）の発掘調査で、[92]後円部の竪穴式石室南西直上から半地下式の通信施設と考えられる遺構が確認されている。また、櫛山古墳の墳丘には軍の物資倉庫が建設され、墳丘の一部が破壊された。この古墳は戦後の一九四八年（昭和二三）に調査、復旧が行われるが、撤去された倉庫跡には石製品の一部や板石が散乱していたと報告されている。[93]また東側に分布する矢矧塚古墳[94]についての調査報告書[95]には「墳丘中央部には戦時中の砲台に使用されたコンクリート製の基礎が残っていて墳丘の乱れが顕著である」と記されている。さらに東側に位置するノムギ古墳[96]南側からは基地関連施設の柱などが発掘調査で検出されており、図5ではこの付近に「13ｇ」（一三粍機銃）と「倉庫」の字が読み取れる。

このように古墳上に高射砲台や銃座が設置された例としては、他にも静岡県秋葉山古墳1号墳や、宮内省によって仁徳陵古墳の陪塚に指定されている堺市銅亀山古墳・銭塚古墳が伝えられている。この他にも事例は多くあったと思われるが、軍事機密として扱われるため公文書として残る例は少なく、伝承調査あるいは発掘調査でしか確認する方法はない。

また、これらの古墳利用にともなう軍部から宮内省、文部省に対する行政上の手続きを行った公文書等は残されておらず、祖先崇拝の対象としての古墳に対する軍部による配慮の様子はみられない。

結果的に、行政上も国土防衛という名の下に手続きの簡略化が行われ、国家的に古墳の破壊を容認する形となった。現実的には、この一九四四年（昭和一九）一〇月三一日付宮発第三九六号通牒が出される以前からすでに、軍部により行政手続きを経ずして破壊された古墳も多かったことは想像に難くない。たとえば一九四二年（昭和一七）、陸軍第一気象連隊がおかれた三重県鈴鹿市ではその兵舎建設時に石薬師東古墳群[97]の多数が破壊されたといわれている。

第四節　戦争の終結から文化財保護法制定までの第Ⅶ期

（1）　戦争の終結

日本はポツダム宣言を受諾して戦争終結を迎えた。一九四五年（昭和二〇）八月二九日には連合国軍が進駐し総司令部（ＧＨＱ）による占領統治が開始された。占領統治は帝国憲法による近代天皇制支配を終わらせた。そして、新憲法発布と民主主義体制のはじまりにより、各種法規と行政組織の整理がなされた。

従来古墳保存行政は、一八七四年（明治七）太政官達第五九号、一八八〇年（明治一三）宮内省達乙第三号、史蹟名勝天然紀念物保存法を基本法令として進められてきた。しかし、一九四七年（昭和二二）五月三日宮内省は宮内府へ、そして一九四九年（昭和二四）六月一日には、総理府設置法の施行により総理府の外局としての宮内庁となった。組織変更にともない宮内省達乙第三号は実効性を喪失した。さらに原則として一九四七年（昭和二二）一二月三一日限り[98]で太政官達第五九号もその実効性を喪失した。このことにより陵墓以外の古墳保存行政は、実質的に文部省の史蹟行政に一元化された。

（2）古墳の濫掘防止

そのような中で、戦争の終結、民主化による皇国史観からの解放は古代史や考古学において顕著であった。各地で遺跡の発掘調査が盛んに行われるようになったが、反面、それを規制する法としては史蹟名勝天然紀念物保存法施行規則しかなく、実態としては行政手続きを経ない無秩序な発掘調査が多かったと考えられる。このような状況下、文部次官より都道府県知事に対して一九四八年（昭和二三）三月一〇日発社七九号で[99]「古墳その他の遺跡の濫掘について」として下記の依命通達が出された。

終戦以来考古学的調査が盛んになったことは、まことに喜ばしいことであるが、その反面、学術的な目的をもつとは見られない発掘もしばしば行われ、ために、貴重な遺跡や遺構、遺物が毀損され滅失することも少なくなく史蹟保存上遺憾に堪えない次第である。
今回遺跡の濫掘防止について特に連合国最高司令部民間情報教育局宗教及文化資料部美術課係官からも強い要望があったのでその趣旨の徹底を期すると共に学術的方法による発掘についても史蹟保存の立場から一応本省と連絡を取るよう何分のご協力を煩わしたい。又史蹟名勝天然紀念物保存法施行規則第四条の規定によるものを発見した時は現状を変更することなく十日以内に発見の年月日、所在地及び現状等必要な事項を具して都道府県知事に申告することになっているので貴関係の学術研究者等に対しても本規則に関して周知方御取計いせられたくここに命によって通達する。

史蹟名勝天然紀念物保存法施行規則第四条は、新たな史蹟を発見した場合の届出を定めたものであるが、現実的には手続きがなされなかったことを示している。

この内容から、通達はＧＨＱからの強い要望があってなされたことがわかる。『文化財保護法制定以前の文化財の保護をめぐる座談会』[100]の中にもＧＨＱから「いろいろの貝塚が濫掘されるので、濫掘防止の措置をとれという指示があった」「どこの遺跡がまた掘られたが、あれはどうか」と電話がかかってきたなどの発言が記されており、占領地の文化財保存に注目していたことがわかる。

この依命通達が出された年末の一二月二〇日付発社三三七号で社会教育局長より教育委員会宛[101]に「古墳の仮指定について」として次の通達がされた。

最近遺跡の発掘が各地で行われこれに伴い古墳の発掘調査も行われているようであるが、この間に無統制なる発掘もあるように考えられ史蹟保存の立場からきわめて遺憾に思われる。この際未発掘のもので比較的重要な古墳とみなされるものは取りあえず仮指定の上保存することが必要であるから貴官下に於いてこれに相当するものは至急手続きをされるよう取計らわれたい。なお古墳以外の遺跡でも重要なものは仮指定をなし極力濫掘防止に努めたいと思うからその点併せてよろしくお取計いされたい。

これは、発社七九号の依命通達を補完する形で出されたもので、無秩序な発掘から古墳を守るために、指定という行政処分を行うことにより保存を許ろうとするものである。実効性と即効性があり地方庁のある程度の権限で指定できる史蹟名勝天然紀念物保存法第一条第二項の仮指定を活用するように促したものである。この仮指定の活用については、一九四〇年（昭和一五）一〇月二五日付発宗第一二六号の依命通牒でも通達されている。

この通達が出された直後から、古墳や古墳以外の遺跡に対する史蹟の仮指定が行われた例をみると、一九四八年（昭和二三）一二月に岡山県一件、一九四九年（昭和二四）になって二月に奈良県一件、七月奈良県一件、一〇月には兵庫県一件・静岡県四件・島根県二件、一二月に栃木県一一件・東京都一件と大幅に増えてきている。さらに一九五〇年（昭和二五）二月には岐阜県において七件が指定されている。これら二九件の内二六件が古墳であった。この部分だけをみると、この通達により地方庁では仮指定を活用して保存を進めていることがわかる。

（3）新しい法整備に向かって

戦争終結後の古墳をはじめとする文化財の保存行政は、経済的混乱など社会体制の変化や行政効率の低下により、十分機能しなくなっていった。このことから、前述したような古墳の濫掘防止や国宝などの建造物や仏像などの修理も滞る状態であった。

このような中で、一九四六年（昭和二一）八月九日に設置された教育刷新委員会[102]は、一九四八年（昭和二三）五月八日付で内閣総理大臣宛に「文化財の保存について――主として国宝等の保存問題――」を報告している。この中で、「政府はこれら保存行政関係法令を改正して」と法整備を促している。文部省はすでに同年一月から四月にかけて、文部省と国立博物館[103]関係者の間で史蹟名勝天然記念物をも含めた法規改正を検討していた[104]。そして、翌年の三月には文部省は国宝保存法と重要美術品等保存ニ関スル法律を統合し仮称「国宝法」を立案することについて、GHQ民間情報教育局美術課に意見を求めていた。この間、同年一月一六日に法隆寺金堂壁画の焼失事件が起きる。国会では、かねてから文化財に関心を寄せていた参議院文部委員会がこの事件を契機に新たな文化財保護制度の確立に動き出した。そして同年五月二一日の第五回国会に「文化財保護法案」が議員立法で提案された。しかし、衆議院を通過する前に国会が閉会となった。そこで、法案はさらに修正が加えられ衆参両院で検討が重ねられた後、一九五〇年（昭和二五）四月二五日の第七回国会に再度提出された。そして同年五月三〇日法律第二一四号として公布され、同年八月二九日に政令第二七六号が施行される[105]。

従来、史蹟を除くと埋蔵文化財に関する規定は古墳と埋蔵物（出土品）に関するもの以外なかったが、文化財保護法の制定により、古墳以外の遺跡を含め体系的に保存行政が実施されることとなった。

古墳の保存行政は、陵墓の治定を第一義としていた近代古墳保存行政が終焉し、新憲法発布、国有財産法と文化財保護法の制定により、陵墓のみを主管とする陵墓行政と埋蔵文化財行政という二極化をみたのである。

まとめ

史蹟名勝天然紀念物保存法制定と第一回の史蹟指定から、史蹟名勝天然紀念物保存法の失効と文化財保護法の制定までが近代の古墳保存行政の展開期である。この展開期は大きく四期に画することができる。しかし、戦時体制下から史蹟名勝天然紀念物保存法の失効までの間は、戦争と戦争終結後の混乱の中で保存行政が低迷する時期である。

第Ⅳ期は一九一九年（大正八）の史蹟名勝天然紀念物保存法の制定から、史蹟行政の主担が内務省から文部省に移管される一九二七年（昭和二）までである。同法の制定とともに関係法令が整備され、具体的な史蹟行政が内務省によって行われた。そして、第一回の指定という行政処分が八件の天然記念物に対して行われた。そして第二回目に指定された一群が最初の史蹟指定であった。しかし、これ以前にすでに大阪府により同法第一条第二項による仮指定が行われており、積極的に史蹟指定が進められた。

第Ⅴ期は一九二八年（昭和三）に史蹟行政が文部省に移管された後から一九三八年（昭和一三）の国家総動員法の制定までである。「国宝保存法」や「重要美術品等ノ保存ニ関スル法律」が制定され、文化財に関する三法がそろった時期である。古墳保存に関しては宮内省が「古墳ノ発掘及発見ニ関スル件」の通牒を発し、不時発見や発掘に関して手続きを励行するように指示している。

また、この時期は明治天皇聖蹟史蹟、神武天皇聖蹟、建武中興史蹟など国家戦略のもとに史蹟が指定され、顕彰されはじめた時期である。このために文部省官制の改正など、組織づくりが進められた。さらに、宮内省は臨時陵墓調査委員会を発足させ、長慶天皇の陵墓治定や陵墓の再編を図ろうとした。

第Ⅵ期は一九三八年（昭和一三）の国家総動員法の制定から一九四五年（昭和二〇）の太平洋戦争の終結までである。国家総動員法の制定により、戦争遂行のためにあらゆるものが軍事優先となるいわゆる戦時体制となる。このような中で軍飛行場建設に伴う大規模な古墳破壊とそれに追随するような古墳行政が行われた。

第Ⅶ期は一九四五年（昭和二〇）の連合軍の進駐とGHQの占領政策開始から一九五〇年（昭和二五）の文化財保護法制定による史蹟名勝天然紀念物保存法の失効までである。戦争終結に伴う占領軍行政下での、陵墓行政による陵墓以外の古墳に対する保存行政は事実上消滅した。もう一方の史蹟行政による古墳保存行政も、学問における観念的な皇国史観からの解放により、実証主義的な研究方法を標榜した無秩序な発掘が行われ、史蹟名勝天然紀念物保存法にもとづく行政指導がGHQの指導の下に行われた。そして戦後くすぶっていた法整備は、法隆寺金堂の壁画焼失などの事件から一気に進み、一九五〇年（昭和二五）の文化財保護法の制定となった。

文化財保護法は、旧三法を統合し埋蔵文化財という視点も加わり、古墳保存行政が効果的に進められるものとなった。しかし、陵墓治定された古墳の保存は、やはり宮内庁のもとに、国有財産として天皇家の祖先崇拝の対象として生き続けている。

註

（1）「史蹟名勝天然紀念物保存法」法律第四四号、一九一九年（大正八）四月一〇日。
（2）「第二七回議会上　明治四三年」（『帝国議会　貴族院議事速記録二七』東京大学出版会）。
（3）徳川頼倫、明治五年六月二三日（一八七二年七月二八日）〜一九二五年(大正一四）五月一九日、紀州徳川家第一五代当主、伯爵、貴族院議員。
（4）徳川達孝、慶応元年五月二五日（一八六五年六月一八日）〜一九四一年(昭和一六）二月一八日、田安家第九代当主、伯爵、貴族院議員。
（5）田中芳男、天保九年八月九日（一八三八年九月二七日）〜一九一六年（大正五）六月二二日、長野県出身博物学者。
（6）三宅秀、嘉永元年（一八四八）一一月〜一九三八年（昭和一三）三月一六日、医学者、貴族院議員、最初の医学博士。
（7）一八九九年（明治三二）に東京市麻布区飯倉の紀州徳川邸内に設置された旧紀州藩の蔵書保管の図書館。一九〇八年から公開され、各界名士が集まり学術的な講演会などが開催されて文化的サロンの場となった。一九二四年（大正一三）まで公開された。
（8）戸川安宅、安政二年一〇月二二日（一八五五年一二月一日）〜一九二四年（大正一三）一二月八日、旗本早島戸川家最後の当主、詩人、宣教師、南葵文庫。
（9）坪井正五郎、文久三年一月五日（一八六三年二月二二日）〜一九一三年（大正二）五月二六日、人類学者、理学博士、東京帝国大学教授。
（10）三上参次、慶応元年九月一〇日（一八六五年一〇月二九日）〜一九三九年（昭和一四）六月七日、歴史学者、東京帝国大学教授、貴族院議員。
（11）喜田貞吉、明治四年（一八七一）五月二四日〜一九三九年（昭和一四）七月三日、歴史学者。
（12）阪谷芳郎、文久三年一月一六日（一八六三年三月五日）〜一九四一年（昭和一六）一一月一四日、大蔵官僚、政治家、子爵、法学博士。

（13）「故徳川公爵保存事業年表」（『史蹟名勝天然紀念物』一―五、一九二六年〈昭和元〉）。
（14）丸山宏「『史蹟名勝天然紀念物』の潮流」『復刻　史蹟名勝天然紀念物　解説・総目次・索引』（不二出版、二〇〇三年）。
（15）「史蹟名勝天然紀念物保存協会年表」（『史蹟名勝天然紀念物』一一―二、一九三六年〈昭和一一〉）。
（16）黒板昌夫談「史蹟名勝天然記念物の保護をめぐる座談会」（『文化財保護法制定前の文化財の保護をめぐる座談会』文化財保護委員会、一九六〇年）。
（17）「史蹟名勝天然紀念物保存法施行令」勅令第四九九号、一九一九年（大正八）一二月二九日。
（18）「史蹟名勝天然紀念物保存法施行規則」内務省令第二七号、一九一九年（大正八）一二月二九日。
（19）「史蹟名勝天然紀念物調査会官制」勅令第二五八号、一九一九年（大正八）五月三〇日。
（20）「史蹟名勝天然紀念物保存要目」一九二〇年（大正九）一月三一日決定。
（21）山口鋭之介「古墳保存の必要」（『史蹟名勝天然紀念物』一―七、一九一五年〈大正四〉）。内田英二「史蹟名勝天然紀念物保存法解説九」（『史蹟名勝天然紀念物』一〇、一九三五年〈昭和一〇〉）。
（22）一九二一年（大正一〇）三月三日史蹟指定、一九二五年（大正一四）九月二一日に陵墓参考地。
（23）一二件であるが行基墓など古墳外の墳墓が四件指定されている。
（24）「史蹟名勝天然紀念物保存法施行令」勅令四九九号、一九一九年（大正八）一二月二九日。
（25）内務大臣及び宮内大臣の認可制は、一九三一年（昭和六）の改正（勅令第二四〇号）により宮内大臣への事前協議制となった。
（26）「内務省職制及事務章程」一八七四年（明治七）（『官符原簿』国立公文書館蔵）。
（27）「内務官制」勅令第二号、一八八六年（明治一九）二月二六日。
（28）「内務省官制ヲ改正ス」勅令第八八号、一八九一年（明治二四）七月二七日。
（29）「文部省官制中ヲ改正ス」一九二八年（昭和三）一一月五日（『公文類聚』国立公文書館蔵）。
（30）「行政制度審議会官制」設置（勅令第一六八号、一九二七年〈昭和二〉六月一四日）、廃止（勅令二二三号、一九二九年〈昭和四〉七月一日）（『公文類聚』国立公文書館蔵）。

(31)「各庁権限整備に関する一部報告」閣甲第二二七号、一九二七年（昭和二）一一月七日（『内閣総理大臣官房総務課資料』国立公文書館蔵）。
(32)「文部大臣請議文部省官制中改正ノ件」一九二八年（昭和三）一一月二日起案（『公文類聚』国立公文書館蔵）。
(33)「文部省官制中改正ノ件」勅令第一七三号、一九一三年（大正二）六月一三日。
(34)「古社寺保存法」法律第四九号、一八九七年（明治三〇）六月五日。
(35)「史蹟名勝天然紀念物保存法施行令ノ改正」勅令第二八五号、改正一九二四年（大正一三）一一月二五日。
(36)註(18)に同じ。
(37)「史蹟名勝天然紀念物保存法施行令ノ改正」勅令第二九六号、一九二八年（昭和三）一一月五日。
(38)「史蹟名勝天然紀念物保存法施行規則ノ改正」文部省令第一七号、一九二八年（昭和三）一一月二九日。
(39)註(34)に同じ。
(40)「国宝保存法」法律第一七号、一九二九年（昭和四）三月二八日。
(41)「古蹟及遺物保存規則」府令第五二号、一九一六年（大正五）七月四日、朝鮮総督府。
(42)「朝鮮総督府宝物古蹟名勝天然記念物保存令」制令第六号、一九三三年（昭和八）八月九日、朝鮮総督府。
(43)「行政諸法台湾施行令中改正ノ件」勅令第二七号、一九三〇年（昭和五）二月二六日。
(44)「古蹟保存法」教令第五六号、一九三三年（大同二）七月一日。この時点では、執政の教令である。満洲に関しては『満洲帝国現行法令』による。
(45)「古蹟保存規則」府令第三四号、一九一六年（大正五）一二月二日、関東都督府。
(46)一九一六年（大正五）一二月二日、関東都督府、告示第一九一号、関東都督府「関東都督府告示」（『史蹟名勝天然紀念物』四—一、大正一〇年）。
(47)「国民精神総動員実施要綱」一九三七年（昭和一二）八月二四日閣議決定、（『昭和前半期閣議決定等』国立国会図書館蔵）。
(48)大阪府教育委員会『大阪府教育百年史　第一巻　概説編』一九七三年。
(49)「史蹟名勝天然紀念物調査委員会規程」文部省訓令第一〇号、一九三三年（昭和八）四月一一日。

(50)「史蹟名勝天然紀念物調査会官制」勅令第二五八号、一九一九年（大正八）五月三〇日。
(51)「文部部内臨時職員設置制中改正ノ件」勅令第一一八号、一九三三年（昭和八）五月一九日。
(52)東京朝日新聞　一九三四（昭和九）一〇月七日。
(53)一九三五年（昭和一〇）一月一七日に妻町奉賛会によって男狭穂塚・女狭穂塚古墳の前に建立された「神武東遷二千六百年紀念祭記念碑」には、一〇月六日の古墳祭出席者として秩父宮以外に協賛会会長松平頼寿、副会長酒井忠正、宮崎県知事君島清吉、前首相斎藤実、宮内大臣大谷正男の名前があげられている。
(54)「紀元二千六百年祝典準備委員会原議綴」一九三五年（昭和一〇）～一九三六年（『各種調査委員会文書』国立公文書館蔵）。
(55)「紀元二千六百年祝典準備委員会会長報告」　閣甲第一一号、一九三六年（昭和一一）二月一四日（『各省大臣宛依命通牒』国立公文書館蔵）。
(56)「史蹟名勝天然紀念物調査会官制」勅令第三九七号、一九三六年（昭和一一）一一月一一日。
(57)高鍋町史編さん委員会『高鍋町史年表』（高鍋町、一九八七年）。宮崎県警察史編さん委員会『宮崎県警察史』（宮崎県警察本部、一九七五年）。
(58)東京朝日新聞、一九三一年（昭和六）一月二八日。同新聞では一八名が検事局への送致者数としてあげられている。
(59)宮崎時事新聞、一九三二年（昭和七）一月一六日、宮崎県立図書館蔵。
(60)宮崎時事新聞、一九三二年（昭和七）一月一七日、宮崎県立図書館蔵。
(61)宮崎時事新聞、一九三二年（昭和七）二月一〇日　宮崎県立図書館蔵。
(62)被告人たちは、上級審に控訴したようで、一九三三年（昭和八）六月一九日付乙第六四一九号で長崎県控訴院検事局から没収された出土遺物が県に返還されており、裁判は控訴院で確定したと思われる。
(63)宮崎県教育委員会『持田古墳群』（一九六九年）。
(64)高鍋町史編さん委員会『高鍋町史』（高鍋町、一九八七年）。
(65)「刑法」法律第四五号、一九〇七年（明治四〇）四月二五日、第一八九条「墳墓ヲ発掘シタル者ハ二年以下ノ懲役ニ処ス」。

(66) 註(65)に同じ。第一九一条「第百九十一条　第百八十九条ノ罪ヲ犯シ死体、遺骨、遺髪又ハ棺内ニ蔵置シタル物ヲ損壊、遺棄又ハ領得シタル者ハ三月以上五年以下ノ懲役ニ処ス」。

(67) 「古墳古物取締規則」宮崎県令第六二号、一八九二年（明治二五）一一月七日、宮崎県公報。

(68) 「宮内省諸陵頭より児湯郡上江村・川南村地内古墳発掘につき回答」考一一月二六日第一四〇ノ三号、一九一七年（大正六）一一月二六日「西都原古墳群発掘関係史料」（『宮崎県史　資料編　考古二』）。

(69) 「史蹟仮指定伺（電報）案」一九三一年（昭和六）二月四日、（『名勝旧蹟古墳』宮崎県文化財課蔵）。

(70) 志田順、一八七六年（明治九）五月二八日～一九三六年（昭和一一）七月一九日、地球物理学者。千葉県出身。東京帝国大学卒業。一九〇九年に京都帝国大学理工科大学に着任。京都帝国大学理学博士。京都帝国大学名誉教授。

(71) 大阪朝日新聞、一九三四年（昭和九）五月四日。

(72) 大阪府『大阪府史蹟名勝天然紀念物調査報告第七輯　摂津阿武山古墓調査報告』一九三六年。

(73) 高槻史談会『高槻史談』九・一〇・一三、一九八二年。

(74) 宮発第七八七号、一九三四年（昭和九）一二月二七日、（『名勝旧蹟古墳』宮崎県文化財課蔵）。

(75) 宮崎時事新聞、一九三二年（昭和七）一月一七日、宮崎県立図書館蔵。

(76) 皇室令第七号、一九二一年（大正一〇）一〇月六日。

(77) 皇室令第七号、一九三五年（昭和一〇）三月一六日。

(78) 「宮内省官制中ヲ改正ス・諸陵寮ニ考証官等設置」一九三五年（昭和一〇）三月一六日（『公文類聚』国立公文書館蔵）。

(79) 「国家総動員法」法律第五五号、一九三八年（昭和一三）四月一日。

(80) 註(54)に同じ。

(81) 註(55)に同じ。

(82) 「文部部内臨時職員設置制中改正ノ件」勅令第四八二号、一九三八年（昭和一三）七月五日。

(83) 「神武天皇聖蹟調査委員会官制」勅令第七八四号、一九三八年（昭和一三）一二月二六日。

(84)「学校衛生調査会官制等廃止ノ件」神武天皇聖蹟調査委員会官制ノ廃止、勅令第三五二号、一九四一年（昭和一六）四月一日。
(85)註(55)に同じ。
(86)「戦時緊急措置法」法律第三八号、一九四五年（昭和二〇）六月二二日。
(87)文部省告示第三六七号、一九三六年（昭和一一）一二月一六日指定、文部省告示第八三五号、一九四一年（昭和一六）一一月二〇日一部解除。
(88)唐古・鍵遺跡の東側にコンクリートの砲台跡が残されている。
(89)奈良県立橿原考古学研究所編『纏向』（桜井市教育委員会、一九七六年）。
(90)桜井市教育委員会『ホケノ山古墳第二次調査概要報告書』（一九九七年）。平成八年度調査では、高射砲の台座は確認されていない。調査者は「不明」としている。
(91)森井博之『中山正善天理教二代真柱とスポーツ』（三恵社、二〇〇七年）。「柳本飛行場をねらったかもしれない。西山古墳の高射砲は一発の音も聞かれなかった」また、天理市教育委員会が設置した古墳説明板にも高射砲陣地のあったことが書かれている。
(92)奈良県立橿原考古学研究所編『大和の前期古墳下池山古墳中山大塚古墳調査概報付箸墓古墳調査概報』（学生社、一九九七年）。
(93)奈良県教育委員会『奈良県史蹟名勝天然記念物調査報告　桜井茶臼山古墳　附櫛山古墳』（一九六一年）。
(94)菊池実・十菱駿武『続しらべる　戦争遺跡の辞典』（柏書房、二〇〇三年）。
(95)奈良県立橿原考古学研究所編『奈良県史蹟名勝天然記念物調査報告第四二冊　磯城・磐余の前方後円墳古墳』（一九八一年）。
(96)奈良新聞、二〇一一年（平成二三）三月一二日。
(97)鈴鹿市立考古博物館「石棒・和同開珎から鈴鹿海軍備品まで―寄贈・寄託名品展―二〇〇八・一・一二〜三・九」（『企画展 パンフレット』二〇〇八年一月一二日）。
(98)「日本国憲法施行の際現に効力を有する命令の規定の効力等に関する法律」法律第七二号、第一条、一九四七年（昭和二二）四月一八日公布。

(99) 文部省大臣官房総務課『終戦教育事務処理提要第四集』（文部省、一九五〇年）。

(100) 文化財保護委員会『文化財保護法制定以前の文化財の保護をめぐる座談会』（一九六〇年）。

(101) 註(99)に同じ。

(102) 「教育刷新委員会官制」勅令三七三号、一九四六年（昭和二一）八月九日。

(103) 「政令」第八号、一九四七年（昭和二二）五月三日、国立博物館官制。これにより帝室博物館が文部省管轄の博物館となり、国宝及び重要美術品等の調査並びに保存修理に関する調査が文部省から移管された。

(104) 東京国立博物館『東京国立博物館百年史』（一九七三年）。

(105) 文化財保護委員会『文化財保護の歩み』（大蔵省印刷局、一九六〇年）。

第二部

古墳保存行政と地域社会

第三章　仲哀天皇陵墓伝承地の変遷

はじめに

古墳は、考古学資料あるいは埋蔵文化財のなかでも、一般的にだれでも見ることができるものであり、日常的に接しえるものでもある。その結果、市民にとって地域史を捉える学習資源として身近なものである。また、地域景観の重要な要素となっているものも多くあり、その破壊に対し保存運動が展開される例も多い。もちろん、このような考古学資料や埋蔵文化財という見方は近代以降のものである。

一方で、近代科学が成立する以前から、「〇〇塚」や「××媛の墓」「△△天皇の御陵」などと言い伝えられ、信仰や崇敬の対象あるいは名所、旧蹟になっていたのも古墳である。このような古墳については、数多くの言い伝えが古墳所在の地域に伝承されており、地域住民にとっては身近なものであった。しかし、古墳は古代天皇の陵墓あるいはその可能性を内包しているものであることから、政治的支配関係において重要な鍵となるものであった。特に近世では、幕府と朝廷の関係において、また、明治政府にとっては、近代天皇制国家の成立と体制強化にとって重要なものであった。

本章では、近世から近代にかけての陵墓伝承地である大阪府河内長野市上原に所在する仲哀天皇陵墓伝承地を取り上げた。地域資料である上原区有文書(1)から、古墳保存行政制度の成立以前における近世の陵墓伝承地に対する地域の認識が、併設された神社の変遷とともに変化することを論じる。また、明治期以降、最終的に陵墓であることを否定された陵墓伝承地の動向を見ることにより、古墳保存行政制度成立期における古墳保存行政の一端を明らかにしたい。

第一節　上原仲哀天皇陵墓伝承地の状況

当該陵墓伝承地が所在する河内長野市は大阪府の南東部に位置し、その中央を大和川の支流石川が北流する。石川は、河内長野市の南側に連なる和泉葛城山系に源を発し急峻な河谷を形成しながら山間部を流れ、河内長野市高向付近から河岸段丘を形成する。河岸段丘は石川左岸に約四キロメートル幅八〇〇～一〇〇〇メートルの細長い台地状の地形をなしている。このことから、付近の総称として「長野」の地名が生れたと考えられる（図1）。

この河岸段丘上を石川と並行するように南の和泉方面に向かう旧街道が通じており、この街道に面した野作町に安政三年（一八五六）に建てられた「仲哀天皇御廟」の標柱石が今もある。この石柱が、西側約三五〇メートルの丘陵上に位置する第一四代仲哀天皇の陵墓とされた場所への道

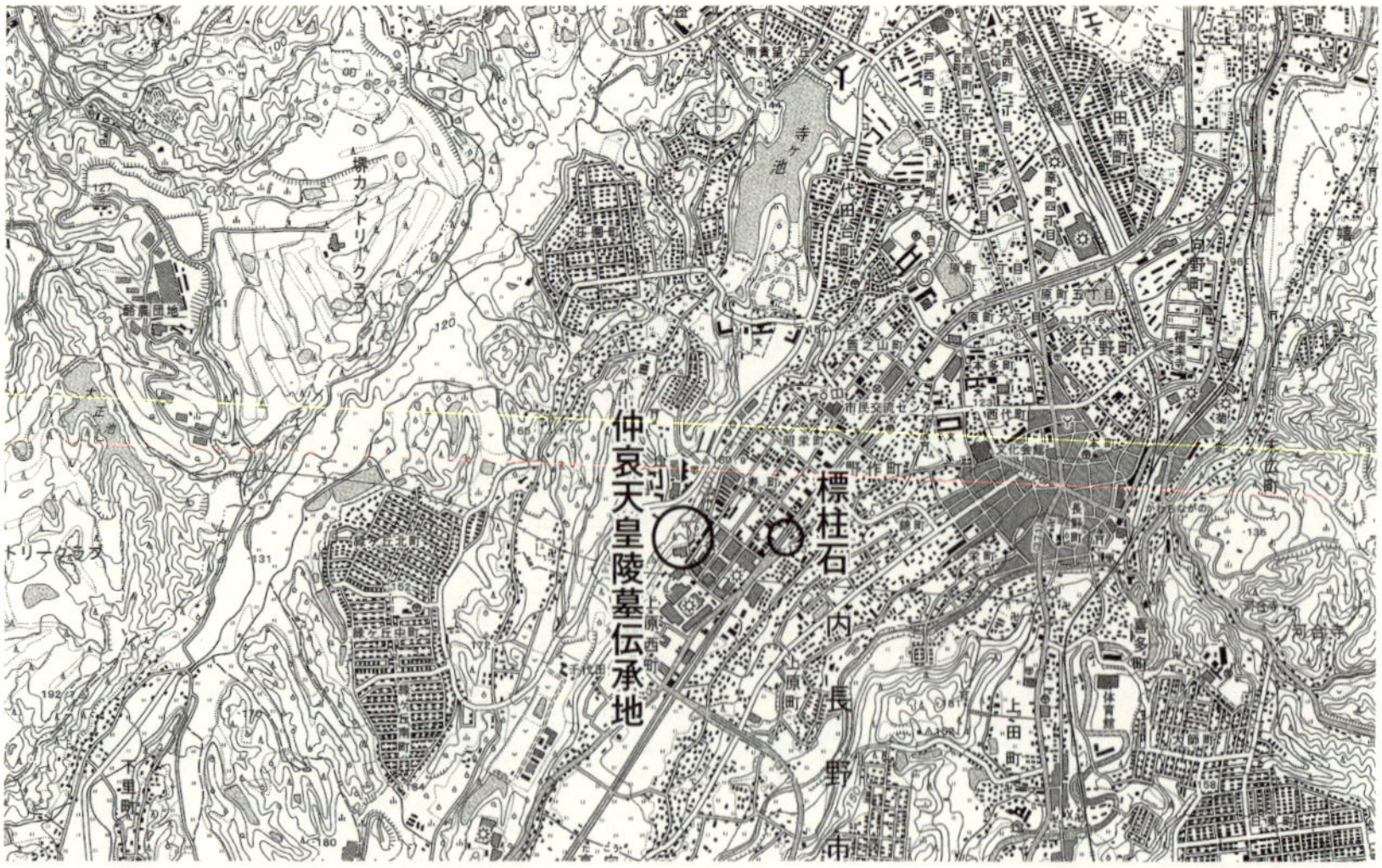

図1　仲哀天皇陵墓伝承地位置図

標である（図2）。

現在、宮内庁が管理する陵墓である仲哀天皇陵は（天皇在位の真否は別にして）、幕末に藤井寺市の前方後円墳である岡ミサンザイ古墳が比定されている。しかし、現在の場所に治定されるまでは、河内長野市の上原の地が陵墓と認識されていた時期があり、この石柱もその認識のもとに建設された。

第二節　江戸時代の陵墓伝承

（1）陵墓としての治定

この陵墓伝承地は、現在のところ考古学上、古墳であるとの検証はなされていない。当該地の現況は、送電線の鉄塔が古くから建てられており、発掘調査等の確認調査も実施されておらず、埴輪等の遺物も表面採取では発見されていない。しかし、一般的には、高さ約一六メートルの円墳で、周囲は約二〇〇メートルの古墳と説明されている。この数字は『大阪府全志』巻之四(2)に記載されている左記の当該地の説明を引用したものと思われる。

西北なる西山の中に荒塚あり、封土の高さ五丈四尺・周囲壱百拾間・面積八百四坪にして、上に十三層の石塔あり、里人伝へて仲哀天皇の御陵なりと—後略—(3)

この高さ五丈四尺は約一六・四メートル、周囲壱百拾間は約一九九・一メートルとなる。そして塚すなわち古墳として

図2　仲哀天皇御廟標柱石
（1960年代の様子）

認識されるだけの形状が、『大阪府全志』作成時期には確認できたと考えられる。

　この陵墓伝承地は、いつ頃から仲哀天皇陵として認識され変遷していったのであろうか。江戸時代の地誌類の中で延宝七年（一六七九）の『河内鑑名所記』(4)（図３）に当時の陵墓伝承地の状況をみることができる。すなわち、「上原村」の項に「上原仲哀天皇御廟社、拝殿、石段、石の鳥居有」とある。図には、該当地と思われる場所に鳥居そしてマウンド状の小山が描かれており「御廟」と注記がされている。また、本社、拝殿、八幡宮、石段、鳥居も描かれているが、後述する元禄期の層塔や石塔は描かれていない。ただ、この時期にはすでに「御廟」の前に鳥居があったことがわかる。

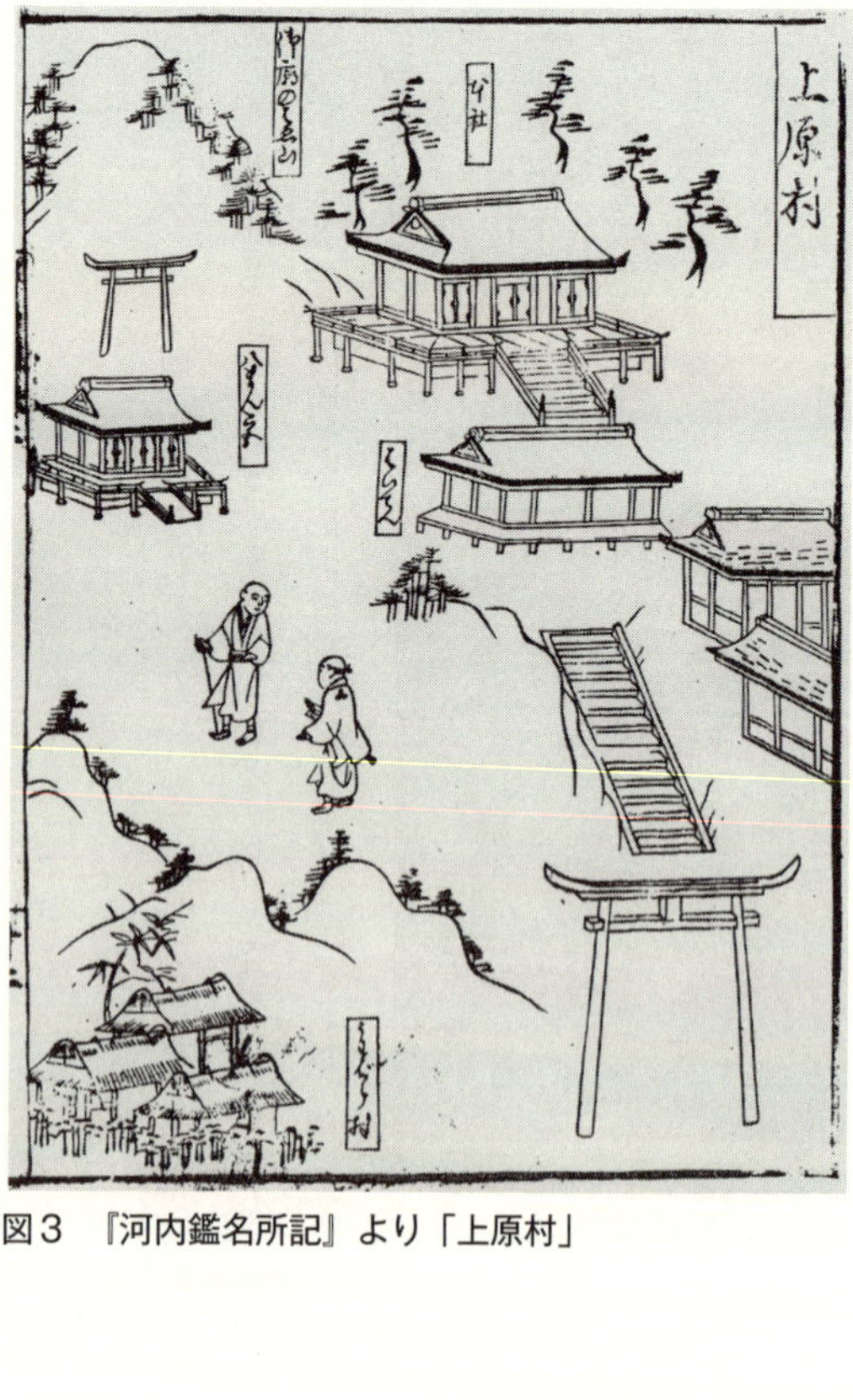

図３　『河内鑑名所記』より「上原村」

江戸時代前期の歴史学者松下見林(5)は元禄九年（一六九六）に『前王廟陵記』を著わし、その中で仲哀天皇陵について次のように記載している。

　恵我長野西陵　穴門豊浦宮御宇仲哀天皇　在河内国志紀郡　兆域東西二丁　南北二町
　　陵戸一烟　守戸四烟
　　或曰　西陵　今在上原村

『延喜式』を引いた後、西陵は上原村にあるとしている。しかし、恵我長野西陵の所在地が『延喜式』では志紀郡であるのに対し上原村は錦部郡に属する。

この元禄期、国学・勤皇思想の勃興を背景に、細井知慎[6]による柳沢吉保への建議により、幕府は元禄一〇年（一六九七）に陵墓探索を実施し、神武天皇から後花園天皇までの七八陵を明らかにした。また、六六陵の修理・垣根設置を各領主や代官に命じて行わせている。この時、仲哀天皇陵の場所について『徳川実紀』によれば、「河内国志紀郡恵我長野の西。今の錦部郡長野荘上原村なり」としている[7]。これが、幕府及び朝廷による最初の陵墓としての取り扱いであった。また、細井知慎の『諸陵周垣成就記』[8]は、この幕府探索と垣根設置事業の報告であるが、やはりここでも「錦部郡長野庄上原村陵有之候」と記載されている。

さらに、当該地の上原に残されている区有文書の中に元禄一四年（一七〇一）六月の『上原村明細帳』があり、元禄期に実施されたこの幕府探索と垣根設置についての村方の記録が残されている。明細帳の記載は「一　氏神仲哀天皇宮」として敷地境内面積、「一　仲哀天皇宮内陣」として祭神五躰竜王・仲哀天皇・神功皇后、「一社」として規模などが記載されている。それに引き続き「一　陵」として以下の記載がある。

一　陵　高サ九間　惣廻リ百拾間、　石塔　高サ弐尺　幅八寸
御遺骸筑紫櫃月宮より長門穴門ニ送り、豊浦之宮より此所江棺槨を奉葬ト申伝候、元禄十一寅年従　御公儀様、竹垣為仰付、大坂寺社役関根庄右衛門殿・三国市右衛門殿、其外下役之同心四人・大工弐人ニ而、御普請請被為遊候、竹垣高サ五尺八寸・幅三間・横三間壱尺、

これによれば、元禄一一年（一六九八）に大坂町奉行所与力関根庄右衛門・三国市右衛門の指揮の下に、高さ約一・七四メートル、幅五・四メートル、横五・七メートルの竹垣が巡らされたことがわかる。上記に続き陵の付帯施設として読み取れる記載で、茅葺きの拝殿、瓦葺きの経蔵、石鳥居、石灯籠、層塔、石雁木そして末社

として八幡宮などがある。

（2）仲哀天皇陵説の否定

ところが元禄期の竹垣設置から約四〇年を経た享保二〇年（一七三五）の「河内志」『日本輿地通志畿内部』[9]では、上原村の仲哀天皇陵は「高向王墓」と記載されている。さらに享和元年（一八〇一）秋里籬島の『河内名所図会』でも高向王墓の項に「上原八幡の側にあり世にこれを仲哀天皇陵といへるは謬りならん」として仲哀天皇陵説を否定して記載されている。つまり、どちらの地誌も当該地を用明天皇孫で皇極天皇の前夫「高向王」の墓であるとしているのである。図4の嘉永六年（一八五三）の『西国三十三所名所図会』[10]では、上原八幡宮・仲哀天皇宮・仲哀天皇陵が併記されている。描かれた境内図には、向かって左手に石段と八幡宮、その上に御陵と竹垣をめぐらした古墳らしきものが描かれている。右側には経蔵と鳥居、石段上に茅葺きの拝殿と十三重の層塔、さらに石段・石垣・玉垣が描かれ仲哀天皇の社が描かれている。仲哀天皇陵の説明では、制札が掲げられており、それには「此陵之地」とし、みだりに立ち入ることを禁じ、掃除を申しつけ、免租地であることが書かれていると、記されている。そして、この図会でも仲哀天皇陵ではなく正しくは「高向王」の墓であるとしている。

これら地誌類の外、当時の陵墓研究家による著作を見ると、文化五年（一八〇八）の蒲生君平による『山陵志』では、仲哀天皇陵は現藤井寺市の仲津山古墳としている。また、幕末の慶応二年（一八六六）に刊行された平塚瓢斎の『聖蹟図志』では「仲哀天皇恵我長野西陵　此陵山岡村ニ属　字ミサンサイト云」とあり、現在の藤井寺市に所在する仲哀天皇陵の治定地をあげている。そして、上原の当該地は「仲哀天皇社　仝陵　或云高向王墓」と図上に描かれている。また、同じ平塚瓢斎が著わした同年刊行の『陵墓一隅抄』でも「岡村管内字美左武左伊」

としている。そして、同本の後半に列挙されている皇子・皇女等の墓の中に以下の記載がある。

　用明孫　皇極前夫　高向皇子　長野墓　世称仲哀陵然一封円塚河内志以為皇子墓是矣在河内国錦部郡長野庄上原村字宮山傍在仲哀天皇及八幡社或云此地高向庄之内也

上原の仲哀天皇陵説を否定する一方で、高向王墓がこの陵墓であるとしてあげている。

では、なぜ高向王墓説が浮上したのであろうか。その理由は、『河内名所図会』や『西国三十三所名所図会』の説明文の中に読み取ることができる。まず、上原の仲哀天皇陵が前方後円の形ではなく、周壕をもたないなど山陵の地相をしめしていないということが否定理由としてあげられている。そして、高向王墓とされるのは、この地域が古代・中世において、高向庄の地域内であったことをあげている。現在の行政区画では上原に隣接する地区が高向であり、[11]『住吉大社神代記』の中にも高向の地名があることなど、高向王の名が地名と整合するところから高向王墓説が生れてきた

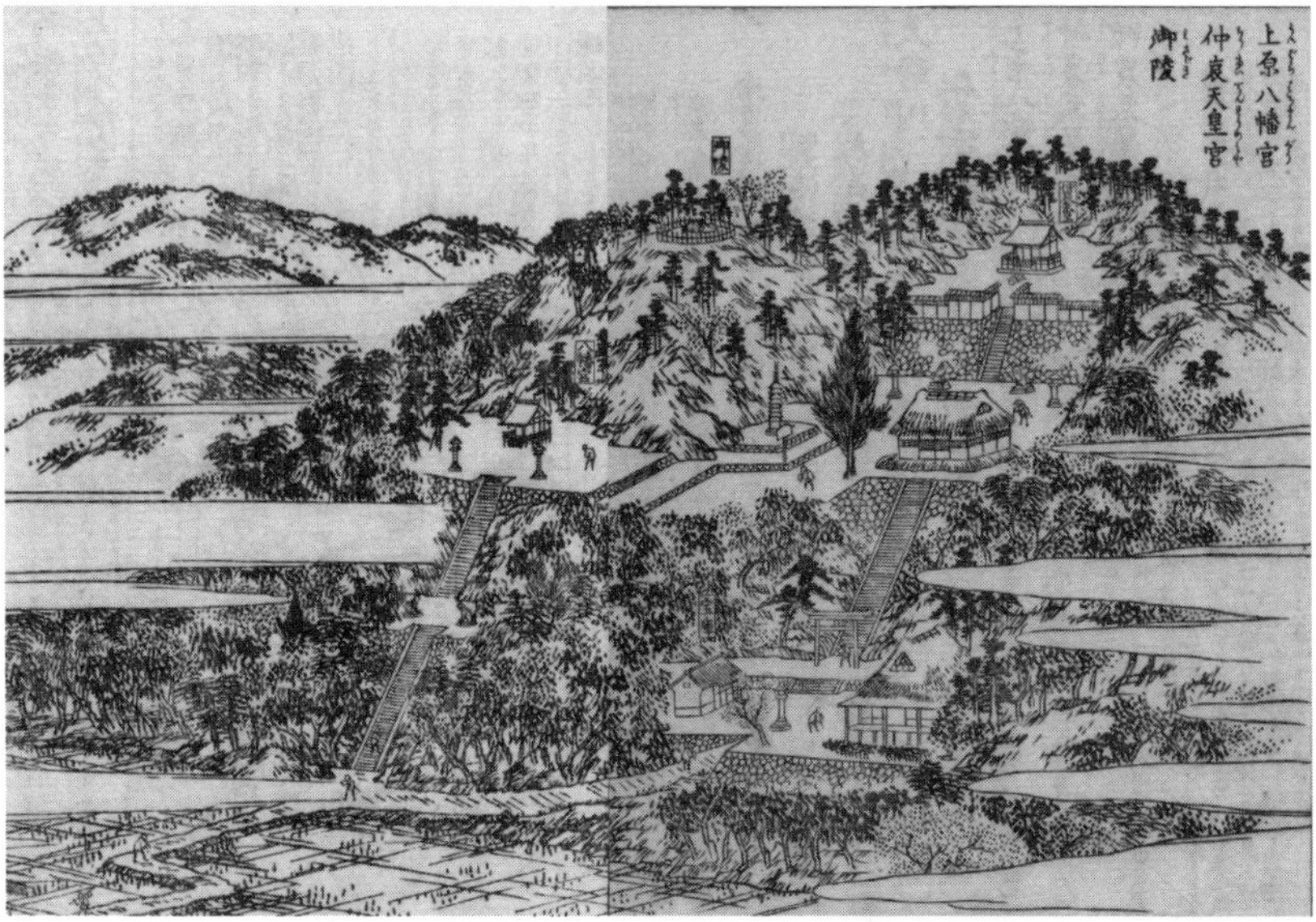

図４　『西国三十三所名所図会』より「上原八幡宮・仲哀天皇宮・御陵」

のであろう。

もっとも、当該地が仲哀天皇陵として明確に否定される理由は、この地が前述したように錦部郡であり、『延喜式』の記載が志紀郡であることである。同じ河内国とはいえ、南端にあたる錦部郡と中央に近い志紀郡とでは距離的に離れすぎている。

（3）　幕末の陵墓探索

幕末になると、前述のように上原の仲哀天皇陵は否定されていった。しかし、宇都宮藩主戸田越前守忠恕の建白によるいわゆる「文久の修陵」においては、否定的見解が大勢を占めている中で、仲哀天皇陵として、この地にも山陵方の巡検が入った。それについては、上原区有文書の中で明治四年（一八七一）五月の「御陵書上帳」に記載がある。

> 右従往古　仲哀天皇御陵与申伝　旧幕府之比折々御見分有之　竹垣可仕様被仰付修補仕罷在、猶去ル文久弐年戌十一月廿六日戸田和三郎様御見分ニ相成　追而御沙汰可相成旨被仰聞　未其儘ニ御座候　右之外　除地伝畑並古老之遺説等無御座候―以下略―

この時の見分は、山陵奉行である宇都宮藩家老戸田忠至ら一行によるものである。彼らは文久二年（一八六二）一一月七日から一ヵ月ほど大和から河内、和泉、摂津を巡検した。その行程で、同年一一月二六日は上ノ太子（現南河内郡太子町）及び観心寺御廟（現河内長野市寺元、観心寺境内後村上天皇陵）を回り、狭山新町（現大阪狭山市）に宿泊していることから、観心寺から狭山新町に向かう途中で立ち寄り見分したようである。(12)

やはり、「文久の修陵」が陵墓の比定・造営の目的であることから、元禄期の山陵探索で陵墓として取り扱った上原の当該地を仲哀天皇陵の比定地候補として見分したのであろう。しかし、見分の結果については村方に「追而御沙汰可相成旨被仰聞、未其儘ニ御座候」と何も沙汰がなかった。そして、元治元年（一八六四）五月から翌年二月にかけて岡ミサンザイ古墳（現藤井寺市）を仲哀天皇陵として修陵している[13]。

つまり、この時点で上原の仲哀天皇陵は公に否定されたことになる[14]（図5）。

第三節　近代の古墳と仲哀天皇宮(社)

(1)　陵墓伝承地と神社

上原の陵墓伝承地は、江戸時代に確認できる資料から見る限り、仲哀天皇宮（社）と八幡宮の神社施設を伴っている。それは、前述の延宝七年（一六七九）の『河内鑑名所記』[15]に状況をみることができる。麓に鳥居、石の階段、階段を上りきったところに拝殿、その奥に本社、本社の左手に八幡宮、さらに奥に鳥居、そして「御廟」が描かれている。本社と記

図5　現仲哀天皇陵

載されているのは仲哀天皇宮であろう。これを見る限り、本社や八幡宮は、仲哀天皇御廟の構成要素ととらえることができる。

これが、元禄期の村明細には氏神として仲哀天皇と神功皇后、五躰竜王を祭神とする仲哀天皇宮、陵そして拝殿・経蔵・石鳥居、石灯籠・層塔・末社八幡宮・蓮池等が記載されている。また、この資料からは、仲哀天皇宮の社殿の修理、拝殿、経蔵、石鳥居、石燈籠の設置などが領主やその家臣によって寛文一〇年（一六七〇）になされたことがわかる。この時期に陵墓伝承地及び神社域が最初に整備されたようである。

この状況は、後に出版された『西国三十三所名所図会』によってもわかる。そして、享保期の『河内鑑名所記』の図では八幡宮前にも石の階段が設置され、図の標題も「上原八幡宮　仲哀天皇宮　御陵」となっている。つまり、末社であった八幡宮が仲哀天皇宮と対等に併記されているのである。

（2）　西山神社と陵墓伝承地

明治維新後の近代神社制度の成立とともに陵墓地よりも神社域が整備され、当地は西山神社となり社格を村社とされた。前述の上原区有文書の明治四年（一八七一）「仲哀天皇御陵書上帳」にも仲哀天皇社と八幡宮、そして陵の記載がある。

元禄期とは違い、八幡宮と仲哀天皇社は同格の取り扱いがなされ、それぞれ独立して記載されている。また、「陵」は左記のように仲哀天皇社と八幡宮の「境内」に位置すると記載されている。

右境内

一　陵　高九間　廻百拾間

内

石塔壱基　高弐尺　文字不分

別紙図面之通

但、左右ニ義宝珠躰之物有リ

十二《（ママ）》重石之塔壱基　高壱丈壱尺、巾弐尺弐寸

木鳥居　高七尺　巾四尺五寸

記載上からみれば、「陵」が神社に取り込まれた感がある。被葬者名をつけず単に「陵」とし、この時点でも延宝期には建てられていた木製鳥居と元禄期には建てられていた層塔が付属していることがわかる。しかし、この時期においては、まだ、西山神社の名称は使用されていない。

西山神社の名称は、上原区有文書にある一八七三年（明治六）二月の「神社取調書上帳」の記載が初見である。そこには「祭神　仲哀天皇」と「末社　八幡宮」、「御陵　壱ヶ所」が記載されている。その後、「明治七年四月五日改ニ成ル　河内国第廿六区錦部郡上原村　産子三ヶ村　戸数百四十一軒」で始まる資料で、はじめて「式外村社　西山神社」の社格(16)が使われている。これらの資料によれば、上原村と隣接する惣作村・野村を氏子区域とする神社である。祭神は仲哀天皇とし、神功皇后、武内宿禰そして明治五年（一八七二）に合祀された須佐之男命が一緒に祀られ、末社として八幡神が祀られている。この時点で、一時「上原八幡宮」と呼ばれていた八幡宮が、末社の扱いになった（ただし、明治七年の資料では摂社となっている）。

（3）境内地と陵墓伝承地

近代神社の敷地は、社寺領上知令[17]による「現在ノ境内」とその他の旧境内地（従前の境内）である境外地に分類される。

西山神社では、一八七四年（明治七）四月の取調絵図で、旧境内九〇〇坪で、境内地一五三坪、境外地七四七坪とし、境内地には陵墓伝承地である「陵地」が含まれている。ところが、一八七六年（明治九）五月に「堺県地租改正掛」に提出した取調書には「旧境内地一町二反二九歩　内訳　現境内五畝拾八歩　境外山林反別壱町壱反五畝拾一歩」とし、この境外地には「弐反八畝　高向王墓有之」とある。一八七四年の「陵地」に相当する「高向王墓」が境内地から外されたのである。このことは、地租改正にともなう同年一一月七日太政官布告第一二〇号による地所名称区別改定による地種によれば、現境内地が官有地第一種であり、境外地は上知となっていることから官有地第三種となる[18]。つまり官有地第一種は「神地　伊勢神宮山陵官国弊社府県社及ヒ民有ニアラサル社地ヲ云」とあり、山陵すなわち陵墓は官有地第一種に区分されることから、地所区別上は当該陵墓伝承地を陵墓として否定している。

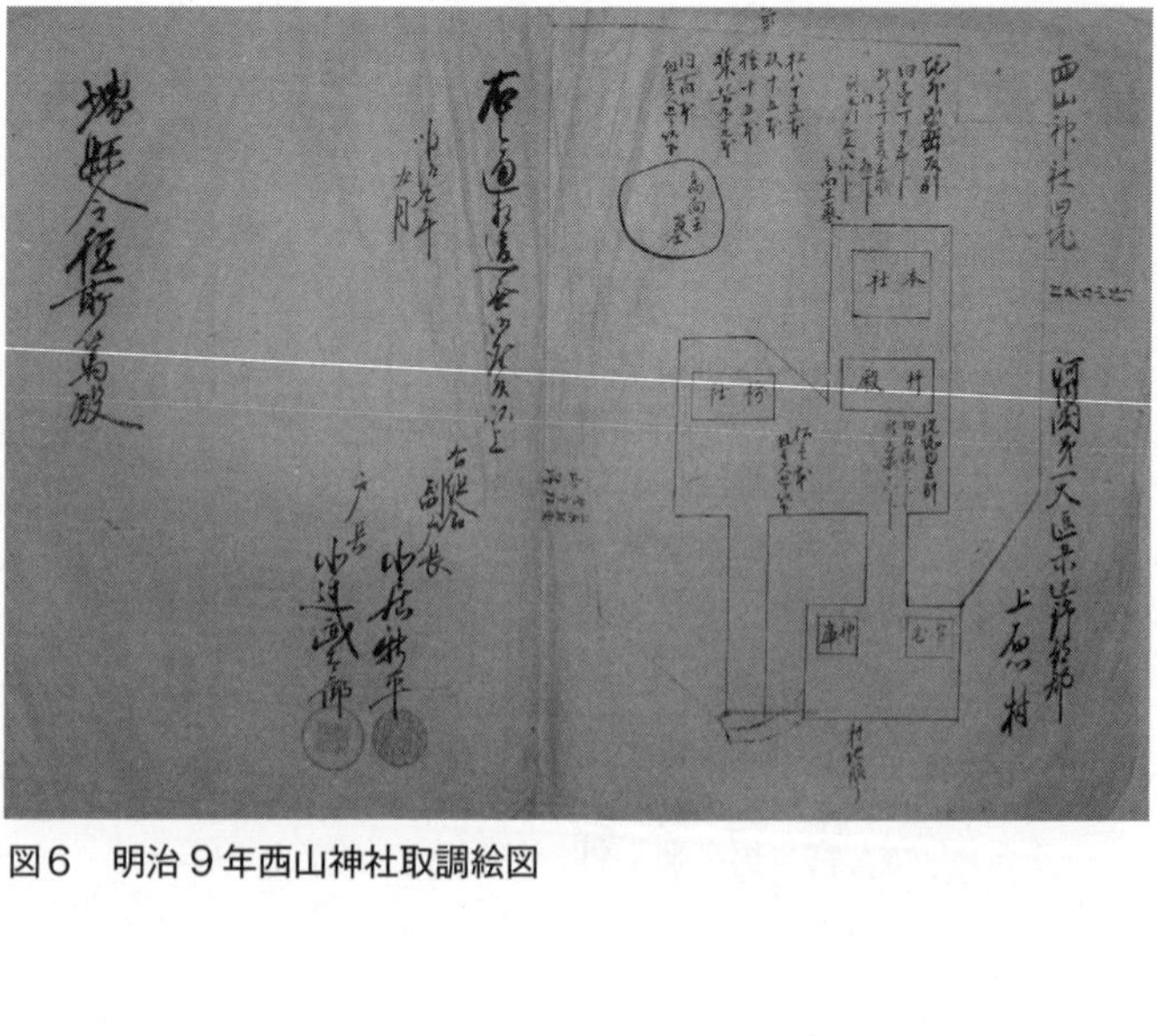

図６　明治９年西山神社取調絵図

そして、一八七九年（明治一二）一二月の『河内国錦部郡上原村西山神社明細帳』では「堺県管下河内国錦部郡上原村字西山　村社　西山神社」について、以下の記載がある。

一　祭神　　仲哀天皇　素戔鳴尊　神功皇后　高良明神
一　由緒　　不詳
一　社殿間数　梁行七尺　桁行八尺四寸
一　境内坪数　百六拾八坪　　官有地
一　境外坪数　三千四百六拾壱坪　同断
　　内
　　八百四拾坪　高向王塚

官有地第一種である境内地と官有地第三種となる境外地とが区分され、境外地に含まれる「高向王墓」は山林と同様の扱いをうけることとなり、後述するように払下げされ[19]売却あるいは開墾される道を開いた（図６）。

（４）高向王墓

江戸時代中期以降からあった陵墓伝承地の「高向王墓」説は、明治期に入り一旦資料上にはあらわれなくなったが、教部省[20]から一八七五年（明治八）一一月二八日付堺県宛の「書面之趣別紙達書之通相心得事[21]」として別紙達書「其県内獅子窟寺以下九ケ所陵墓ノ義、別紙之通相心得事此旨相達候事」に登場する。ここでは、堺県内の九ヵ所の陵墓について陵墓の可否と墓掌及び墓丁の設置について指示している。しかし、そのうち「上原村　高向王墓、田口村　田口氏墓、小倉村　田口氏墓」の三ヵ所は陵墓としては否定していないが、墓掌及び墓丁の設置については不要としている。そして、「地所保有ノ義ハ内務省へ可伺出候事」としていることから、陵墓としては、完全には否定していないが曖昧である。さらに土地の管理についても、地所区別は明確に示されず、内務省と協議するように指示している。しかし、翌一八七六年（明治九）の戸長から堺県令宛の西山神社境内図でも「高向王墓」と図示され、教部省としては陵墓の可否について判断しがたいものとして取り扱っている。つまり、教部省としては陵墓の可否について判断しがたいものとして取り扱っている。そしてこれ以後も、神社取調書類や陵墓取調書類関係に「高向王墓（塚）」が名称として使われた。

この「高向王墓（塚）」あるいは「陵」とされているものに対する調査は、何度か政府により実施された。上原区有文書には、一八七三年（明治六）四月付の堺県令宛「御陵取調書」が残されている。そこでは「仲哀天皇社境内」に「御陵」が所在することが記載されている。その後、一八七八年（明治一一）には宮内省書記官他一名が堺県職員とともに巡拝している。また、一八八〇年（明治一三）一月三〇日付の「西山神社古墳墓」と題した絵図には「高向王塚」と記した陵墓伝承地と鳥居、層塔が描かれ、「堺県橋本三實殿　御改ニ相成候　控」の記載がある。このことは、「高向王塚」として見分けたものと思われる。

つまり、仲哀天皇陵説は否定され前述のように土地区別上は陵墓の取り扱いはなされていないが、「高向王墓」説が残っている限りこの場所が陵墓か否かの判断が定まらない状況が続いていたようである。

（5）合祀と古墳

一九〇六年（明治三九）四月二八日には勅令第九六号「府県社以下神社ノ神饌幣帛料供進ニ関スル件」が、そして同年八月九日勅令二二〇号「神社寺院仏堂合併跡地ノ譲与ニ関スル件」が公布され、神社合併が進められた。神社合併は、神社の国家管理を進めるためのもので、特に大阪府は合祀[22]が強行された地域の一つであり、一九一四年（大正三）には府内約六三%の神社が合祀された。河内長野市内では三四社が一二社[23]となっている。この時、西山神社も合祀対象となり、一九〇八年（明治四一）二月一三日に現河内長野市原町に所在した菅原神社、同古野町に所在した浦野神社とともに、同西代町にある現在の西代神社に合祀された。

祭神が西代神社に合祀となったため、陵墓伝承地と山林、境内跡地が上原に残った。この陵墓伝承地を含む旧神社域のうち、山林と陵墓伝承地合わせて三四六一坪は、一九〇九年（明治四二）一月二三日付で大阪府から売却の許可を得た。これらの土地は上知されていたものを一九〇一年（明治三四）二月に特売を受けたものである。一方、境内地一六八坪は勅令第二二〇号「神社寺院仏堂合併跡地ノ譲与ニ関スル件」のとおり、そのまま一九〇九年（明治四二）一二月一七日付で西代神社に無償譲与された[24]。これらの資産について西代神社は、旧西山神社の建物一切を処分して旧西山神社の負債を処理し、土地を処分して西代神社の資産としようとする。

合祀から四年後の一九一二年（明治四五）二月五日付で、西代神社社掌北居文之祐から大阪府知事犬塚勝太郎宛『古墳墓ニ係ル伺書』[25]が上申された。その内容は、廃社西山神社跡地を一九〇九年（明治四二）一月二三日付で大阪府から許可を得て売却のために登記申請しようとしたが、境外地に古墳状のものがある、これについて口碑伝説を調べたが漠然としているとのことである。

西神乙第壱号

古墳墓ニ係ル伺書

大坂府南河内郡長野町大字上原村元村社西山神社ハ明治四十一年二月十三日大坂府指令社甲二〇三號ヲ以テ仝町大字西代村社西代神社ニ合祀ノ御許可ヲ得候ニ就テハ右廃社西山神社跡地ハ明治四十二年一月二十三日大坂府指令第一四一四号ヲ以テ売却ノ許可ヲ得候ニ付仝地所ヲ売却ノ登記申請ヲナサントスルニ当リ更ニ該地所ヲ検分仕リ候処其境外地ニ形古墳ニ似タル所有之候ニ付地方老年者ノ口碑伝説其他ニ付取調候処別紙調

書之通リニ御座候得共何レモ甚ダ漠然タルモノニシテ確カナル根拠モ無之様相信シ申候ニ付、売却開墾等差支ヘ無之候哉至急何分ノ御指令相仰ギ申度、此段及御伺候也

明治四十五年弐月五日
大阪府南河内郡長野町
村社西代神社々掌
北居文之祐

大阪府知事　犬塚勝太郎殿

伺書には「元西山神社境外地古墳墓ニ係ル調書」が添付されており、従来から地域に残されている村方文書や地誌類などに記載されている仲哀天皇陵墓や高向王墓説が列挙されている。

第四節　古墳保存行政手続き

（1）法令の発布

では、なぜ西代神社がこの古墳の存在について大阪府に照会をかけたのであろうか。それは『現行　神社法規』[26]にもあげられている古墳保存に関する法令によるものである。一八七四年（明治七）太政官達第五九号「古墳地発掘ノ禁止ニ関スル件」[27]、さらに一八八〇年（明治一三）一一月一五日に宮内省達乙第三号「人民私有地内古墳等発見ノ節届出方」が発布された。そして一九〇一年（明治三四）に内務省警保局長から庁府県長官宛「古墳

発掘手続ノ件依命通牒」[28]が出され、太政官達第五九号や宮内省達乙第三号の遵守を履行するように、内務省の地方行政、警察行政の面から指導している。

また、この処分手続きが行われている一九一三年（大正二）四月二一日に内務省は、内務省令第六号[29]「官国幣社以下神社ノ祭神、神社名、社格、明細帳、境内、創立、移転、廃合、参拝、寄付金、神札等ニ関スル件」を制定している。この第一四条の以下の条文中に境内地内の古墳及び伝承地の取り扱いが定められている。

第十四条　境内地ニシテ古墳若ハ其ノ伝説又ハ特別ノ由緒アル地域ハ地方長官ノ許可ヲ受クルニ非サレハ之ヲ発掘スルコトヲ得ス地方長官ニ於テ之ヲ許可セムトスルトキハ官国幣社境内ニ付テハ内務大臣ニ稟請スヘシ

省令では、境内地の古墳及び伝承地の発掘については許可制としている。

（2）　陵墓伝承地の処分手続き

この政府の施策の中で、神社が陵墓伝承のある「古墳ニ似タル所」を売却処分あるいは開墾することに対して慎重にならざるをえないのは当然である。そのため西代神社は、売却・開墾どちらを行うにしろ、「仲哀天皇陵」、「高向王墓」にかかわらず陵墓との関係の明確化を関係官庁に上申[30]したのである。

大阪府に提出された一九一二年（明治四五）二月五日付の伺書は、その一〇ヵ月後の一九一二年（大正元）一二月一七日付で宮内大臣宛に上申された。その間、西代神社は回答がないため、同年一二月一六日付で「至急何分之御指令」をと『御伺書』を再度提出している。この文書の大阪府による受付は宮内大臣への上申日の翌日一二月一八日付となっている。大阪府はさらに一二月二〇日付で南河内郡長に対し「古墳墓ニ関スル件」として、西代神社に対し「目下其筋へ照会中」と回答するよう指示している。しかし、結局、宮内大臣からの指令はすぐには届かなかった。

回答が示されたのは、二年後の一九一四年（大正三）になってからである。

大正元年十二月十七日附庶甲第一五〇号ヲ以テ南河内郡長野町大字上原元村社西山神社境外古墳墓ノ伝説アル地所売却若クハ開墾セシムルモ差支無之哉指示相仰度旨当省大臣へ上申相成候処右処分ニ関シテハ当省ヨリ指示スヘキ限リニ無之候得共同地ハ御陵墓ノ関係ヲ認メス候ニ付右様御承知ノ上可然御取計可相成大臣ノ命ニ依リ此段申進候也

大正三年四月十五日

諸陵頭理学博士山口鋭之助

この回答文書によれば、この古墳墓の伝説ある地は「陵墓ノ関係ヲ認メス」と判断され、当該地は開墾することが可能になったのである。

古墳の不時発見などの対応については、一九一五年（大正四）一月一九日に南河内郡役所から大阪府内務部長宛の報告で、同じ長野町高向でミカン畑開墾中に古墳が発見された例[31]がある。この場合、宮内大臣宛に「古墳ニ関スル件」として「石蓋ガ露出」したとの報告が行われている。この場合の事務処理は早く、同年二月一七日には宮内大臣宛の報告がなされ、翌三月二四日には宮内省からの指令が出ている。この指令は宮内省名で「古墳ト認ム但シ陵墓ノ徴証ヲ認メス」と判断されている。

（3）陵墓・非陵墓・未選別古墳

以上のように、明治期における古墳保存は、陵墓行政によるものである。陵墓行政上すべての古墳は、陵墓か「陵墓ト認メス」とされた非陵墓古墳に選別される。しかし、「太政官達第五九号」「宮内省達乙第三号」の通達があるように、陵墓行政では現実的に、すべての古墳を調査し選別するのは不可能である。結局、通達を遵守した地方庁からの個々の届出によって順次古墳を選別していく方法しかないのであった。

しかし、政府は天皇陵だけではなく、一八七一年（明治四）四月二四日太政官布告で「后妃　皇子　皇女等御陵墓」の取り調べを府藩県に命じた。また一八七八年（明治一一）一〇月九日「二世親王内親王御墓取締方措置」が出されている。さらには一八八一年（明治一四）一月九日宮内省達乙第一号では府県に対し「古来諸王ニテ奉祀ノ子孫無之方々ノ墳墓」の取り調べが命じられた。このように、選別すべき陵墓の対象が無限に広がっていった。

結局、全国にある古墳は陵墓、非陵墓古墳、まだ調査も選別もされていない未選別古墳に大別され、その中でも未選別古墳が大部分を占めることになる。その未選別古墳から大日本帝国憲法発布までに治定された全天皇陵（後に南朝長慶天皇の在位が認められ陵墓が決定されるが[32]）を除く、皇后以下の陵墓を選別しなければならなかった。

このような背景の中で、近代神社が、近代天皇制国家の中で国家祭祀を掌るものとして位置づけられ、皇祖の神霊、国家の功臣を祀るべきものであることから、陵墓伝承、古墳伝承地の取り扱いに慎重にならざるをえなかったと考えられる。

このことから、西代神社もまた、元西山神社跡地について売却あるいは開墾しようとして、陵墓伝承地の取り扱いに苦慮したのである。

まとめ

江戸時代、延宝期から元禄期に幕府によって仲哀天皇陵とされた場所は、享保期頃から仲哀天皇陵説が否定され、替わって高向王墓説が浮上してきた。そして、「文久の修陵」において、仲哀天皇陵は岡ミサンザイ古墳に治定され、上原村の仲哀天皇陵は公式に否定された。一方、当該地の構成要素であった仲哀天皇を祀った社や八幡宮は、元禄期以降氏神として整備され、それぞれが信仰対象となっていく。

明治維新後は、近代神社制度が整備されていく中で、西山神社の名称がつけられ、その境内地内にある被葬者が不明な「陵」あるいは「高向王墓」として認識される。しかし社寺上知と地租改正により、この「陵」あるいは「高向王墓」は、周囲の山林とともに一括されて境外地として上知処分された。その後、この土地は神社に払い下げられた。そして西山神社も合祀されたことにより、当該地は神社跡地となり、「陵」あるいは「高向王墓」とされた場所は「古墳ニ似タル所」と位置づけられるに至った。

このような変遷を経た場所が、売却あるいは開墾などの処分が予定されることになり、そこに陵墓行政による判断と許可が必要となる。それは、古墳か古墳でないかという判断よりも陵墓であるか否かの判断である。もちろん仲哀天皇陵ではないのだが、高向王墓説など他の被葬者の陵墓である可能性は残されていたからである。結果として、最終的には宮内省から非陵墓と認定されたことで、行政手続き上この土地を処分することが可能になった。

古墳の保存は、一九一九年（大正八）の「史蹟名勝天然紀念物保存法」の制定により史蹟指定という新たな保存施策が実施されるまで、陵墓に関係するか否かによって大きく変わった。つまり、陵墓治定を取消しあるいは改定された一部の古墳を除いて、非陵墓古墳とされた古墳には行政上保存措置がとられることはなかった。
この一連の経緯は、近代天皇制国家成立過程の中で行われた神社制度や社寺上知令など行財政制度により、近世以来地域で守り伝えられてきたものが崩壊する過程でもあった。

註

（1）『河内長野市史　第八巻　史料編五』（河内長野市、一九八一年）。
（2）井上正雄『大阪府全志』（大阪府全志発行所、一九二二年）。
（3）記録によっては一二層と記録されているが一三層の層塔と考えられる。
（4）三田浄久『河内鑑名所記』延宝七年（一六七九）。
（5）松下見林、寛永一四年（一六三七）～元禄一六年（一七〇三）。
（6）細井広沢、諱が知慎、万治元年（一六五八）～享保二〇年（一七三五）。
（7）茂木雅博「江戸時代の天皇陵」（『日本史の中の古代天皇陵』慶友社、二〇〇二年）。
（8）『諸陵周垣成就記』元禄一一年（一六九八）。
（9）関祖衡、並河永『日本輿地通志畿内部』享保二〇年（一七三五）。
（10）暁鐘成『西国三十三所名所図会』嘉永六年（一八五三）。
（11）「天野。横山。錦織。石川・葛城。音穂。高向。華林。二上山等一」（『住吉大社神代記』住吉大社蔵）。
（12）「御廟山一条古記等手控書（二）」（『羽曳野市史　第五巻　史料編三』羽曳野市、一九八三年）。
（13）外池昇「村落と陵墓」（『幕末・明治期の陵墓』吉川弘文館、一九九七年）。
（14）『陵墓録』（国立公文書館蔵）によれば、河内国丹南郡岡村所在仲哀天皇恵我長野西陵の治定日は維新前と記されている。
（15）註（4）に同じ。
（16）太政官達、郷社定則、明治四年（一八七一）七月四日。（『神社法令輯覧』内務省神社局、一九二五年〈大正一四〉

国立国会図書館蔵）。

(17) 太政官布告第四号、明治四年（一八七一）正月五日。

(18) 大竹秀男「近代土地所有権の形成」（『日本近代化の研究　上』東京大学出版会、一九七二年）。

(19) 一九〇一年（明治三四）四月、西山神社が上知林の特売を受ける。「河内長野市内所在」（抜粋複写版『大阪府神社財産調明細』一八七九年〈明治一二〉）。「国有林土地森林原野下戻法」法律第九九号、一八九九年（明治三二）四月一七日。

(20) 「教部省諸陵事務ヲ掌ル」（『太政類典』国立公文書館蔵）。

(21) 山中永之佑「堺県公文録（四）」（『堺研究　第八号』堺市立中央図書館、一九八二年）。

(22) 「神社合併整理ニ関スル件」（大阪府訓令第二四号、大阪府公報号外、一九〇七年〈明治四〇〉一一月六日）。

(23) 籠谷次郎「明治後期の教育と文化」（『河内長野市史第三巻、本文編近現代』二〇〇四年）。

(24) 「河内長野市内所在」（抜粋複写版『大阪府神社財産調明細』一八七九年〈明治一二〉）。

(25) 第一一号古墳墓ニ係ル伺書」（『陵墓関係大阪府庁文書七　御陵墓願伺申』宮内庁公文書館蔵）

(26) 皇典講究所編纂『現行　神社法規』（皇典講究所、一九〇七年）。

(27) 太政官達第五九号「古墳地発掘ノ禁止ニ関スル件」（一八七四年〈明治七〉四月二七日『公文録』国立公文書館蔵）。

(28) 内甲第一七号、一九〇一年（明治三四）五月三日、内務省総務局地理課長大谷靖、内務省警保局長田中貴道、庁府県長官宛。

(29) 「官国幣社以下神社ノ祭神、神社名、社格、明細帳、境内、創立、移転、廃合、参拝、寄付金、神札等ニ関スル件」（内務省令第六号、一九一三年〈大正二〉四月二一日）。この省令は全六章四八条からなり、第一四条は第二章境内の規定である。

(30) 以下に引用する文書は、註(25)に同じ。

(31) 「第二六号古墳墓ニ関スル件報告」（『陵墓関係　大阪府庁文書七　御陵墓願伺届』宮内庁宮内公文書館蔵）。

(32) 一九二六年（大正一五）一〇月二一日に皇統加列の詔書、一九四四年（昭和一九）二月一一日嵯峨東陵を決定。

第四章　淡輪古墳群に対する保存施策

はじめに

現在、古墳は考古学資料としてだけでなく、行政的には文化財という国民の財産であり、文化財保護法や地方自治体条例で指定史蹟など記念物として、あるいは埋蔵文化財として保存措置がとられている。一方で陵墓については皇室の私的財産として宮内庁の管轄下において「文化財と違う次元の、御霊のやどる聖域」(高木、二〇〇六)として行政的措置がとられているのが現状である。

しかし、近代における古墳に対する行政措置は、前代から続く陵墓の治定作業に端を発するものであった。近代天皇制国家体制確立の根本に関わる歴代陵墓の調査、治定と整備、祭祀などを行う陵墓行政の中で、古墳保存がなされた。その理由は、古墳が考古学の研究対象でも現代でいう文化遺産としての文化財でもなく、天皇家を含む遠祖の墓として存在したからである。

近代における行政制度の中での古墳は、陵墓に治定された陵墓古墳(陵墓参考地を含める)と、それ以外の古墳とに分けられた。陵墓古墳以外は宮内省から「陵墓ノ徴証ヲ認メス」と判断された非陵墓古墳、どちらとも判断されていない未選別古墳とに分けられていた。近代の古墳保存行政に一貫して流れるのは、この未選別古墳の中に未定陵墓が含まれている可能性があるという認識である。このことから古墳を保存するために行政措置をとる必要があると判断された。

本章では、この古墳の国家的管理を進める陵墓行政・史蹟行政の実態を、「五十瓊敷入彦命宇度墓」として陵墓に治定された淡輪ニサンザイ古墳、国史蹟の西陵古墳、大阪府より史蹟の仮指定を受けた西小山古墳で構成される大阪府泉南郡岬町に所在する淡輪古墳群をモデルとして明らかにする。国家制度とそれにより進められた地方に対する古墳保存行政が、地域の中で伝承・顕彰されていた古墳を、天皇制イデオロギーと結びつけることにより国家施策の中に組み込んでいく、あるいはそれに結びつかないものは行政がうち捨てていくという論を展開する。

第一節　考古学資料としての淡輪古墳群

（1）位　置

本章でモデルとしてとりあげる淡輪古墳群は、大阪府の南西端に位置する泉南郡岬町に所在する。岬町は北を大阪湾、南、西を和歌山県に接し、古来海上・陸上の交通の要衝となっていた。町内の八〇％は山林地帯であるが、和泉山脈を源とする小河川が北流し、わずかに河川扇状地を河口付近に形成している。この小河川の一つ、番川によって開けた狭小な平地に、三基の古墳を中心とする古墳時代中期の淡輪古墳群が築造されている（図1）。

（2）　考古学資料としての各古墳

①淡輪ニサンザイ古墳（五十瓊敷入彦命宇度墓）（図2）

番川右岸の段丘上に位置し、現在は宮内庁が、景行天皇の子五十瓊敷入彦命の陵墓「宇度墓」として管理している。考古学的には淡輪ニサンザイ古墳という古墳名で呼ばれているものである[1]。

墳丘は、全長一七二メートルの大型の前方後円墳で、後円部径一一〇メートルで高さ約一三メートル、前方部幅約一二〇メートルで高さ約一二メートルを図り、馬蹄形の周濠を有する。墳丘は三段築成で両くびれ部には方

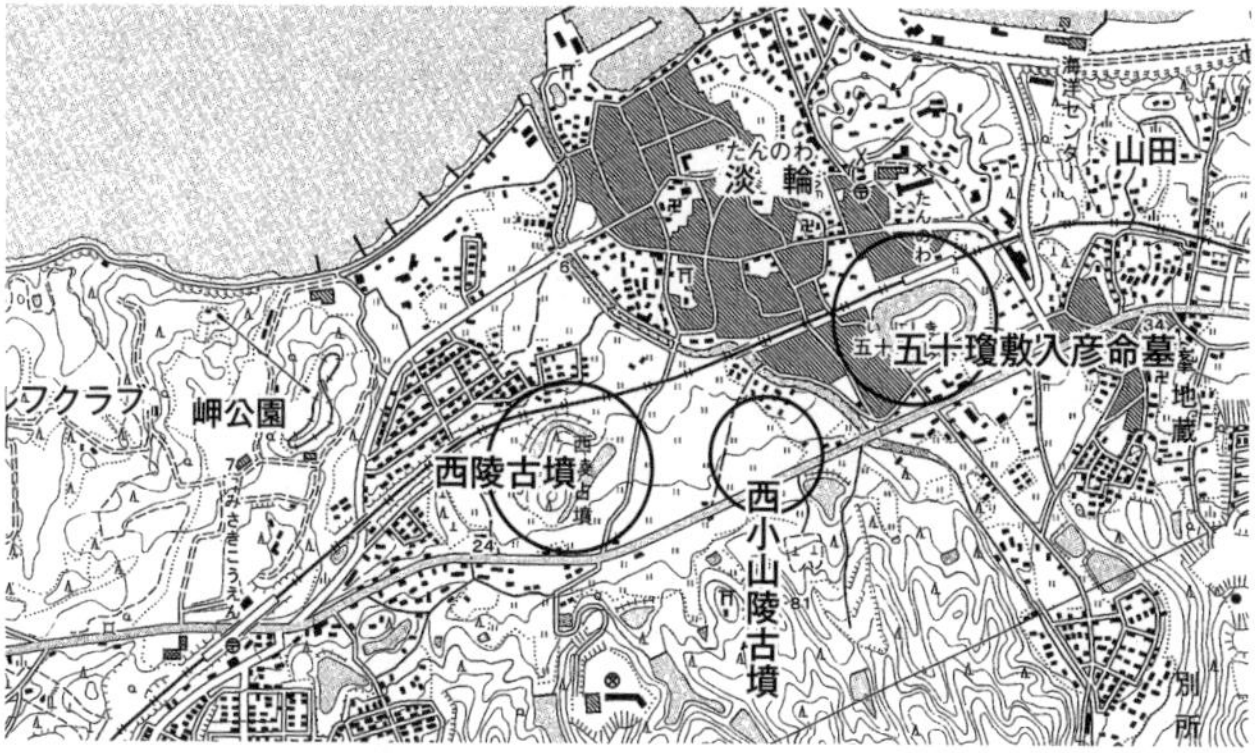

図１　淡輪古墳群の位置

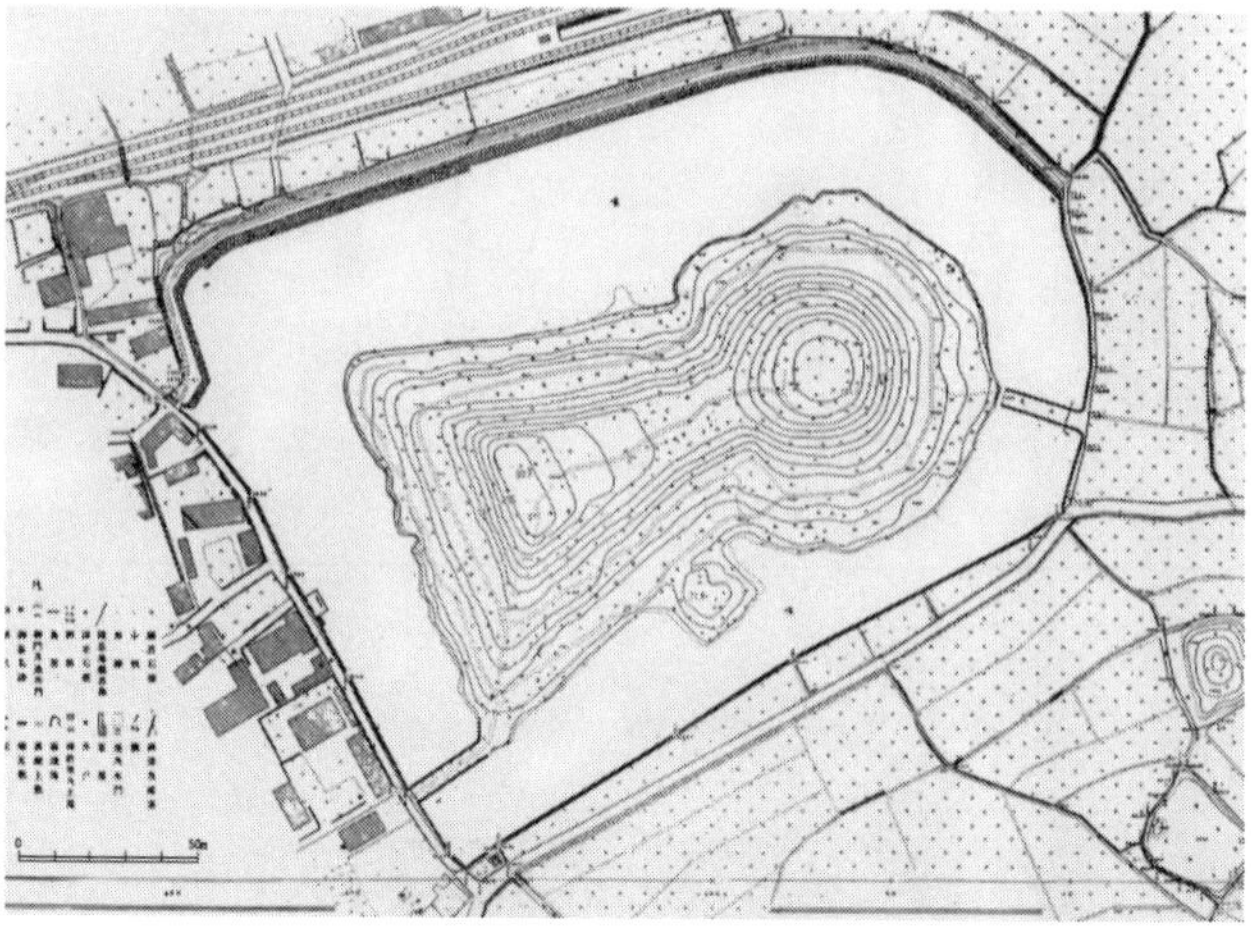

図２　淡輪ニサンザイ古墳実測図

形の造り出しがつく。宮内庁の管理であることから葺石や埴輪などの外部施設のデータは不明である。また、主体部の構造や副葬品なども判明していない。時期的には古墳時代中期であるが、一九八四年（昭和五九）宮内庁の整備工事で埴輪が出土しており、出土した円筒埴輪片の研究（川西、一九七七・一九七八）から五世紀中葉～後半の築造年代が考えられている。また、東北側の後円部周囲には六基（元は七基）の円墳または方墳があり、陪塚と考えられている。

②西陵古墳（図3）

淡輪ニサンザイ古墳とは番川を挟んで西約六〇〇メートルの左岸に位置し、一九二二年（大正一一）三月九日に史蹟指定されている。墳丘は全長約二一〇メートル、後円部径約一一五メートル、前方部幅約一〇〇メートルの前方後円墳である。墳丘は三段築成で西側くびれ部には方形の造り出しがつく。このような墳丘長が二〇〇メートルを越える巨大前方後円墳は、全国で三五基しかなく、西陵古墳の大きさがわかる。

古墳の調査は、一九二〇年（大正九）の梅原末治[2]による調査を嚆矢とする。この時は、外形調査と露呈していた長持形石棺の蓋について調べられた。この後、一九七六年（昭和五一）、一九七七年（昭和五二）、一九八〇年（昭

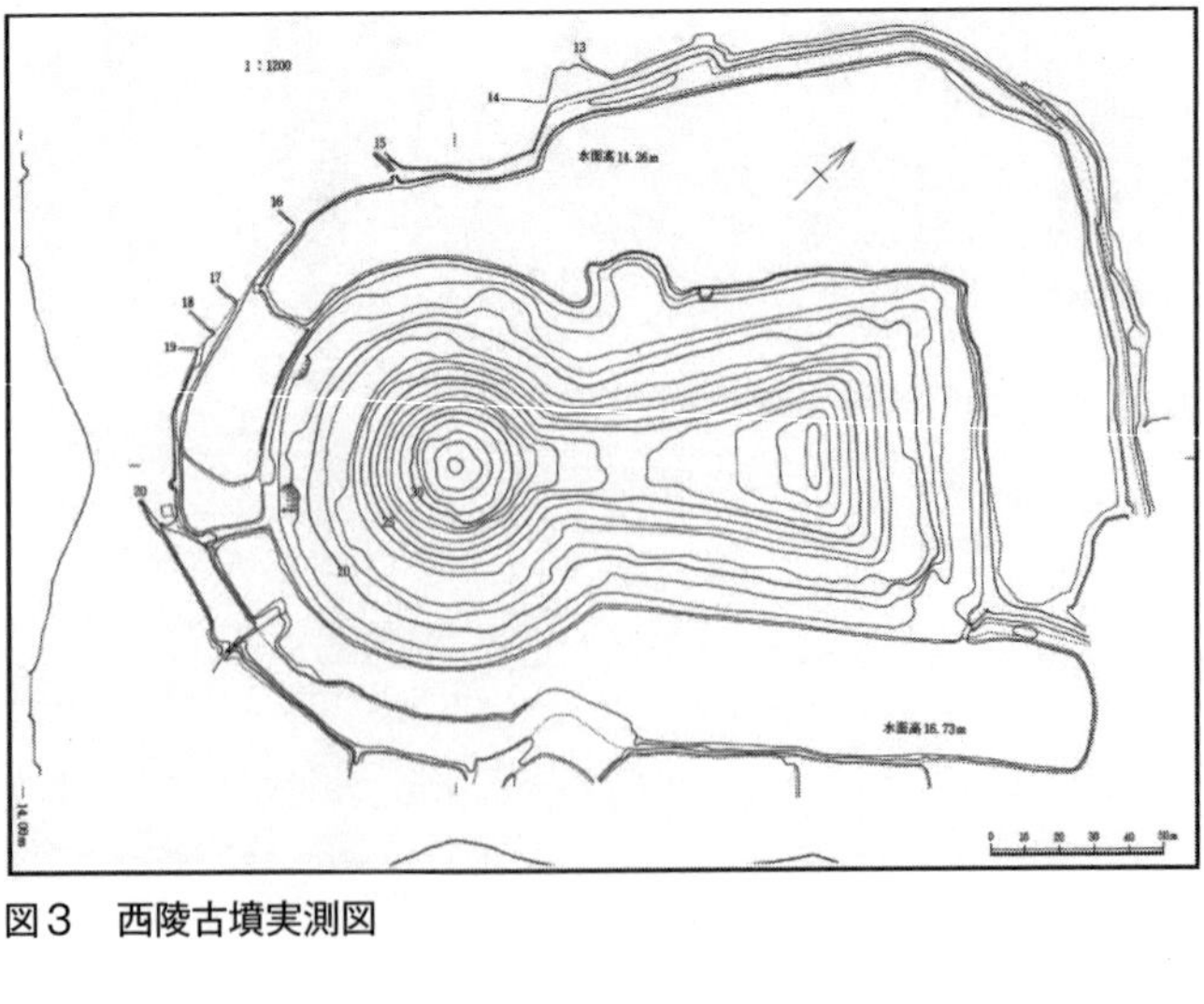

図3　西陵古墳実測図

和五五）に周濠の外堤の調査が実施され、墳丘外部施設としては葺石や埴輪が確認されている。

③西小山古墳（図4）

当古墳は、西陵古墳と淡輪ニサンザイ古墳との中間に位置し、それぞれの古墳からは約三〇〇メートルを測る。現況は墳丘が削平されており、現地表面より約二・五メートル残存しているだけである。当古墳については一九三〇年（昭和五）の調査[3]で主体部や副葬品の状況が判明している。また一九八〇年（昭和五五）に実施された調査[4]で墳形と外部施設の状況が判明し葺石と埴輪列が確認され、円墳の墳丘に造り出し部が付くことも発見された。

以上のことから、墳丘は二段築成の直径約五〇メートル、高さは復元で周濠底から約七メートルの円墳で周囲に濠が存在したと推定される。主体部は長さ約三・四メートルの礫床をもつ竪穴式石室で、主軸は東西軸であった。これら三基の中期古墳のうち、前方後円墳である全長約二一〇メートルの西陵古墳、全長一七二メートルの淡輪ニサンザイ古墳は、その規模において北に位置する古市古墳群や百舌鳥古墳群の大王級古墳に準じるものである。そして、もう一つの西小山古墳も大型円墳であり、後述のように埋葬施設や出土した副葬品

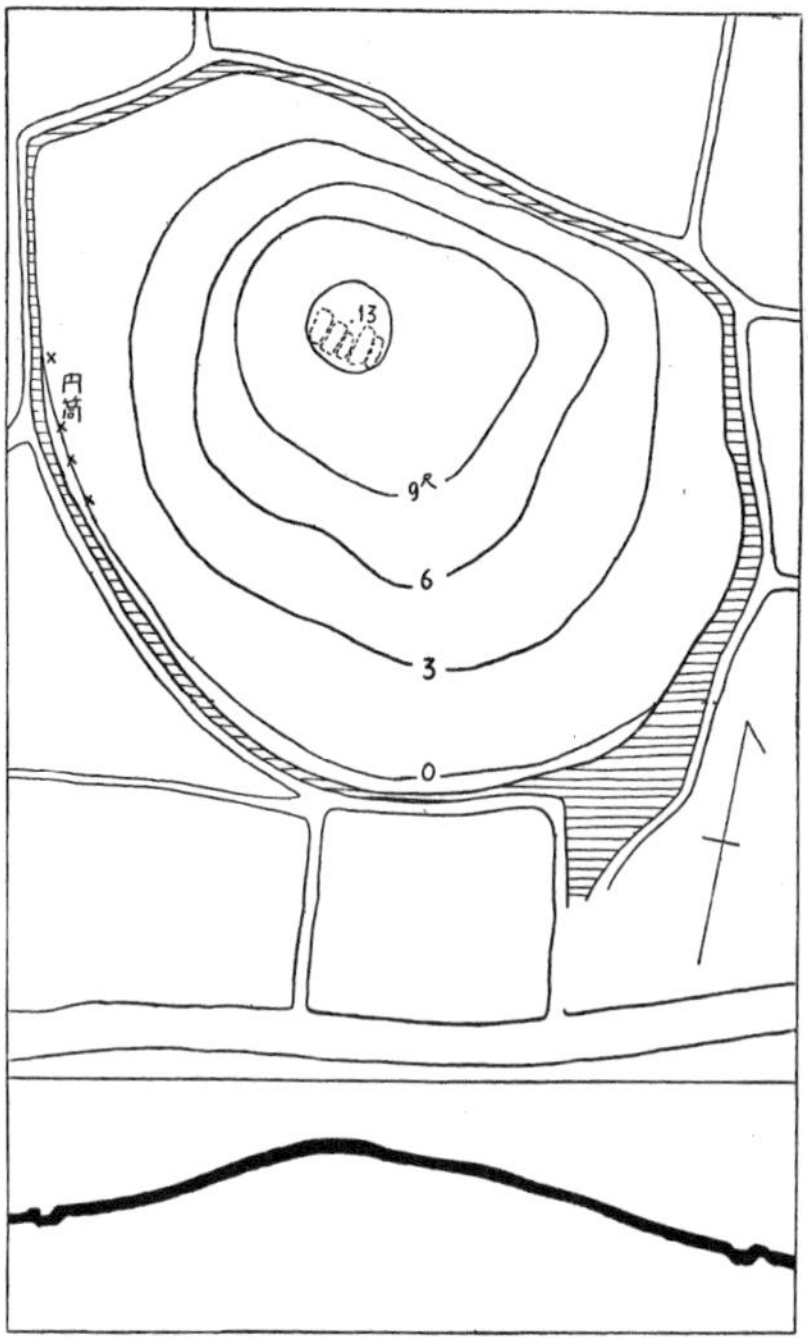

図4　西小山古墳実測図

から見ても泉南地域にあっては唯一のものである。

④古墳群の特徴

これらの古墳群は、時期的には中期にあって西陵古墳→淡輪ニサンザイ古墳・西小山古墳の順で築造されているようである。

この古墳群は、泉南地域西南端の平野部が少ない淡輪地域の大阪湾を望む場所に築造されており、海上交通を把握する勢力のものであると考えられる。また、西陵古墳出土の埴輪の技法が南側の和歌山県車駕之古址古墳出土埴輪にもみられる。そして西小山古墳からは陶質土器が出土し、後述するが淡輪ニサンザイ古墳の被葬者を半島で没した紀小弓宿禰とする伝承がある。このような状況から築造勢力については、朝鮮半島と関係の深い南側の紀ノ川下流域勢力の紀臣氏との関係が考えられている。

第二節　古記録に表れる淡輪古墳群

（1）「宇度墓」の位置

現在、宮内省は「宇度墓」として淡輪ニサンザイ古墳を治定している。しかし、この「宇度墓」の位置については諸説があり、後述するように宮内省も場所を再治定している。

「宇度墓」の被葬者である五十瓊敷入彦命の伝承記事は、『古事記』『日本書紀』の中にみられる。また、『延喜式諸陵寮』(5)には「宇度墓　五十瓊敷入彦命　在和泉国日根郡　兆域東西三町　南北三町　守戸ニ烟」の記載がある。このことから、「宇度墓」は和泉国日根郡（現大阪府）に所在すると理解されるようになった。しかし、一概に和泉国日根郡といっても、その領域は広く、現在の行政区画でいえば二市一町にまたがり、その中で所在地を治定しなければならなかった。

所在地については、江戸時代の地誌類をみてみると、元禄一三年（一七〇〇）の『泉州志』(6)で次のように記載されている。

宇度墓　同所

今謂玉田山山上有小社墓前田地字宇度口延喜諸陵式曰宇度墓五十瓊敷入彦命在和泉国日根郡兆域東西三町南北三町守戸ニ

一方、享保二一年（一七三六）の『五畿内志』(7)でも次のように記載されている。

宇度墓　五十瓊敷入彦命兆域東西三町南北三町　在自然田村東宇度川上玉田山土人建小祠于墓上―後略―

さらに寛政七年（一七九五）の『和泉名所図会』(8)でも、

宇度墓　同所（菟砥河上宮旧蹟）にあり。今、玉田山といふ。山上に小社あり。墓前を宇度口と字す。〔延喜所陵式〕に曰、―後略―

「宇度墓」は元禄一三年（一七〇〇）の『泉州志』以来、玉田山の山上にあるというのが近世における地域の通説であることがわかる。しかし、この地誌類に記載されている所在地は、現在陵墓として宮内庁が管理している淡輪古墳群の淡輪ニサンザイ古墳の位置とは矛盾している。その現在地は岬町淡輪であるが、『泉州志』『五畿内志』の示す場所は、岬町に隣接する阪南市自然田にある玉田山である。

（2）淡輪古墳群の被葬者伝承

では、淡輪古墳群の淡輪ニサンザイ古墳、西陵古墳、西小山古墳について近世の地誌類ではどのように記載されているのであろうか。「宇度墓」と同様に『泉州志』『五畿内志』『和泉名所図会』などに記載されている日根郡あるいは淡輪村の項をみると、該当すると思われる墳墓の記載がある。

『泉州志』では、次のような記載がある。

旧墓　在淡輪村
当村西南有一箇旧墓又東南有一箇各方可一町池貯水俗曰之陵
余按一箇紀船守墓也此村有紀船守社又一箇紀小弓宿禰墓歟

この記載では、二ヵ所の古墳を示しており、位置関係がやや不自然であるが周濠の存在などから西陵古墳と淡輪ニサンザイ古墳を示している。そして、その被葬者を紀船守と紀小弓宿禰であるかと推測している。

次に『五畿内志』では以下のように記載されている。

紀小弓宿禰墓　在淡輪村東墓畔小塚七　―後略―
上道大海墓　在淡輪村南俗稱　小陵紀小弓妻也
紀船守墓　在淡輪村西墓畔有小塚二

ここでいう紀小弓宿禰の墓は「墓畦小塚七」の記載から淡輪ニサンザイ古墳に該当する。

また、紀船守墓は「墓畔有小塚二」の記述から西陵古墳に該当すると思われる。では、今回初出の上道大海墓は、どの古墳を示すのであろうか。やはり記載されている順序また方位からいっても、これは西小山古墳を示していると考えるのが妥当であろう。

また『和泉名所図会』では日根郡の項に、次のようにある。

小弓宿禰墓　淡輪村の東南にあり。封境、方一町許。周池に水を湛ふ。土人、これを陵といふ。

上道大海墓　同村の西南にあり。小弓宿禰の妻なり。封境、右と同し。土人、これを小陵といふ。

［日本記］云、―後略―

紀舩守墓　淡輪村の西にあり。墓畦に小塚二つあり。舩守は雄人の子也。

この記載でも、小弓宿禰墓は周濠をもつ墓であり、位置関係から推測すると淡輪ニサンザイ古墳を示している。ただ問題は、古墳の規模を示す方一町が実際の規模からいうと小さいと思われる。紀舩守墓は、陪塚を表していると思われる「墓畦に小塚二」の記載から西陵古墳を示している。上道大海墓は『泉州志』と同様に西小山古墳が該当する。

この地誌類以外にも、貝原益軒の紀行文『南遊紀事』にも記載があり、元禄二年（一六八九）二月一四日に和泉から紀伊に向かう途中の「淡輪」の項に古墳の記事がある。

淡輪箱造より、壱里半許。淡輪六郎兵衛宅跡有。周りに堀有。其内、方壱町許有。淡輪より半り許行て、道の左の山に真鍋五郎右衛門と云士の墓有。此辺の地士也と云。いつの比の人と云事をしらず。其のさきに大なる塚あり。誰人の墓と云事をしらず。周りに堀をほる、恰も天子の陵の如し。延喜式諸陵式に、「宇度ノ墓五十瓊敷入彦ノ命在和泉国日根郡」とあり。恐らくは此墓ならん。

記事の内容をみると、「大なる塚」が淡輪ニサンザイ古墳を示している。その内容で特筆すべきは、地誌類で淡輪ニサンザイ古墳が紀小弓宿禰墓としているのに、『南遊紀事』では、現在の陵墓と同じ「宇度墓」の可能性を示唆していることである。

『南遊紀事』以外は「宇度墓」を玉田山に、淡輪ニサンザイ古墳を紀小弓宿禰墓、西陵古墳を紀船守墓、そして西小山古墳を上道大海墓としている。つまり、江戸時代において「宇度墓」は淡輪村にあった淡輪ニサンザイ古墳ではなく、自然田村にあった玉田山と認識されていたことがわかる。また、淡輪古墳群の被葬者については『日本書紀』雄略天皇九年春夏五月の条に紀小弓宿禰が朝鮮半島で病死したため妻の采女大海が屍を運び、天皇の命により「作冢墓於田身輪邑而葬之也」とある。この塚が造られた「田身輪邑」が現在の「淡輪」に比定されていることから、これらの三古墳の被葬者が紀氏との関係から説明されているようである。

第三節　「宇度墓」の治定と取り消し

（1）玉田山の「宇度墓」決定と取り消し

①玉田山「宇度墓」の治定

前に示したように「宇度墓」の位置については、『南遊紀事』を除き江戸時代の地誌類は現阪南市自然田に所在する玉田山に比定している。それが地域における近世からの通説であり、近代に入ってもその説が受け継がれていたことが、久米雅雄の論考（阪南町教育委員会、一九八二）や歴史館いずみさのの図録解説からもわかる。(9)

それによれば、地誌類以外に現在の玉田山山上にある天保四年（一八三三）の玉田山碑文の内容や、自然田の旧家南家に残されている元禄七年（一六九四）、文化元年（一八〇四）の絵図に「玉田天王」、天保八年（一八三七）の絵図に記された「玉田天皇」の文字などからも、地域では玉田山を「宇度墓」と想定しているということがわかる。(10)同じく南家所蔵の一八七二年（明治五）二月から一八七四年（明治七）一月二二日までの間に描かれた絵図には、「玉田社　宇度墓　但シ延喜諸陵式ニモ有之候」と記載されており、この時点でも玉田山が「宇度墓」とされている。

陵墓の治定時期について一覧で知りえる資料は、国立公文書館及び宮内庁宮内公文書館に所蔵されている『陵墓録』(11)である。この『陵墓録』に最初に注目したのは今井尭で、「明治元年から一八八一年（明治一四）に至る、全陵墓の決定期を知り得、部分的には一八八三年までの決定年月日を知ることが出来る資料」（今井、一九七七）として紹介している。また、『陵墓府県帳』(12)でも決定年月日を知ることができる。この『陵墓録』や『陵墓府県帳』にはすでに玉田山「宇度墓」は記されず、淡輪ニサンザイ古墳が「宇度墓」として治定日とともに記載されている。

しかし、最近の宮内庁の情報公開により、宮内庁宮内公文書館の陵墓課歴史資料の中に『五十瓊敷入彦命宇度墓取消書』(13)の存在を確認した。この一連の書類の中に、一八七四年（明治七）五月の日付の『五十瓊敷入彦命宇度墓実検勘註』とともに、付箋に一八七五年（明治八）三月八日の陵墓決定日が記載されて

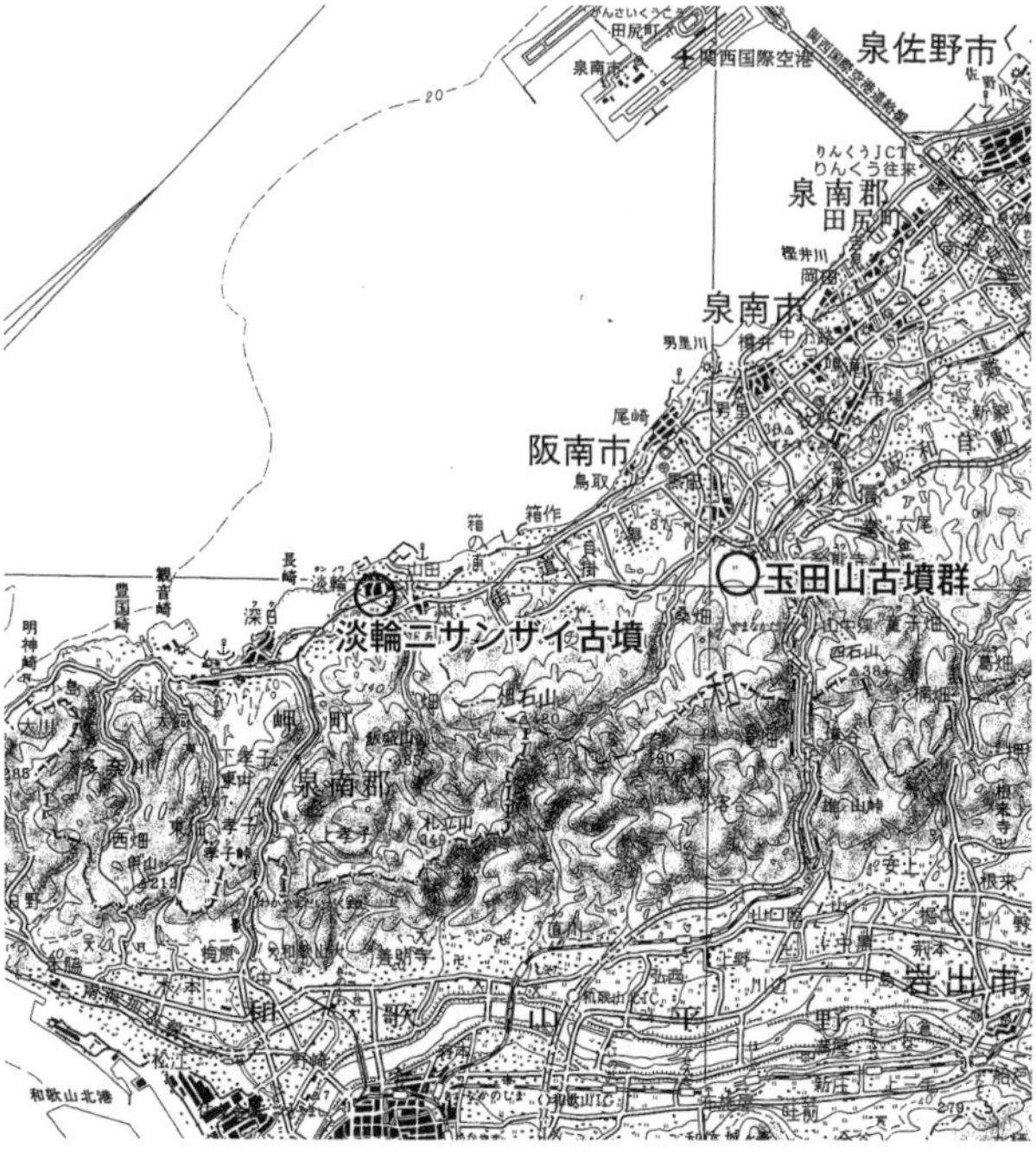

図５　玉田山（旧宇度墓）と淡輪ニサンザイ古墳（現宇度墓）

いた。この時の勘註では玉田山「宇度墓」の理由が次のように記されている。一つは各地誌類の記載、もう一つは「宇度墓」が玉田山にありとする堺県の註進、そしてそれを確認すべく実施された現地調査[14]の以下の結果である。

癸酉五月臣等巡回シテ自然田村ニ至リ件ノ御墓ヲ検査シ奉ルニ実地景況県庁ノ註進少シモ異ナルコト無ク数百ノ埴輪陵中ニ現在シテ上代ノ形容殆感スルニ堪タリ是此陵山宇度墓ナルコト誰カハ疑ト奉ラン

特にこの中で、玉田山には数百の埴輪が現存していることを確認したとして、陵墓と確証している（図5）。

②玉田山「宇度墓」の取り消し

このように治定された玉田山「宇度墓」もまた、陵墓が宮内省の管轄になって再考証された。一八七八年（明治一一）一〇月の大澤清臣[15]による『五十瓊敷入彦命宇度墓改正案[16]』では、形状が「前方後円環隍ノ制ニモアラス」そして一八七四年（明治七）の勘註で埴輪とされていたのは「真ノ埴輪ナラサル」という理由で「墳墓ナラス」と、一八七四年五月の勘註をまったく否定している。この大澤清臣の改正案により同年八月二四日に「宇度墓」決定の停止案が起草され、一八七九年（明治一二）二月八日付で玉田山「宇度墓」は取り消された。

この決定に関し宮内卿から堺県へ以下の「達[17]」が布達された。

第三百弐拾八号

陵第百廿四号

堺　　県

其県下河内国丹南郡黒山村春日大娘皇后御陵並和泉国日根郡自然田村宇度墓字玉田山ノ儀、今般詮議ノ次第有之、取消相成候條、右陵墓掌丁解免可致、且大和国式上郡吉隠村吉隠陵ノ儀ハ、更ニ同郡角柄村茶臼山ヲ

以テ該陵ニ改定候条、兆域見込相立、修繕方取調、仕様目論帳、絵図面取揃、更ニ可伺出、此旨相達候事

明治十二年二月八日　宮内卿徳大寺実則

この「達」によれば、玉田山「宇度墓」だけではなく河内国丹南郡黒山村（現堺市美原区）に所在する仁賢天皇の皇后春日大娘の陵墓（現黒姫山古墳）がともに取り消されている。また、同時に一八七六年（明治九）九月に大和国式上郡吉隠村（現奈良県桜井市）に治定されていた光仁天皇の母、春日宮天皇妃紀橡姫の吉隠陵が取り消され同郡角柄村（現奈良県榛原町）に改定されている。

この玉田山「宇度墓」の取り消し決定は、ただちに堺県から地元の小区事務所に通達[18]された。

和泉国三大区五小区

事　務　所

和泉国日根郡自然田村宇度墓字玉田山之儀

今般詮議ノ次第有之取消相成候旨宮内省ヨリ、被達候条此旨御達置候事

明治十二年二月十四日　堺県

これにより、一旦「宇度墓」は、行政上未治定になった。しかし、近世以来、玉田社や「宇度墓」として崇拝していた玉田山が位置する自然田村では、この取り消しについて、突然の決定と受け取られ認めることができなかったようである。この後、一九〇七年（明治四〇）に自然

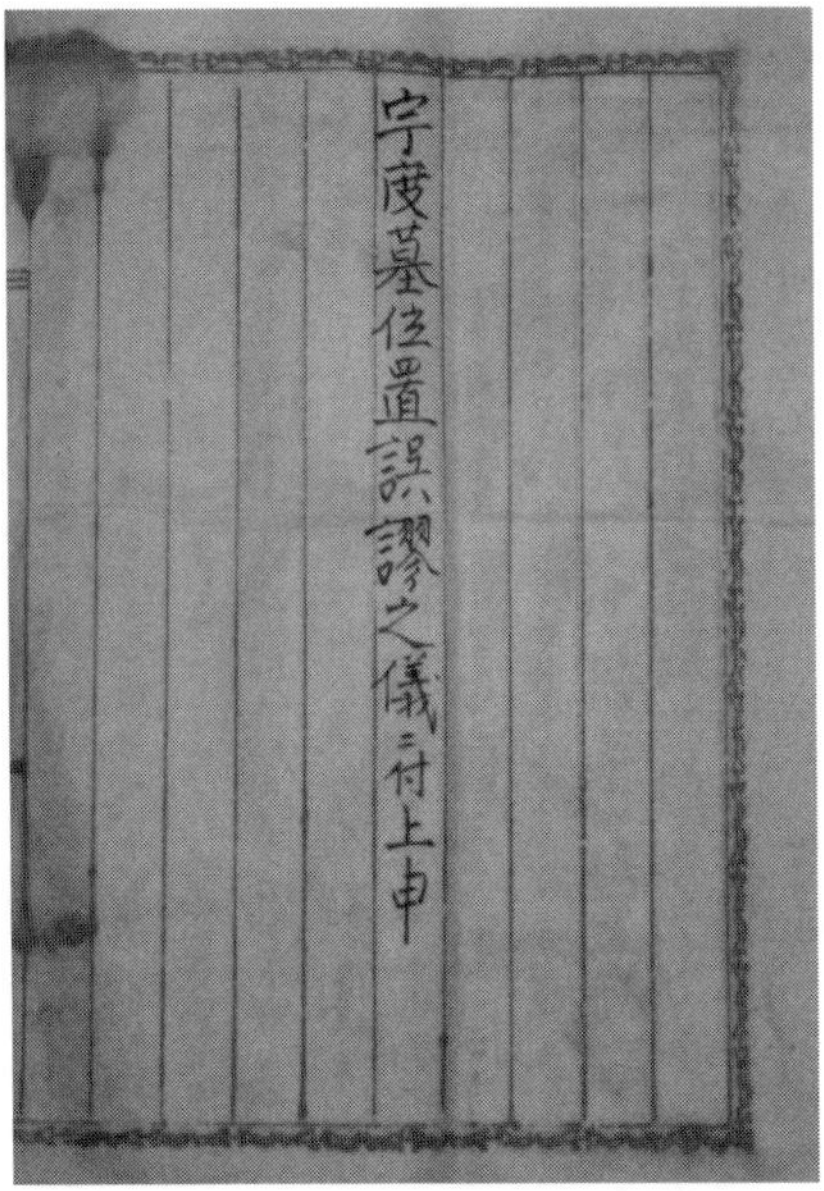
宇度墓位置誤謬之儀ニ付上申

図6　南寿郎家文書「宇度墓位置誤謬之儀ニ付上申」

田村が合併した東鳥取村長から宮内大臣宛に『宇度墓位置誤謬之儀ニ付上申』[19]が提出されている（図6）。では、取り消された玉田山はこの後どのような扱いを受けたのであろうか。

第五百六拾八号
陵第弐百六号

堺　県

其県下河内国丹南郡黒山村春日大娘皇后御陵大和国式上郡吉隠村贈皇大后吉隠陵並和泉国日根郡自然田村五十瓊敷入彦命宇度墓取消改定等ノ儀ニ付本年二月八日附番外ヲ以相達置候処右旧地所ハ渾テ内務省へ引渡方取計可申此旨相達候事

但、地所引私渡済当省へ可届出事

明治十二年三月四日　宮内卿徳大寺実則

この陵第弐百六号「達」により官有地であった玉田山「宇度墓」をはじめ取り消された前三陵は、宮内省から内務省に管轄替えされた。そして、玉田山は一八九六年（明治二九）一月の『玉田神社取調書』によると、取り消し後、堺県から次の通り指示を受けている。

旧史ニ依ルモ宇度墓トシテ判然古昔ヨリ崇敬サレ来リシガ去ル明治十二年二月詮議ノ次第有之取消相成旨宮内省ヨリ被達候ニ付地方庁ヨリハ玉田神社ヲ置キ古昔ノ名称ヲ以テ存シ置ヘキ旨被達タリ

陵墓としては取り消されたが、その名称を後世に伝えるために玉田神社を設置するよう達があり、村社として設置されている。神社設置以前には三尺四寸四方の小社と狛犬、手洗鉢、麓には鳥居があったことが前述の南家の明治初期絵図に記載されている。この神社設置後の一八九五年（明治二八）には瓦葺拝殿が建設されたが、一九〇九年（明治四二）に鳥取神社に合祀された。

この神社設置の達にみられるように、宮内省では一旦陵墓として決定した後、取り消した陵墓地について、無関係地として放置することもできないため、古墳形態がみられないところでは神社などの設置を指示した。また、黒山村春日大娘皇后陵も同時に取り消されたが、この場合は、当該古墳が現黒姫山古墳という前方後円墳であったことから、「他日考証のため」ということで、そのまま官有地として残された。

（2）淡輪ニサンザイ古墳の「宇度墓」治定と辻重太郎の運動

一旦取り消され未治定となった五十瓊敷入彦命の「宇度墓」が、淡輪ニサンザイ古墳に治定されるにいたった経緯の中で、地域の知識人からの運動が影響を与えたことがうかがえる。その人物は深日村の辻重太郎[20]で、宮内省や堺県に再三建白書を提出するなど運動を行った。この運動経過については、一八八〇年（明治一三）から一九二〇年（大正九）にかけての淡輪ニサンザイ古墳つまり「宇度墓」に関する文書が収められている四至本八十郎家文書[21]から知ることができる。この文書を中心に、運動の経緯を追ってみたい。

辻重太郎は一八八〇年（明治一三）一月九日付で堺県令税所篤に宛て「宇度墓」選定の建言書を提出した。その内容は「近隣淡輪村ノ東西両端ニ方ッテ村人二山在ト称スル二地アリ又南ニ方テ小二山在ト称スル地アリ其東方之山ハ垂仁帝第二皇子印色入日子之命之墳墓ニシテ其古址今ニ顕然タリ」としており、別に絵図面を添えている。その中で、すでに一八七九年（明治一二）一一月二七日にも建白書を提出していることが記載されている。また、『陵墓誌』[22]に記載されている「宇度墓」の沿革に「深日村の人辻重太郎氏、大に是れを慨歎し、明治八年初めて、堺県令に建白せり、爾後明治一三年に至る間、或は堺県令に、或は直接内務省に建白すること十数回に亘り而かも其都度種々の理由を以て却下せられたり」とある。このことから、辻重太郎は一八七五年頃から再三、通称東二山在を「宇度墓」に選定するように建白を繰り返していたようである。

さらに一九四〇年（昭和一五）に編纂された『淡輪村誌』[23]によれば、「深日村辻重太郎なる人、民有なりし当時之を陵墓として奉祭すべく、明治一二年一一月二七日堺県へ請願。堺県は個人としての奉祭を許可し得ざるも、寧ろ陵墓として宮内省へ建言すべきを勧め、辻重太郎より明治一三年一月九日付宮内省に建言」とある。つまり、辻重太郎の請願は一八八〇年（明治一三）一月九日付まで陵墓の治定を目的としたものではなく、「陵墓として奉祭」したいというものであったようである。

そして、一八八〇年（明治一三）一月九日付宮内省への建白書を堺県へ提出するに至る経過は、「書留郵便継立証印記」と共に残されこの建白書写しに朱書きで以下の文章が残されていることからわかる。

是点数度建白致置候所御呼出ニ付三月七日頭候処当度弥皇子御墓所在建白判明シ地方官ヨリ宮内卿江上申ニ可相成ニ付更ニ建白書ヲ相認メ月日者一月九日ト左記シ相成任其意三月廿二日郵便ヲ以差出置候也但シ書留郵便ヲ以逓致ス

宮内省に提出する建白書の前に提出した同日付の建言書を提出後、ようやく堺県より呼出をうけ一八八〇年（明治一三）三月七日に出頭した。そこで堺県より宮内省に上申することになり、日付を一月九日とした建白書を再度提出するように堺県社寺局（掛か）より指示され、三月二二日郵便で提出していることがわかる。そして、この建白書は同年三月二九日付で堺県令税所篤から宮内卿徳大寺実則に進達された[24]。

辻重太郎は建白書の提出後、堺県からも宮内省からも回答が届かないため、二ヵ月を経た同年五月一九日付で「御本省ヨリ何等ノ御沙汰無之候」ということで堺県社寺掛に宮内省への問い合わせを依頼している。その三日後の五月二二日付で、堺県社寺掛と淡輪村総代から回答が届けられた。回答は、明二三日待望の宮内省からの係官と堺県の係員が「宇度墓」を巡回するので案内を命じるというものであった。この時現地に赴いたのが宮内省官吏の大澤清臣(25)と堺県の係員の坂本直英(26)であった。しかし、連絡の不備からか辻重太郎は当日の二三日は不在であった。堺県の係員や淡輪村役人は困惑したようであり、もちろん本人も慌てたようで、翌日堺県の係員の所まで出向いた。しかし、係員は病気となり書簡を辻重太郎に送り、添え書きを書くので直接大澤清臣の宿泊先へ出向くように指示した。ただし、明日には出立するので今夕に行くようにと書簡には書かれている。首尾良く会えたのか、この結果はわからない。

辻重太郎は、この巡回後、陵墓決定の可否の回答が得られないところから、同年八月二二日付で大澤清臣宛に以下の『御窺書』を提出している。

御　窺　書

堺県下和泉国日根郡深日邨
辻　重太郎

御係官
五等属
大澤清臣殿

一本年一月九日地方官ヲ経テ奉建白候垂仁帝第二皇子印色入日子命御墳墓所在之儀過日御巡視以来御決定不相成哉予建白不分明之廉有之哉一応御窺奉申上候間何分御指令奉願上候謹言

右

明治十三年八月廿日

辻　重太郎　印

宮内省御中

これ以後同年九月一三日宮内省宛「再御窺書」、同年一〇月二三日宮内省・大澤清臣宛「建言御窺書」、同年一二月四日宮内省宛「御窺書」、一八八一年（明治一四）一月七日宮内省・大澤清臣宛「御窺書」を提出し、宮内省からの回答を促している。特に一二月四日、一月七日分は「貴着ノ有無慮意」として書留郵便にして提出し、宮内省に確実に配達されるように念を入れている。

辻重太郎にとって長年の運動が実を結び、宮内省係官の現地調査が実現したのに、当日自ら案内することができなかった。さらに、その後に回答が無いことで困惑し、再三の手紙となったようである。

この間に、宮内省では一八八〇年（明治一三）一二月に淡輪ニサンザイ古墳を「宇度墓」に治定していた。辻重太郎が同年一月七日に「御窺書」を郵送して四日後の一月一一日付で、以下の指令が淡輪村になされた。

堺県指令

今般其村字東ノ御陵五十瓊敷入彦命宇度墓ト決定相成候条追テ墓掌申付候迄見締可致候事

明治十四年一月十一日

堺県

辻重太郎が運動した成果として、淡輪ニサンザイ古墳、通称「東ノ二山在」が陵墓となったのである。

（3）　建白書にみる「宇度墓」の根拠

淡輪ニサンザイ古墳を「宇度墓」として奉祭あるいは陵墓に治定されるように辻重太郎が運動した根拠は何であったろうか。一八八〇年（明治一三）一月九日に提出された以下の建白書の中に理由をみることができる。

建白書

和泉国第三大区伍小区日根郡深日村

第九拾九番地平民

辻　重太郎

一我未熟不才ニシテ方今之御新政ヲ熟視スルニ、古今ヲ問ワズ王事ニ勤労戦死之臣ヲシテ廃興霊祭アラセラレ候儀ハ寔ニ御仁政之御徳澤ト感佩奉リ候。爰ニ我近阪淡輪村東西両方ニ当ッテ村民ニ山在ト称スル二地アリ、亦南ニ当ッテ小二山在ト称スル一地アリ、夫レ東方ノ一山ハ垂仁天皇第二皇子印色入日子之命ノ墳墓ニシテ、其子跡今ニ顕然タリ。余素ヨリ不敏之姓ニシテ嘗テ延喜式諸陵式ヲ拝謁スルニ、該皇子之御墓ハ本国日根郡トアルハ此地ト按考セリ。且該村鎮座舩守神社之相殿ニ五十瓊《(敷脱)》入彦命ノ命並ニ紀小弓宿弥《(ママ)》ノ二柱ヲ斎ケリ。故レ是ニ註目シテ愚慮スルニ、其ノ縁故無クシテ皇子ヲ斎祭スル事無ケレバ、私乗ナリト雖モ該社伝記曰ク「村ノ東南ニ一箇ノ墓有リ。之ヲ宇度墓ト号ス。山池ヲ周廻サセ水ヲ貯フ。是レ五十瓊《(敷脱)》入彦命ノ墓也。兆域東西三丁南北三丁守戸二烟云々。又南ニ一箇ノ墓有リ。之ヲ小弓山ト号ス。池ヲ周廻サセ水ヲ貯フ。是レ紀小弓宿弥《(ママ)》ノ墓也。兆域東西二丁南北二丁。又西南ニ一箇ノ墓有リ。之ヲ百杉野山ト号ス。池ヲ周廻サセ水ヲ貯フ。是レ紀舩守之墓也。兆域東西三丁南北三丁云々」目《(ママ)》今宇度ノ御墓ト称スル山ハ人造山ニシテ東北高丘ヲナシ、西南低丘ヲナシ、其方面ニ数箇陪冢アリ。之ヲ名ケテ日葉酢山ト古伝ニ見ユ。真ニ郡内比類之丘山ニシテ、必定皇子御墓ト判明セリ。然ルニ遠近通行ノ僚輩誰カ一拝スルモノヲ見ズ。実ニ恐懼之至ニシテ黙止スルニ絶エズ。我心意ヲ外事ニ置カズ、一向上ヲ遵守シ、御国体ノ尊厳厳ナルヲ奉承セル焉卑賤之身ニシテ斯クノ如ク上聞ヲ恐恥セズ、前顕皇子之御墓之所在必然ナルヲ舩守伝記ニ基拠シ、禿筆ヲ運シ、別紙舩守神社々伝記及該地図相添エ、此段建白奉リ候也

明治十三年一月九日

堺県令税所篤殿

この建白書の中では、根拠の一つ目として、淡輪村に鎮座する舩守神社の祭神に五十瓊敷入彦命が祭られていること、二つ目には、淡輪ニサンザイ古墳が「人造山ニシテ東北高丘ヲナシ、西南低丘ヲナシ」「数箇

ノ陪冢アリ」「郡内非類之丘山」であることをあげている。特に二つ目の理由では、郡内では最大規模となる一七二メートルの大型の前方後円墳で周濠を有し、墳丘は三段築成でくびれ部には方形の造り出しが付き、さらに周囲に現存六基の陪塚をもつ古墳であるということを辻重太郎は強調している。和泉国にあって大仙古墳をはじめとする百舌鳥古墳群中の陵墓群と比較し、陵墓として遜色無いものと考えたのであろう。

しかし、功労者の辻重太郎へは、堺県からも宮内省からも何の連絡もなかった。さらに彼は、決定後墓掌に任命されることを期待していたが、それも果たされなかった。

（4）　宮内省の陵墓決定理由と建白運動

①陵墓決定

辻重太郎の建白運動が功を奏したのか、「宇度墓」は玉田山が取り消されてから約一年半経て再度決定された。宮内省の正式な決定経緯は、宮内公文書館に残された『垂仁天皇皇子　五十瓊敷入彦命宇度墓決定書、景行天皇皇子　日本武尊白鳥陵改定書』(27)により知ることができる。この簿冊には、「五十瓊敷入彦宇度御墓決定並日本武尊白鳥陵改正ノ件」の標題、「十二月廿五日　御陵掛」の起案日で五十瓊敷入彦命「宇度墓」の決定と日本武尊白鳥陵改定に関して地方官すなわち堺県令宛の布達案が残されている。そして、五十瓊敷入彦命「宇度墓」の決定と日本武尊白鳥陵改定の案は同年一二月四日に、「右註管見上申件如　宮内五等属大澤清臣　宮内七等属大橋長喜」として意見書を伴って提出されているのがわかる。

意見書の見解は、大澤清臣の現地調査をふまえてのことである。その内容は、「宇度墓」所在地とされる和泉国日根郡淡輪寺《ママ》に東陵（淡輪ニサンザイ古墳）と西陵（西陵古墳）と呼ばれる周濠をもつ前方後円墳がある。これらは東陵が紀小弓墓、西陵が紀船守墓といわれているが、紀船守墓は時代的に墓制が違うため否定し、代りに紀小弓墓を西陵に比定している。そして、東陵は陪塚が七ヵ所（現在六ヵ所）もあるということで、「宇度墓」にふさわしいとしている（図7）。

大澤清臣の意見は、宮内省の見解でもあると思われるが、陵墓の条件として前方後円墳であること、周濠をもつこと、そして複数の陪塚を伴うこと、付け加えれば埴輪が並べられていることをあげている。逆にこれは、前述のとおり玉田山「宇度墓」を否定する理由でもあった。

陵墓の治定で重要視されたのが前方後円墳という墳形であることは、治定されている陵墓をみれば自明の理である。そのために、前方後円墳ではなかった雄略天皇陵とされる島泉丸山古墳(28)が修繕と称し前方後円墳形式に敷地が造成された例もみられる。

皇子墓の中で、古墳の形態が疑問視されて治定が取り消しとなり、そして再治定された例は、この「宇度墓」だけである。しかし、もう一ヵ所改定された皇子墓がある。それが三重県にある景行天皇皇子日本武尊白鳥陵の一つ、野褒野墓である。当初野褒野墓は鈴鹿市の白鳥塚古墳が一八七六年（明治九）一月に決定されていたものが、一八七九年（明治一二）に亀山市の丁子塚古墳に改定された。やはり、この改定も玉田山「宇度墓」と同様、地域にとっては突然のものであったようである（吉村、一九九九）。同年一二月の大澤清臣が起稿した「伊勢鈴鹿郡田村之内名越村　日本武尊野褒野墓勘註」によれば、その改定理由の一つと

図7　宇度墓

して、やはり白鳥塚古墳が円墳であり前方後円墳でないことと陪塚が伴っていないことをあげている。

②建白書

そして、「宇度墓」と共通するところが、建白書（上申書）の存在である。それは同年三月一三日に鈴鹿郡田村から第六大区二小区戸長の添書きとともに三重県令宛に提出された『王塚之儀上申』である。三重県はこの上申をうけて、県令名で内務省社寺局長宛に提出している。その上申は「字女ヶ坂　一　王塚　右塚之儀者往古ヨリ日本武尊御陵ト申伝エ居其所謂左ニ申上候」とし五説ほどの伝承を記載し、王塚つまり丁子塚を日本武尊野褒野墓としている。

日本武尊野褒野墓の場合も、淡輪ニサンザイ古墳の「宇度墓」についても、建白書の存在とその内容が陵墓の決定や改定に影響を与えていることは確かである。しかし、この陵墓決定方法については、喜田貞吉が一九一六年（大正五）二月六日に岸和田での講演（喜田、一九一六）で「和泉志には、宇度墓は自然田村の東玉田山にありとあります。然るに今は宮内省で、淡輪にご決定になって居る」として、この陵墓決定はいかなる研究に基づいたものかと疑問を投げかけている。

第四節　西小山古墳の仮指定と解除

（1）　西小山古墳の仮指定

当古墳は淡輪ニサンザイ古墳と西陵古墳のほぼ中間に位置する古墳で、近世の地誌類では上道大海墓とされているものである。

この古墳は、史蹟名勝天然紀念物保存法により一九二〇年（大正九）一〇月二一日[29]に史蹟に仮指定され、そのわずか九年後には仮指定が解除されており、他の二基の古墳とは違い保存の措置が貫かれなかった。

この仮指定の制度は、史蹟名勝天然紀念物保存法第一条第二項によるものである。

本法ヲ適用スヘキ史蹟名勝天然紀念物ハ内務大臣之ヲ指定ス

前項ノ指定以前ニ於テ必要アルトキハ地方長官ハ仮ニ之ヲ指定スルコトヲ得

西小山古墳は、この第二項により地方長官すなわち大阪府知事池松時和により仮指定されたのである。この時の大阪府公報の記載によれば「国―和泉、郡―泉南、村―淡輪、字―西小山陵、地番―二、五四四、地目―墳墓地、地番―台帳反別五畝歩、所有者住所氏名―泉南郡淡輪村　川村庄八」とある。

この仮指定の直接の端緒となったのが、実際の所有者で土地の相続人である川村撰三郎が一九二〇年（大正九）六月二日に大阪府知事池松時和宛に提出した『御伺書』[30]であったと推測される。

一去ル大正八年六月十日附ヲ以テ拙者所有ノ大阪府下泉南郡淡輪村字西小山陵ノ墓地開墾願（図面及参考書添付）差出置候処已来何等御沙汰無之候ニ付右御伺申上候也―後略―

川村撰三郎は「大正八年六月十日附開墾願」以前にも「大正六年七月三十一日附ケ発掘願」を提出しているが、二年一〇ヵ月たっても当局から何の回答もなく「無慈悲ノ御取扱」と訴えている。資産価値としては低い墳墓でありながら、周囲の地主から樹木の伐採等を迫られており、今回何らかの指示が示されないなら、樹木を全部伐採するとの伺書である。

この文書に二枚の付箋が付けられている。一枚には、同年七月一〇日付で「大正六年七月三十一日附ケ発掘願」は保安課から尾崎分署を経由して一九一七年（大正六）八月九日に本人に返したことが記載されている。もう一枚には、「大正八年六月十日附開墾願」は収受の形跡がなく、この文書は知事官房から史蹟担当の地方課へ送られたことが記載されている。このことから『御伺書』は、地方課で処理されたことがわかる。地方課では、同年八月六日内務部長名で泉南郡長宛に以下の照会をかけている。

御部内淡輪村字西小山陵墓地ハ大正八年四月法律第四十四号ニ基キ保存上調査ノ必要有之ニ付左記事項取調御回報相成度及照会候

一所在地　泉南郡淡輪村西小山陵（弐千五百四十四番）
二地目　台帳―反別
三現在土地所有者住所氏名
四土地ノ形状及地上ノ立木種類目通寸尺本数
五地方ニ於ケル伝説由来
六現在土地管理ノ方法又ハ荒廃ノ程度
七墓地ニ関スル徴証物件ノ有無
八保存上禁止若クハ制限ヲ必要トスル事項
九史蹟トシテ保存上施設スル事項

この時点で、大阪府は西小山陵に法律第四四号、すなわち史蹟名勝天然紀念物保存法を適用して調査を進める方針を決定した。

この内務部長名の照会に対し、泉南郡長は同年九月二〇日付で回答している。この回答の中で、「六現在土地管理ノ方法又ハ荒廃ノ程度」について「墓地ハ昔日ヨリ現今ニ至ル数百年ノ星霜ヲ経タルカ故ニ山上ノ土ハ自然麓ニ流失シ為ニ山上荒廃甚タシク山頂ニ円形造リノ土師輪焼キ土器等頭ハレ大ニ破壊サレツ、アリ」と記載されている。さらに「七墓地ニ関スル徴証物件ノ有無」については、「特筆スヘキモノナシ前項記載セル土器位ニ過キス」と記載されている。つまり、この古墳は山頂の土が流出し、埴輪が破壊されており、特筆するようなものがない古墳であると回答している。

古墳としては、はなはだ残存状態の悪いものと認識した回答にもかかわらず、大阪府はこの西小山陵に関して「史蹟地測定ノ件」として所有者、周辺地主に立会・立ち入り調査の了解をとって測量している。そして、一九二〇年（大正九）一〇月一二日付で「古墳ヲ史蹟ニ仮指定ノ件」として起案され、「古墳ハ現状ヲ保存スベキ必要有之候ニ付史蹟名勝天然紀念物保存法第一条ニ依リ史蹟トシテ仮指定」すべきとして同年一〇月一八日付決裁され、同年一〇月二一日に「大阪府告示第三号」[31]として仮指定された。

この仮指定は、西陵古墳の第一条第一項に基づく内務省による指定日よりも早く、大阪府知事により行われている。そして、大阪府はすでに西小山古墳の前にも一九二〇年（大正九）四月二二日に収塚古墳（現堺市）と塚廻古墳[32]（現堺市）、同年六月二一日に長塚古墳[33]（現堺市）の百舌鳥古墳群内の三基を仮指定している。これらはすべて、最初に史蹟が指定された一九二一年（大正一〇）三月三日の第二回の指定よりも早く仮指定されている。

これら三基のうち円墳である収塚古墳と塚廻古墳は、同年三月二六日付内理第一号の左記の内務次官通牒により仮指定が急遽なされたようである。

別記ノ古墳ハ此際史蹟名勝天然紀念物保存法ニ依リ保存セラル、様被取計旨宮内大臣ヨリ内務大臣へ照会ノ次第モ有之候ニ付テハ同法ニ依リ先ツ至急貴官ニ於テ假ニ史蹟ニ指定セラレ候様手續御運相成度申進候也

また、前方後円墳の長塚古墳も同様に同年五月一四日付内理第五号の内務次官通牒により仮指定の手続きがなされた。ただ、長塚古墳は、西小山古墳と同様に地主から一九一八年（大正七）六月六日付で「古墳発掘御願」が宮内大臣宛に提出され、同年九月一四日付で「山林開墾ノ儀ニ付追願」、さらに同年一一月一三日付、

一九一九年（大正八）二月八日付で同じように願書が提出された。大阪府は、いつもの通り回答の遅い諸陵寮に宛て「至急御詮議ノ上何分ノ御回示相煩度候也」と照会をかけている。その結果、一九一九年七月二五日付で諸陵頭から府知事宛に「調査ノ結果差向陵墓地域ニ編入ノ明徴ヲ認メス候へ共由緒アル遺跡トシテ保存ノ必要ヲ認メ候」と通牒された。この通牒の内容から、内務次官の通牒がなされたと考えられる。このように百舌鳥古墳群の三基は、いわゆる「仁徳天皇陵」に近接する古墳であり陪塚とも考えられている二基の円墳と「開墾願」等が提出されている前方後円墳であることから、宮内大臣から内務大臣に照会があって至急仮指定の手続きが取られたようである。

百舌鳥古墳群の三基と比較して西小山古墳に関する文書の中には、内務次官等の通牒もなく、また、川村撰三郎の「開墾願」に対して大阪府が宮内省等へ進達も行っていないことから、こちらは大阪府の発議による仮指定と考えられる。

（2）　仮指定の解除

古墳所有者の要望に対応する必要から仮指定された西小山古墳（図8）であったが、指定後六年を経た一九二六年（大正一五）一〇月一三日付で再び所有者川村撰三郎から宮内大臣一木善徳宛の開墾願[34]が、淡輪村から同年一〇月一四日付第一九七七号として大阪府に進達された。その内容は古墳所在地、古墳反別、所有者、名称及び伝説、開墾と地方人、開墾目的、参考という構成からなり、周囲の地図が添付されている。出願者はその中で次のように訴えている。

本古墳ハ田圃ノ中央ニ盤踞シ周囲ノ田圃ハ其ノ陰翳トナリテ五穀稔ラズ為ニ田地所有主ヨリ尊貴陵墓にアラザル限リハ速ヤカニ発掘開墾シテ田畑ト為スカ又ハ樹木伐採セラレタシト強固ナル申込ミヲ受クル

周囲の田地所有者から古墳の管理をいわれているが、不在地主のため管理が困難であると訴えている。さらに開墾の目的について記している。

発掘シテ埴輪其他ノ埋没物ヲ監査シ古墳ノ時代ヲ考証シ能フベクンバ何人ノ墳墓ナルカヲ確カメテ保存ノ方法ヲ定メ度若シ古墳ナラズシテ単ニ一座ノ丘陵ニ過ギザレバ寧ロ立木ヲ伐採シテ田地ト為サバ随ラ周囲田圃ニ損害ナカラン事ヲ期シ一ツハ是ヨリ生ズル収穫モ亦少ナカラザルナリ

つまり、発掘して古墳の詳細を明らかにし、古墳でなければ開墾を認めてほしいと願い出たのである。この内容は「大正六年七月三十一日附ケ発掘願」以来変わらないものであり、府当局が古墳を仮指定したのに止まり、それ以上の対策をとらなかった証でもある。

この願い出を受けた大阪府学務部社寺兵事課は同年一一月二日付学務部長名で大阪府史蹟調査委員の魚澄惣五郎[35]宛に「古墳発掘ニ関シ照会」を行っている。その内容は「泉南郡淡輪村四千七百九拾九番川村庄八ヨリ別紙ノ通リ出願ニ付其ノ由来徴証伝説等調査相煩度」と調査を依頼し、「追伸　実地御調査ノ節ハ其ノ趣御一報煩度」と添えている。この時点で、大阪府には仮指定されている史蹟の基本資料が揃っていなかったことがわかる。大阪府史蹟調査委員会は前年七月には改組[36]され、大阪府史蹟天然記念物調査会となっているが、起案文書は旧名のままである。この時、調査委員が新たに一六名（その他に委員長一名、副委員長二名、商議員一〇名）任命[37]され、そのうち

図8　淡輪村西小山古墳

の一人がこの東京帝国大学国史学科を出た大阪府立女子専門学校教授の魚澄惣五郎であった。大阪府からの依頼に対する魚澄惣五郎の回答は残されていないので、調査の有無は判断しがたい。

大阪府はこの調査依頼をすると共に翌三月一〇日付で出願者川村撰三郎宛で「古墳発掘ニ関スル件」として、面談のため社寺兵事課への出頭を命じている。そして同月七日付兵第六六八号として学務部長名で淡輪村村長宛に古墳及び周辺の地図と川村撰三郎に係る個人情報の照会がなされ、財産、名誉職の有無、現住所、信望の程度、前科の有無について回答されている。

このやり取りの間に、大正天皇が崩御し昭和と改元された。その約一ヵ月後の一九二七年（昭和二）一月一九日付兵第六六八号で大阪府知事から宮内大臣宛に「古墳発掘ニ関スル件」として「何分ノ御回示」と指示を仰いでいる。

この時、大阪府は「調査候所左記ノ通リニ有之候」と調査結果から以下の所見を付けている。

一　該伝説地ハ明カニ古墳デ小規模ノ円墳ト認メラレシ封土ハ余程以前ニ於テ徳川時代カ或ハ其ノ以前ニ於テ破壊セラレタルモノト認メラル、廉有之候

封土ノ高サハ周囲其他ヨリ考ヘ土ヲ堀《ママ》取ラレタルタメ原形ヨリハ非常ニ低クナレルモノ、如ク大体古墳トシテハ特記スヘキ程ノモノ無之候

尚記録或ハ江戸時代編纂ノ地誌類ニハ該古墳ニ就キ何等ノ記載ナク又淡輪東陵其他ノ倍塚ニハ無之独立ノ古墳ト認メラレ候

小規模の円墳で封土は原形を保っておらず、特記すべきほどのものもないということである。この所見から大阪府は、仮指定まで行っていながら明らかに西小山古墳について低い評価を与えている。

このような大阪府の調査結果をもとにしたのか、「御陵墓ノ関係無之候」と同年二月二六日付諸陵頭杉英三郎

名で大阪府知事宛依命通牒が出された。そして「但シ発掘ノ上ハ詳細ナル経過報告書迴送相煩度」とただ単に陵墓について否定するだけでなく発掘の指示がなされている。この指示の根底には、古墳墳丘上に埴輪が残存することと、西陵古墳と「宇度墓」の中間に位置するという関係によるとの判断があると推測される。

この依命通牒が出されたことによるのか、再び同年三月三一日の日付で内務大臣宛で「古墳開墾御願」が川村撰三郎から出願された。内容は一九二六年（昭和元）の宮内大臣宛と同様であった。出願者はさらに同日付で大阪府知事宛で「史蹟名勝天然記（紀）念物保存法ニ依リ御指定相成候為メ土地利用ノ方途全然阻止セラレ当惑罷在候」として「史蹟指定取消願」を提出した。明らかに出願者は願い入れがかなうものとして提出した感がある。

しかし、受理した大阪府では、「史蹟指定地取消ノ件」として同年四月四日付で以下の通り社寺兵事課長決裁がなされた。

史蹟指定地取消ノ件

泉南郡淡輪村川村撰三郎ヨリ史蹟指定取消方別紙ノ通リ出願有之処本件ハ史蹟調査委員会ニ諮問調査ノ必要可有之存セラレ候条暫時保留相成可然哉

結局、この仮指定の取り消しのためには史蹟調査委員会（史蹟名勝天然記念物調査会）(38)に諮問しなければならないし、調査が必要であるということで保留となった。

そして、この二年後、一九二九年（昭和四）九月一五日付で「古墳発掘の件」と題した文書が残されている。それは、大阪国学院の用箋に、当時の史蹟調査嘱託岸本準二によって書かれたもので、取り消しを可能としたものである。ただ、処分が保留された後の二年間は、どのような手続きがなされたのか、また、史蹟名勝天然記念物調査会でどのような議論や調査が行われたかは資料が残されていないので、この文書に至る経過は判明しない。

大阪府史蹟調査嘱託として岸本準二は以下の通り書き記している。

古墳発掘の件
泉南郡淡輪村川村撰三郎氏より古墳発掘別紙の通り出願有之処該古墳は古墳として特記すべき程のもの無之候へば左記の條件にて許可可能と存じ候
一該古墳発掘の節は当府史蹟調査会と打合せ調査委員立会の上にて発掘致す事
一発掘品は一応当府史蹟調査会に差出す事
昭和四年九月十五日
大阪府史蹟調査囑託
岸　本　準　二

文面からすると、史蹟調査委員会[39]における府当局の見解として内申されたものではないだろうか。ここでも一九二七年（昭和二）一月一九日付兵第六六八号で大阪府知事から宮内大臣宛に出された「古墳発掘ニ関スル件」の内容と同様に、「特記すべき程のもの無之」としている。

史蹟の保存が現状保存を目的としている限り、現状からみた古墳は、墳丘低く、墳形も円墳であり、他の二つの前方後円墳からみればインパクトが低く、強力に保存を主張する古墳ではないと判断したのであろう。しかし、これらのことは、仮指定の時点でも把握されていたことである。

史蹟名勝天然記念物調査会の会議開催資料は残されていないが、結果として社寺兵事課は一九二九年（昭和四）一〇月一六日付で「仮指定史蹟解除ノ件伺」を起案している。解除の理由としてやはり「古墳トシテ特記スヘキ価値ナキモノト被認候」とし、さらに「宮内省諸陵頭通牒ノ通リ御陵墓ノ関係無之」「所有者ヨリ解除申請ノ次第モ有之候」をあげている。

この起案では告示行為と同時に官報登載[40]、文部大臣宛報告、所有者への通知を併せて伺っており、いずれも同年一一月一四日に施行されている。この仮指定解除の官報告示ではじめて「西小山陵古墳」という名称が記載されている。この所有者への「仮指定解除ノ件通知」では「追伸当該土地発掘ノ際ハ当府ニ届出シ本府史蹟調査委員ノ立会ヲ求」とし、岸本準二の「古墳発掘の件」の内容通り条件がつけられた。

（3）発掘調査

仮指定の取り消しの条件となった発掘調査は、一九三〇年（昭和五）一月六、七日の二日間行われた。その成果については、一九三二年（昭和七）の『大阪府史蹟名勝天然紀念物調査報告　第三輯』[41]に詳細に報告されている。報告書によれば、調査は史蹟調査嘱託の岸本準二と京都帝国大学の末永雅雄[42]が直接担当している。この当時、史蹟名勝天然記念物調査会の委員にヨーロッパ留学を終えた京都帝国大学考古学教室の梅原末治が、委員の魚澄惣五郎の要請により就任している。しかし「昭和四年四月の帰朝後も様々の事情に依って直ちに調査をはじめるに至らなかった」ので「岸本嘱託の協力と末永雅雄君の援助」によって調査を進めることができたと報告書で述べている。調査の結果は、当初の「特記すべきもの無之」と見解が述べられた外形、伝承とは著しく違うものであった。同年四月二八日付第一五四九号[43]で大阪府は「西小山陵古墳発掘ノ件」[44]として宮内省諸陵頭宛に調査結果を以下のように報告[45]している。また、この調査報告鏡文の「追」として「遺物ハ当庁ニ保管致居候」とも報告している（図9）。

一、古墳現状

円墳ニシテ埴輪円筒列ヲ見ル

中央部頂上ニ竪穴式石室アリ底部ニ石ヲ布ク。

二、遺物

1、短甲約二領、冑（眉庇付）一個、頸鎧一組分、何レモ破損又ハ分離シ残欠トナル。

2、挂甲約一領分残欠（付属品ト見ユル残欠少量）

3、刀剣、二十三振分

4、槍頭　二個　残欠

5、鉄鏃

A　平根式及其他八個

B　長頸式（両刃、片刃）約百十四個

6、滑石製勾玉拾五個

7、朱塊　砂礫中ニ混在、付着セルモノ

報告書によれば、主体部は竪穴式石室を成し、長さ一一尺（約三・三メートル）、幅二尺三、四寸（約〇・七メートル）、天井石は花崗岩の扁平な大石を六個用いている。

出土品のうち短甲の二領は三角板鋲留短甲と三角板横矧板鋲留短甲であった。また冑は金銅装眉

図10　西小山古墳出土金銅装眉庇付冑

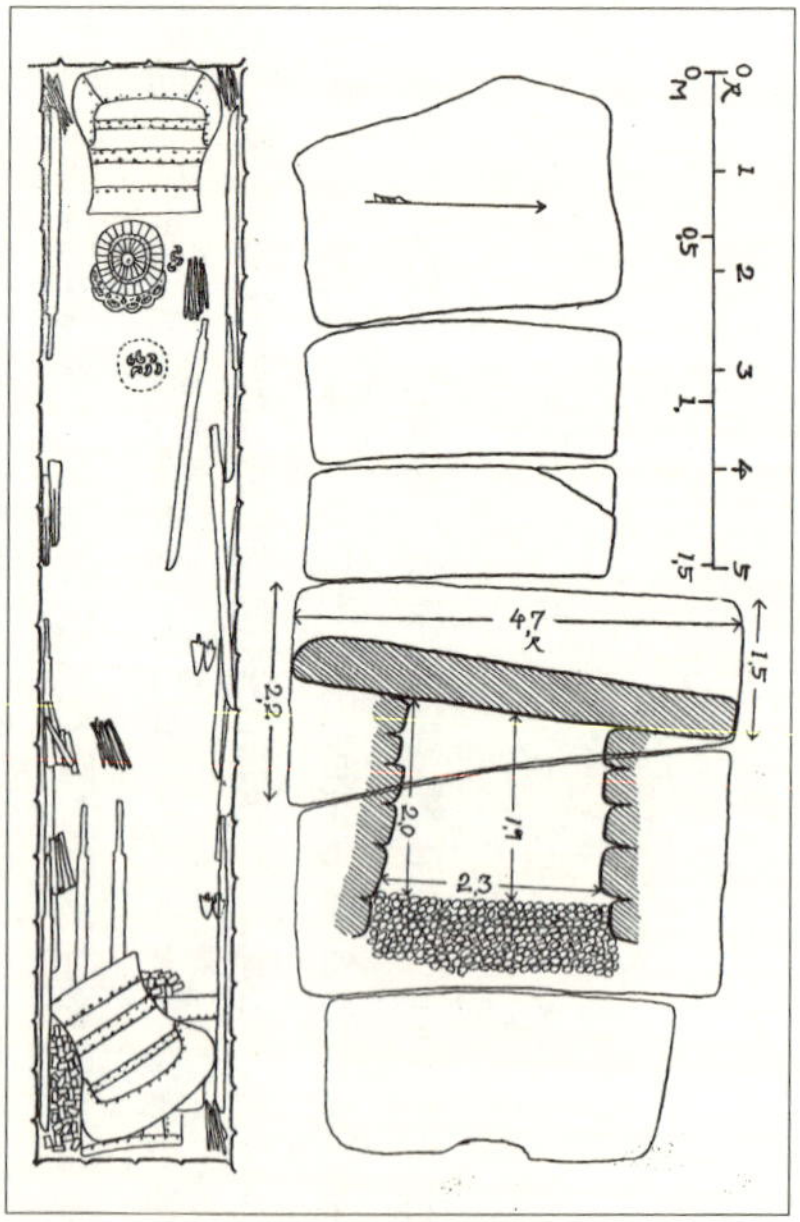

図9　西小山古墳石室実測図

庇付冑であった。このように調査の結果判明した出土品、石室構造の内容は、当初の予想を裏切って古墳時代中期の古墳研究にとって学術的に重要なものであった。特に金銅装眉庇付冑は重要な資料として国宝に指定され[46]、調査者末永雅雄の復元品が今も伝えられている（図10）。

この調査結果は、考古学的な研究成果としては収穫であった。しかし、この結果から行政側として、仮指定取り消しの決定についてては早まった感は否めない。

（4）出土品の取り扱いと教化運動

前述の報告はカタカナ混じり文で大阪府の罫紙に書かれていたが、同文で史蹟名勝天然紀念物保存協会大阪支部の罫紙[47]にひらがな書きのものが綴られていた。それには、報告に残されていない宮内省宛出土品取り扱いについての願書の下書きと思われる文章が添付されている。

尚当府に於いて大阪府郷土資料参考館を設置し府下出土品其他を保存陳列し府民の観覧に供し、史蹟保存、郷土愛護の念を喚起し、国民精神の作興に質し、相当の効果を挙げ居り候に就き尚当府下出土品は該館に陳列保存致し府民の熱望に報ひたく候条　宜敷御取配相成度候但御調査のため必　要有之候へば御送附いたすべく候

これによると、出土品は宮内省に提出せず、大阪府で保存したい旨の意向を示している。通常の出土品手続きでいえば、遺失物法及び一八九九年（明治三二）内務省訓令「学術技芸若ハ考古ノ資料トナルヘキ埋蔵物取扱ニ関スル付訓令」一九〇一年（明治三四）の内務省訓令「埋蔵物中参考トシテ庁府県ニ保存スル場合ニ於ケル取扱方ニ関スル訓令」、及び内務省警保局長「埋蔵物中参考トシテ庁府県ニ保存スル場合ニ於ケル取扱ノ件依命通牒」

といった一連の法令により、古墳の出土品については宮内省の許可を得なければならないとされている。この件に関する宮内省からの回答は残されていない。

大阪府は、出土品を宮内省に提出せず府において保管したいとの理由として、大阪府郷土資料参考館[48]での展示を挙げている。同館については、府内の出土品などの展示によって府民に対し「史蹟保存、郷土愛護の念を喚起し、国民精神の作興に質し、相当の効果を挙げ居り候」と宮内省に説明している。この時代は「国民精神の作興」の文面にみられるように、一九二九年（昭和四）の教化総動員運動から一九三七年（昭和一二）の国民精神総動員運動へと展開する国の国民教化策が強化される時期である。また一九三二年（昭和七）四月には「社会教育振興ニ関スル件」が文部省次官から通牒された。このような背景の中で大阪府郷土資料参考館での郷土愛を高める展示材料として西小山古墳出土品を強調し、大阪府で保管できるようにしたと考えられる。

（5）　仮指定の手続き

史蹟の仮指定は、史蹟名勝天然紀念物保存法第一条第二項によるもので、地方長官が「指定以前ニ於テ必要アルトキ」は仮指定できるとされている。今回の西小山古墳の仮指定に至る手続きから、仮指定の施行者である地方庁が宮内省主導により仮指定する場合と、地方庁が必要と認めて主導的に仮指定をする場合との二通りあることがわかる。

宮内省主導による場合は、前述の百舌鳥古墳群三基の場合である。特に長塚古墳に関する文書の中に、「発掘願」に対して宮内省諸陵頭から大阪府知事宛の一九一九年（大正八）七月二五日付通牒の中で、宮内省から内務省史蹟名勝天然紀念物調査会に保存に関し協議がなされていることが示されている。

調査ノ結果差向陵墓地域ニ編入ノ明徴ヲ認メス候ヘ共由緒アル遺跡トシテ保存ノ必要ヲ認メ候ニ付史蹟名勝天然紀念物保存法ニ依リ内務省當該調査會ニ協議保存ノ希望ヲ有シ其手筈準備中ニ有之候條左様御承知相成度此段不取敢及御通牒候也

この例からも、仮指定においては、宮内省による古墳保存の必要性の判断が鍵となることがわかる。必要となれば内務省への協議、それを受けて内務省から地方長官への仮指定を促す通牒、そして地方長官は仮指定するとともに内務省に仮指定史蹟の調書を作成し報告するという手順がふまれる。

一方、地方庁が必要と認めて主導的に仮指定する場合は、それまでに調査をし、内務省に意見を聞き、内務省から「差支無」との依命通牒を受けて仮指定するという手順である。

このように、宮内省から内務省へ協議がなされて、内務省からの通牒により仮指定されたものは保存、大阪府が必要と認め仮指定した西小山古墳は、地主の願い通り解除となっている。つまり、古墳の仮指定については、宮内省諸陵寮の意見が強く反映されている。

第五節　西陵古墳の史蹟指定

（1）　西陵古墳の被葬者

西陵古墳は全長約二一〇メートル、「宇度墓」に選定された淡輪ニサンザイ古墳と比較して全長が約三八メートルも長い。規模から言えば、西陵古墳が「宇度墓」に選定されても遜色ないものである。このため、淡輪ニサンザイ古墳が陵墓と選定された後は、他の二つの古墳もクローズアップされ、旧跡あるいは史蹟として位置付けられていった。

しかし、淡輪ニサンザイ古墳が陵墓に選定されたことにより、近世以来地誌に伝承されてきた、淡輪ニサンザイ古墳が紀小弓宿禰墓、西小山古墳が上道大海墓、西陵古墳が紀船守墓という被葬者についての説が崩れた。つまり江戸時代の『南遊紀事』以外の地誌には紀小弓宿禰墓と記載されていた淡輪ニサンザイ古墳が、一八八〇年（明治一三）一二月になって五十瓊敷入彦命の「宇度墓」となったことにより、紀小弓宿禰墓を他の古墳に求めなければならなくなったのである。

一九〇三年（明治三六）に大阪市南区天王寺で開催された第五回内国勧業博覧会開催に先だち一九〇一年（明治三四）から翌年にかけて臨時勧業調査が実施された。調査は四部からなり、その第三部において名勝旧蹟に関する事項が規定された。これが、大阪府における最初の史蹟名勝に関する組織的な調査の嚆矢である。この調査結果が『大阪府誌』第五編名勝旧跡[49]として発刊された。

同書の和泉国泉南郡の項に「宇度墓」とともに紀船守墓そして上道大海墓が記載されている。しかし、一九二六年（大正一五）に泉南郡役所が発刊した『泉南記要』[50]では、西陵古墳の紀船守墓説について、「墳墓の形式より推せば船守時代のものとは思はれず」と執筆者は考古学的な年代観によって推測している。そして、紀小弓宿禰墓の可能性を示唆しているが、『日本書紀』雄略天皇九年春夏五月の条に紀小弓宿禰が朝鮮半島で病死したため「田身輪邑」に葬ったという記事がある程度なので、「伝説以外明徴なし」としている。また、大阪府は一九二五年（大正一四）七月に史蹟調査会[51]を改組し史蹟名勝天然記念物調査会[52]を発足させた。この史蹟名勝天然記念物調査会により一九二六年（昭和元）一二月まで府内の行政区分ごとに史蹟の基礎調査が実施され、その報告書が全五冊刊行された。その第四冊目が『大阪府史蹟名勝天然記念物　第四冊　岸和田市　泉南郡　泉北郡』である。その報告書の中で、「東のニサンザイは既に五十瓊敷入彦命宇度墓に決定せられた以上は」として西のニサンザイつまり西陵古墳は紀小弓宿禰墓に「擬し、後の精査に竢つ事とせん」としている。

（2）　一九一三年（大正二）の報告

①地元警察所による報告

この西陵古墳が史蹟名勝天然紀念物保存法により一九二二年（大正一一）三月九日に史蹟指定されるのであるが、その直接的な端緒となったと考えられる公文書が宮内庁所蔵の大阪府庁文書(53)の中にみられる。同文書によれば、一九一三年（大正二）九月二二日付で大阪府尾崎警察分署長から大阪府警察部保安課長宛に泉南郡淡輪村の通称西御陵に関し報告がなされた。これを受けた警察部は九月二六日付で警察部長から内務部長宛に「古墳ニ関スル件」として次のような通知を出している。

府下泉南郡淡輪村ニ於ケル通称西御陵ノ件ニ関シ尾崎警察分署長ヨリ別紙報告アリ口碑流傳ニ依レハ御陵墓ニ相違ナキモノト認メラルルモ現今村民ハ妄リニ該所ヲ往来シ又ハ埋蔵物セル石棺露出セル等ノ事実アリテ相當措置ヲ要スルモノト被認候條至急其ノ筋へ御上申相成候様致度此段及通知候也

（絵図あり）

左記

一大阪府泉南郡淡輪村（二八七七三地　通称西御陵二八七四地）

一山林反別　字　西　陵　二八七三地　五反一畝歩　古墳墓地　辻吉太郎所有地

〃　　二八七四地　五反五畝歩

一周　　囲　字陵山ノ上　二八七五地　二反八畝歩　　　　　　　　　　共有地
池反別　〃　　　　三一八八ノ一　九反一畝六歩（御内　トモ云）　仝
〃　　〃堤防　　〃　　　ノ二　四反六畝三歩　　仝
一田反別　字下杁　三一九六地　九畝十歩外畦九歩　　岩田佐次郎所有地
〃　　　　　　　三一九七地　二畝廿二歩外畦九歩　仝
一山林反別　字杁ノ山藪　三一九八地　十八歩（但堤防）　岩田佐太郎所有地
一口碑　俗説ニ依レバ人皇五十一代桓武天皇ノ寵臣紀船守ノ墓トモ云フ
（紀船守ハ田見　則チ当淡輪村ヲ拝領セシモノナリ　当村氏神ナリ）
一説ニハ東西陵共（前方後円）式ニシテ一方ハ東北ヲ正面トシ一方ハ西南ヲ正面トシアリ則チ向ヒ合セトナリ居リ一方ハ五十瓊敷入彦命ノ陵墓ト確定セルモ一方ハ古書類ナク（神仏分別ノ際神官ガ焼却シタリトモ言フ）不明ナルモ御兄弟ニ相異ナシトモ云ウ
一説ニハ人皇十九代允泰（恭）天皇河内国現今ノ和泉国信達ニ皇居アリ（日根郡上ノ郷村）テ皇后ノ妹夜通姫ヲ妻トセラレ居リ当村ニ離宮ヲ設ケアリシヲ以テ則チ夜通姫ノ陵墓ナリトモ云フ又五十瓊入彦命ノ御キサキノ陵墓ナリトモ云フ前記ノ通リ伝説区々ニ渉ルモ構造ノ模様或ハ土器ノ露出シアル双方ノ対照ホニ依リ察スルニ該陵墓ハ臣下モノニ相異ナク思料サル、モ何ホショ証擅トスベキ書類ノ未ダ発見ナク（東陵ノ分ハ和カ山市倉田翁ガ発見シテ御陵ト確定セシモノナリ）宮内省ニテモ調査中土地ハ地租免除トナリ居ルモノニ有之候　以上

内容的には、現地警察分署長の報告によれば、現西陵古墳は口碑伝説から陵墓に相違ないものと認められる。[54]しかし、住民達が古墳内に頻繁に立ち入り、さらに石棺も露出しているため速やかに対応しなければならないの

で「其ノ筋」に上申するようにとのことである。

この石棺については今現在みることができないが、一九二二年（大正一一）梅原末治らによって大阪府史蹟名勝天然記念物調査会の調査が行われており、主体部の一部と考えられている。その調査結果を報告した一九三二年（昭和七）の『大阪府史蹟名勝天然紀念物調査報告　第三輯』「泉南郡淡輪村の古墳」に凝灰岩製の長持形石棺の蓋についての記録がある。「従来後円の一隅に石棺が存し、外形と照応して興味を惹いたのであるが大正一一年三月九日指定されると共に周囲に木柵を設け、ついで保存上の見地からそれに土を覆ふて再蔵した」。さらに「大正一〇年六月二六日に実査した際の所見に基づいてその概要を挙げるに、棺の位置は後円上部の中央からは西に偏在して主軸をほゞ南北の方向に置き、塚の方向と若干の食い違ひのあることが先づ注意に上つた」とある。

添付書類には、地番と面積とともに口碑が書かれている。一つは「紀船守」の墓説、一つは五十瓊敷入彦命の兄弟墓説、一つは允恭天皇の妻と言われる夜通姫の陵墓説、もう一つは五十瓊敷入彦命の后墓説の四説が俗説として挙げられている。

②内務省・宮内省の依命通牒

この通知を受けた内務部長は、一九一三年一〇月二日付学乙第三六八一号で宮内大臣宛に「相当ノ措置ヲ要スルモノト被認候條至急何分ノ御詮議相成候様致度別紙図面添付此段及報告候也」と大阪府知事名で報告している。しかし、「至急何分ノ御詮議」としているのに、それから二年間は宮内省から何ら回答が無かった。このような例は、府庁文書の中に他の例でもみられる。大阪府は一九一五年（大正四）一月一九日付学乙第三六八一号で「其後如何ノ御詮議相成居候」と照会をかけている。宮内省はようやくこの照会に関して同年三月二三日付指令第三七号で「陵墓ノ徴證認メス」と回答してきた。ところが、翌日三月二四日付内理第一号で内務省地理課長名により(55)「古墳ノ件ニ付依命通牒」が大阪府知事宛に下記の内容で出された。

大正二年十月二日学乙三六八一号ヲ以テ宮内省へ報告相成候泉南郡淡輪村所在古墳ノ件今回同省ヨリ陵墓ノ徴証ヲ認メサル旨指令ノ処当該古墳ハ陵墓ノ徴証ナシトスルモ尋常人ノ墳墓ニ非ラサルヘク被認候就テハ是等古墳ハ史蹟上存置ノ必要アルモノニ付現状ノ儘保存セシメ候様可然御取計相成度

追テ本件古墳ニ付テハ紀ノ小弓宿禰ノ墓ニハ無之哉ノ説モ有之候ニ付為御心得申候

依命通牒は、宮内省から「陵墓ノ徴証ヲ認メス」と指令されたが、古墳は「尋常人ノ墳墓ニ非ラサル」と認められるので「史蹟上存置ノ必要」があり、現状保存するようにと命令している。さらに、当古墳は「紀ノ小弓宿禰」の墓ではないかという説もあることを付け加えている。

この依命通牒が大阪府に出された後、同府は同年四月一日付学乙第三六八一号で「泉南郡長宛　古墳ニ関スル件」として内務部長名で下記のような照会をしている。

記

貴郡淡輪村通称西御陵ハ今回其筋ヨリ陵墓徴証ヲ認メザルモ尋常人ノ墳墓ニ非ラザルベク被認候就而ハ是等古墳ハ史蹟上存置ノ必要アルモノニ付現在ノ儘保存セシメ候様取計方来牒ノ次第モ有之候ニ付御了知ノ上可然御取計其結果何分御報相成度此段及照会候也追而本件古墳ニ付テハ紀ノ小弓宿禰ノ墓ニハ無之哉ノ説モ有之候ニ付為御心得申候

―以下略―

泉南郡長に対し古墳を現状保存するとともに何らかの措置をしてその結果の報告を求めている。

内務省の依命通牒の日付が宮内省指令日の翌日に出されていることから、古墳の取り扱いについて両省で協議が進められていたことを示唆している。それを裏付ける「宮内省諸陵頭　古墳ノ件ニ付申進」と題した内務省地理課の一九一五年（大正四）二月一七日付起案文書[56]が残されている。

大阪府泉南郡淡輪村所在標記ノ件ニ関シ貴省神谷初之助氏ヨリ当省潮書記官宛別紙書類便宜回付相成候処本件ニ関シ貴省ニ於テ陵墓ノ徴証ナキ旨御指令ノ上ハ同時ニ本省ヨリ別紙写ノ通リ府知事ニ通牒スルコトニ内定致候間御了知ノ上右御指令ノ際ハ其旨御報知相成候様致度依テ別紙書類返戻ス

このように、宮内省から内務省へ、つまり諸陵寮から地理課へ西陵古墳に関する大阪府の報告書が回付され、地理課では諸陵寮の措置後、同時に通牒する準備を整えていたことがわかる。しかし、全ての古墳の報告が地理課に回付されていたのであろうか。これが「史蹟上存置ノ必要」という通牒がなされるだけの古墳、すなわち周濠をもつ前方後円墳であり、「宇度墓」とされる淡輪ニサンザイ古墳の規模とも遜色ない西陵古墳であったからであると考えられる。

一九一五年（大正四）四月一日付学乙第三六八一号で「泉南郡長宛　古墳ニ関スル件」として内務部長名で照会をかけたが、泉南郡長からは、その後このことについて何ら回答がなかった。このため大阪府は、再度翌年六月二日付で「現状保存方ニ付及照会候処其後如何ノ（誤記抹消印あり）施設相成ヤ回報相成度及照会候也」と照会している。これに対し泉南郡長は同年七月七日付で次のように「古墳ニ関スル件」について大阪府内務部長宛回答している。

客年四月一日付学乙第三六八号ヲ以テ照会相成候標記ノ件速ニ回報致スヘキノ処仝村ハ昨年　腸窒扶斯病患者続発シ之レカ防疫ニ忙殺セラレ遂ニ回答ノ期ヲ失シ候趣ヲ以テ此程古墳現状保存ニ就テハ充分ノ注意ヲ払ヒ尚進シテ財政ノ余裕ヲ俟ツテ現在民有地ニ属スルモノヲ村有トナシ保存上遺憾ナキヲ期スヘク相当計画シツ、アル旨申出候条右後了知相成度候也府への回答ができなかったことについては腸チフスの流行を理由に挙げ、保存については村有地として買い上げる計画を立てつつあると回答している。ただし、村の財政状況に余裕が出るまで待ってからという文字が入れられている。

以上が、宮内庁所蔵大阪府庁文書にある一九一三年（大正二）から一九一六年（大正五）にかけての西陵古墳に関する泉南郡・大阪府・宮内省・内務省の一連の動きであった。

（3）　非陵墓古墳から史蹟指定へ

①史蹟名勝天然紀念物保存法の制定

西陵古墳に関するこの大阪府庁文書の重要性は、古墳に対する行政措置において一旦陵墓行政で陵墓としては否定した古墳について、時間を経ずして内務省によって「史蹟上存置ノ必要」として史蹟という位置づけで保存しようとする新たな行政的措置が取られたことである。特にこの時期は帝国議会において一九一一年（明治四四）に「史蹟名勝天然紀念物保存建議」が可決され、一九一九年（大正八）の史蹟名勝天然紀念物保存法(57)の制定に向けて、政府内務省が動き出した時期である。

史蹟名勝天然紀念物保存法という史蹟行政の根幹となる法律が制定される以前に、古墳に対する史蹟行政は、一九一三年（大正二）のこの時点で内務省においてすでに始まっていた。それは、内務省分課規程が同年八月二一日に改正され、地理課主管事項に「一　名勝、旧蹟及古墳墓ニ関スル事項」が加えられたことからもわかる。従来の事務分掌にあった名所（勝）旧蹟に加え古墳墓に関することが主管事項となったのである。つまり宮内省における陵墓行政の中で取り扱われていた陵墓以外の古墳（非陵墓古墳や未選別古墳）が、内務省地理課の所管で名勝・旧蹟と同様に行政の中でも取り扱われることとなった。さらに一九一五年（大正四）四月の地方長官会議[58]で内務大臣が「名所旧蹟古墳墓の保存」について訓示を行っている。西陵古墳の件から二年後の一九一七年（大正六）二月二四日内務省警保局通牒「古墳及埋蔵物ノ発掘ニ関スル件依命通牒」では、「未定御陵墓ノ調査上ニ支障ヲ来スノミナラス史蹟名勝紀念物等ノ保存方法ニ付目下詮議中ニ属スルヲ以テ是等調査ノ結了ヲ先テ又ハ保存法ノ確立スルニ至ル迄ハ原状ノ儘存置スル必要アルモノモ」という文言がみられる。ここに法令上はじめて「史蹟名勝紀念物」という用語が使われ、全国の地方長官に対して陵墓以外の古墳についても史蹟名勝記念物として保存方法を考慮中であることを知らしめた。

こうした動きがあって、一九一九年（大正八）四月九日に史蹟名勝天然紀念物保存法が制定されると、翌年一九二〇年（大正九）一月二八日に指定の基準となる史蹟名勝天然紀念物保存要目[59]（以下保存要目と略する）が制定され、同年七月一七日に第一回の指定手続きがなされた。しかし、第一回で指定されたのは天然記念物だけであり、古墳を含む史蹟の指定は一九二一年（大正一〇）三月三日の第二回から始まる。

②仮指定の延期と本指定

大阪府は、史蹟名勝天然紀念物保存法が施行されると、西陵古墳に関し一九二〇年（大正九）一一月一三日付内務部長名で左記の事項について所在地の淡輪村（現岬町）村長宛に調査照会を行った。

一所在地。淡輪村。大字。字西陵。（古墳地）地番。地目。台帳反別。現土地所有者住所氏名

一調査区域ハ中央ノ丘陵。周濠。付属古墳アラバ共ニ記載ノコト（但地番地目反別等各筆毎ニ掲グ）

一右ニ対スル地積図面。丘陵周濠ノ見取図。

一古墳ニ関シ地方ニ於ケル伝説由来

一既存管理ノ状況
一従来古墳ノ丘状ヲ発掘シ又ハ地形ヲ変更セシコトアリヤ若シアリトセバ其ノ年月日発掘品ノ種類
一保存上禁止若クハ制限ヲ必要トスル事項
一其ノ他史蹟トシテ指定上参考トナルヘキ事項

これに対し同年一一月二七日付で淡輪村村長から回答が出されている。回答文の内容からみるに泉南郡長が一九一六年（大正五）七月七日付で大阪府宛に回答していた「現在民有地ニ属スルモノヲ村有トナシ保存上遺憾ナキヲ期スヘク相当計画シツツアル旨申出候」という古墳の保存対策は取られていなかったようである。しかし、著しい古墳の現状変更もなく、所有者による立ち入り禁止の立て札なども建てられており管理も行き届いているとの回答であった。

そして一九二一年（大正一〇）一月二九日付で大阪府は内務大臣宛に「古墳ヲ史蹟ニ指定ノ件」として「西陵古墳ハ現状ヲ保存スヘキ必要有之モノト存候」として史蹟名勝天然紀念物保存法第一条第二項に基づき仮指定する見込みであり「何分ノ御指示」と照会を行った。これには、地番、地目、地積、所有者等の一覧と西陵古墳、西小山（陵）古墳についての調書が添付されていた。つまり、大阪府は、独自の判断で西陵古墳について仮指定を目論んでいた。この間、内務省からの働きかけを示す資料は残されておらず、地方庁の判断だけで仮指定を進める予定でいたとみられる。

これに対し内務省は同年二月二一日付地理課長名で仮指定に関しては「保存上急ヲ要スル事情アラバ御申越ノ区域ニ従ヒ仮指定相成可然ト存候」と回答した。しかし、その回答文にはさらに「来ル五月頃史蹟名勝天然紀念物調査会ニ付議決定ノ上ハ指定可相成見込ニ有之候」と、内務省では本指定の見込みであるとの一文が加えられていた。(60)

内務省の回答から日があまり経たない同年三月二日付で大阪府では「処理延期ノ件」が起案された。それは、内務省において「指定可相成由」、また指定区域等の調査確定が必要であり、調査終了まで仮指定の処理を延期するとの伺であった。古墳の現状に関しては関係者や警察官の巡視などにより守られると付け加えている。

この一連の文書からは、大阪府の仮指定が内務省によって覆された感は否めない。しかし、この一件を境にして内務省の大阪府内における史蹟指定に係る動きが活発化する。史蹟名勝天然紀念物調査会考査員増田于信が三月一九日から三〇日まで大阪府内一〇ヵ所の史蹟古墳候補地を調査した。大阪府が各郡長に通牒した内容によると、北河内郡内では牧野村の車塚古墳、東成郡では住吉村の帝塚山古墳、南河内郡では黒山村のミサザギ古墳（黒姫山古墳）、藤井寺村の城山古墳、道明寺村の栗塚・狼塚古墳、国分村の茶臼山古墳、駒ヶ谷村通法寺の二ヵ所の古墳、中河内郡内では高安村の桃山古墳、泉南郡内が最後であったが山直村の御陵山古墳（摩湯山古墳）、淡輪村の西ノニサンザイ古墳（西陵古墳）を対象とした。この増田于信の調査の翌月、四月一五日には大阪府は東成郡長・泉南郡長・南河内郡長・中河内郡長・北河内郡長宛に「史蹟古墳ニ関スル件」として「指定見込ニ有之之ニ関シ御意見有之候ハ、折返後回報相成度及照会也」と目録を付けて照会している。この照会に関しては、各郡長からさらに管内町村長に照会し、町村長は所有者に意見を聞いている。その結果は、多くの所有者から否定的意見あるいは買上要望が上申された。しかし、泉南郡長からの回答は「御指定ノ件異存無之」であった。

この調査・照会から一年ほど経た一九二二年（大正一一）三月八日の第三回の指定で、西陵古墳は陪塚と考えられた二基の円墳とともに史蹟指定された[61]。現在でいう指定基準にあたる史蹟名勝天然紀念物保存要目史蹟の三「古墳及ビ著名ナル人物ノ墓並碑」に該当するものとしてであった[62]。

ただ前述の一九一五年（大正四）三月二四日付内理第一号で内務省大臣官房地理課長名による「古墳ノ件ニ付依命通牒」の趣旨からみれば、早くから内務省からの指導なり指示があったこの古墳が、なぜ第二回の時に指定されなかったのかが疑問に残る。ここでも大阪府の対応任せの感がある（図11）。

まとめ

（1）各古墳の位置づけ

「宇度墓」の治定取り消しと決定は、第Ⅰ期の古墳保存行政における陵墓行政の一例である。いうまでもないことであるが、古墳被葬者の決定は、考古学的調査により被葬者を特定できる墓誌などの遺物が出土しないかぎり不可能である。その不可能なことをあえてしなければならなかった陵墓行政は、伝承や近世の地誌類、あるいは一部の古記録などを用いるしかなかった。その陵墓行政を助けたのが、淡輪ニサンザイ古墳に対する辻重太郎の建白運動やそれを後押しした堺県の動きにみられる地方庁からの建言であり、地方からの建白であった。陵墓担当者は建言や建白により現地調査を実施し、曖昧ながらも外見上陵墓としてふさわしいと考えられる古墳を選定した。そのふさわしい外見とは、大澤清臣が『五十瓊敷入彦命宇度墓決定書』の中で理由として挙げた「前方後円・環濠・埴輪列・陪塚」の要素を含み、なおかつ周辺古墳より大規模な「大塚」であることであった。

図11　西陵古墳標柱石

しかし、一八七〇年代から一八八〇年代における教部省や宮内省の陵墓担当者が、近代的科学としての考古学の知識を有していたとは考えられない。たとえば玉田山「宇度墓」に対する勘註[63]では、起草者である猿渡容盛は玉田山の土片を埴輪と断定するという過ちをおかしている。

結果としては、玉田山の治定は近世地誌などの文献類を重視し、淡輪ニサンザイ古墳は外見上の形態を重視したうえで、さらに建白などの地域からの運動も加味されて治定に至ったものと考えられる。

また、大澤清臣が示した要素を持ちながら陪塚が少ないだけで陵墓から除外された西陵古墳は、非陵墓古墳の決定もなく未選別古墳として残された。それが、古墳保存行政第Ⅲ期に至って、大阪府が現地警察署から再度陵墓の可能性を示唆する上申を受けたことにより、古墳保存の行政措置の流れが生じた。それは宮内省による「陵墓ノ徴証認メス」という非陵墓古墳としての確定と、内務省による「史蹟上存置ノ必要アルモノニ付現状ノ儘保存セシメ」というものであった。西陵古墳は非陵墓古墳であるとの判断のうえに、史蹟という新しい古墳保存の方法が制度として確立するまで現状保存するという措置がとられた。そして、保存された理由は、陵墓ではないが、形態や規模が陵墓と遜色ないことから「尋常人ノ墳墓ニ非ラサル」ということである。天皇家に近い祖先の墓ということであろうか。この西陵古墳の保存措置は、古墳保存行政第Ⅲ期での行政措置の状況を示している。

こうして保存された西陵古墳は、第Ⅳ期に至って史蹟名勝天然紀念物保存法が制定された後、史蹟指定された。一方、前方後円墳ではないが、西陵古墳と淡輪ニサンザイ古墳との間にあった、墳丘の一部が流出した大型円墳である西小山古墳は、開発の危機にさらされた。大型の前方後円墳や陵墓については、中央庁としての内務省、宮内省が地方庁にその保存措置を指示する。しかし、西小山古墳のような古墳は、陵墓である可能性も低いと考えられることから、その行政措置については、地方庁である大阪府が実質的に判断をして行わなければならなかった。そのような中で、史蹟名勝天然紀念物保存法の制定とその第一条第二項の地方長官による仮指定の制度は、多数の古墳を管轄下にもつ大阪府にとって行政措置の手段が増えたことになり、西小山古墳に対して早々に史蹟の仮指定を行った。ところが、結果的に仮指定から本指定にならなかったことから、地主の強い要望により指定解除となっている。この西小山古墳に対する行政措置は、史蹟名勝天然紀念物保存法が制定された第Ⅳ・Ⅴ期における地方行政組織による古墳保存行政の状況をよく示している。

淡輪ニサンザイ古墳は陵墓となったことにより、従来地域が主体となって管理・利用してきた環濠の用水もままならなくなり、地域にとっては囲い込まれて隔絶された古墳となった。西陵古墳は史蹟として国民教化の教育材料としての位置付けもあり、地域とは距離を置いたものとなった。西小山古墳に対しては、内務省も大阪府も外観だけの判断により、その価値を正当に評価できずに仮指定解除を行った。結果的に重要な考古学資料の発見となったが、それは結果論であり、西小山古墳は古墳保存行政的には、非陵墓古墳であり未指定であるということで、開発を前提にうち捨てられたのである。それが、近代における行政の限界でもあった。皮肉にも、後にその古墳を後世に伝えようと標柱石を建てたのは、指定解除願を提出した地主関係者であった（図12）。

図12　西小山陵古墳跡標柱石

現在、西陵古墳は文化財保護法により引き続き史蹟として保存されている。また、淡輪ニサンザイ古墳は、陵墓として現在も六ヵ所の陪塚とともに宮内庁管理になっている。一方西小山古墳の現況は、周辺地形の改変により古墳としての形態をほとんど残していない。そして、前述したように所有者の一族と考えられる川村治が一九四〇年（昭和一五）に建設した「西小山陵古墳跡」の標柱石を中央に残すのみであり、文化財保護法の「周知の埋蔵文化財包蔵地」として認識されている。

（2）　各古墳への対応

古墳保存行政の制度的な成立過程の中で、各地域において古墳に対する行政措置が行われていった。五十瓊敷入彦命宇度墓をめぐる玉田山の陵墓の取り消しと淡輪古墳群の淡輪ニサンザイ古墳の決定は、陵墓の所在する地域に少なからず影響を及ぼした。明治時代前期の天皇制イデオロギーが浸透しはじめた地方行政末端の村において、天皇と直接関係する陵墓の存在意義は大きいものと考えられる。建白等を通じて陵墓が新たに治定された淡輪村と取り消された自然田村とでは、地域認識に差を生み出したと考えられる。それは、特に行政末端の村長クラスあるいは地方の知識人階級の意識に強く働いたのではなかろうか。

また、西陵古墳の保存措置の契機となったのが、地域住民からの上申ではなく、尾崎警察分署長から警察部長への「御陵墓ニ相違ナキモノト認メラル」という報告であった。結果的には陵墓でなく指定史跡となったが、淡輪ニサンザイ古墳とは違い、住民も含めて淡輪村からの積極的な動きはみられない。あくまでも、大阪府警察部・大阪府内務部が発端で内務省が主体となった古墳保存の動きであり、古墳保存行政に警察行政が大きな位置を占めたことに注意しなければならない。

さらに西小山古墳の状況は、古墳所有者の積極的な開発の動きに対する地方庁の対応の典型例と思われる。大阪府が所有者の要望により仮史跡指定の根拠の曖昧さと古墳の形状判断から簡単に仮指定を解除し発掘を実施した結果、予想外の多くの出土品が出土した。その過程は陵墓行政、史跡行政に翻弄された多くの非陵墓古墳の歩んだ道といえよう。

この淡輪古墳群の状況は、国家の意思により古墳保存行政が進められ、結果、施策として古墳が選別され、地域で守られ顕彰されてきたものが地域から隔離され、あるいは打ち捨てられていった過程を示している。

註

(1)『岬町の歴史』（岬町、一九九五年）。
(2) 梅原末治、一八九三年八月一三日〜一九八三年二月一九日、大阪府生れ、考古学者、文学博士、京都大学名誉教授。日本考古学の発展に寄与、東アジアの青銅器研究にも功績を残す。
(3)「泉南郡淡輪村の古墳」（『大阪府史蹟名勝天然紀念物調査報告　第三輯』大阪府、一九三二年）。
(4)「淡輪遺跡発掘調査概要・Ⅲ」（『大阪府文化財調査概要　一九八一』大阪府教育委員会、一九八一年）。
(5)『延喜式』巻第二十一。
(6)『泉州志』第六巻、石橋直之、元禄一三年（一七〇〇）。
(7)「五畿内志」（『日本輿地通史畿内部』関祖衡、並河誠所、享保二一年〈一七三四〉）。
(8)『和泉名所図会』秋里籬嶋、寛政八年（一七九六）。
(9)『特別展　和泉の王たち』（歴史館いずみさの、一九九九年）。
(10) 明治五年（一八七二）二月、堺県、区画を制定、一八七四年（明治七）七月に大区・小区を制定する。この絵図の左端の「和泉国第四区日根郡自然田村」の記載から大区・小区制定までの間に作成されたことがわかる。
(11)『陵墓録』国立公文書館蔵。
(12)『陵墓府県帳』宮内庁宮内公文書館蔵。
(13)『春日宮天皇妃　橡姫吉隠陵改定書、安閑天皇皇后春日山田皇女陵取消書、垂仁天皇皇子五十瓊敷入彦命墓取消書』宮内庁宮内公文書館蔵。
(14) 一八七三年（明治六）に教部省の担当者が現地で調査したようである。この時のものと考えられる名簿が自然田村の戸長であった南寿郎家に残されている。一紙で『教部省諸陵御用掛　猿渡中録、疋田棟隆、子安信成、中島権小録』と記されていた。年代は記載されていないが、同年の教部省の『官員録』の内容と一致する。
(15) 大澤清臣は谷森善臣の弟子で神祇官の諸陵寮から宮内省で御陵掛となり修陵事業に関わってきた。高木博志「近代の陵墓問題と継体天皇陵」(『近代天皇制と古都』岩波書店、二〇〇六年)。
(16) 註(13)に同じ。
(17) 『陵墓関係　大阪府庁文書二　御陵墓願伺届』宮内庁書陵部宮内公文書館蔵。山中永之佑「堺県公文録（十）」(『堺研究』一四、堺市立中央図書館、一九八三年)。
(18) 阪南市自然田　南寿郎家文書。『陵墓関係　大阪府庁文書四　御陵墓願伺届』宮内庁書陵部宮内公文書館蔵。
(19) 阪南市自然田　南寿郎家文書。
(20) 現大阪府泉南郡岬町。淡輪村の西側の村。
(21) 私家版。竹内三郎『宇度墓五十丘瓊敷入彦命陵関係文書集成』二〇〇〇年。(「摂河泉文庫」手控本)。
(22) 『陵墓誌　古市部見廻区域内』松葉好太郎、一九二五年。
(23) 『淡輪村誌』(淡輪村役場、一九四〇年)。
(24) 『宇度墓ニ付建白書、船守神社伝記』宮内庁宮内公文書館蔵。
(25) 註(15)に同じ。一八八〇年（明治一三）四月一四日付陵一七七号で五等属大澤清臣と七等属大橋長憙が堺県の巡回を命じられた。しかし、四至本八十郎家文書では大橋長憙の名前は見あたらない。
(26) 「堺県庁　庶務課　九等属　堺県職員録　明治一八年八月」(『堺県法令集三』羽曳野資料叢書七、一九九四年)。
(27) 正式には『垂仁天皇皇子　五十瓊敷入彦命宇度墓決定書、景行天皇皇子　日本武尊白鳥陵改定書』宮内庁宮内公文書館蔵。『野褒野墓実検勘註』宮内庁書陵部宮内公文書館蔵。
(28) 一八七九年（明治一二）一月一六日付。宮内卿から堺県あて第百拾号の達では島泉丸山古墳の敷地計画図が添付されており、その図は明らかに前方後円墳形に変更すべく計画図である。「第二十　片丘馬坂上陵外一ヶ所修繕民有地買上　宮内省」(『陵墓関係　大阪府庁文書二　御陵墓願伺届』宮内庁宮内公文書館蔵)。
(29) 「大阪府告示史第三号」一九二〇年（大正九）一〇月二一日、大阪府公報第七九二号、大阪府立公文書館蔵。古墳の名称は、大阪府公報では記載がなく所在の字名が記載されている。現在、名称は西小山古墳であるが、戦前においては字名をもとに西小山陵古墳の名称が使われている。

(30)「一二四　西小山陵假指定之件　泉南郡」(『大阪府　古墳墓取調書類　史蹟名勝保存（抄）』宮内庁宮内公文書館蔵

(31)官報告示は同年一〇月二六日。

(32)「大阪府告示史第一号」一九二〇年（大正九）四月二二日、大阪府公報第七四四号、大阪府立公文書館蔵。

(33)「大阪府告示史第二号」一九二〇年（大正九）六月二一日、大阪府公報第七六〇号、大阪府立公文書館蔵。

(34)大阪府文化財保護課文書。

(35)魚澄惣五郎、一八八九年一一月一七日～一九五九年三月二六日、広島生れ、日本史学者、広島大学名誉教授。この当時大阪府立女子専門学校教授。

(36)「大阪府訓令第二四号　史蹟調査委員会規則ノ改正　「史蹟調査委員会」ヲ「史蹟名勝天然記念物調査会」ニ改ム」一九二五年（大正一四）七月一三日、大阪府公報第一二三〇号、大阪府立公文書館蔵。

(37)大阪府教育委員会『大阪府の文化財』一九六二年。

(38)註(36)に同じ。

(39)すでに史蹟名勝天然記念物調査会に改組されているが、おそらく名称が長いので旧称を常用しているようである。

(40)「大阪府告示史第二号」一九二九年（昭和四）一一月一四日。大阪府公報第一八三号、大阪府立公文書館蔵。

(41)『大阪府史蹟名勝天然紀念物調査報告　第三輯』（大阪府、一九三一年）。

(42)末永雅雄『古墳の航空大観』（学生社、一九七五年）。『古墳の航空大観』では西小山陵古墳としている。当時の末永先生は、京都帝国大学文学部考古学教室員として大阪府の調査に参加している。

(43)註(30)に同じ。

(44)註(41)の報告書では古墳名称は「西小山古墳」である。

(45)註(41)の報告書では石室内からの出土品の内容は以下の通りである。

一、金銅装眉庇付冑　一　個
二、短　甲（三角板鋲留式）　二　両
三、頸　甲　鏽著壹組

四、肩　鎧
五、挂甲札　四種八百餘個
六、異形鐵製品（武具の一部か）
七、刀　身　二十三口
八、鉾　身　二　個
九、鐵　鏃　三種百七個
一〇、鉸　具　一　個
一一、不明鐵製品
一二、滑石製勾玉　十　六　個
一三、貝殻

(46) 一九三八年（昭和一三）八月二六日指定。
(47) 註(34)に同じ。
(48) 現在のところ、大阪府郷土資料参考館の存在は、他の資料で確認されていない。大阪城天守閣主任学芸員の北川央氏によれば、現大阪城天守閣の可能性もあるとのことである。実態解明は今後の課題である。
(49) 『大阪府誌』第五編名勝旧跡（大阪府、一九〇三年）。
(50) 『泉南記要』（大阪府泉南郡役所、一九二六年）。
(51) 「大阪府訓令第一〇号　史蹟調査委員会規則」一九一五年（大正四）五月二〇日、大阪府公報第二七七号、大阪府立公文書館蔵。
(52) 註(36)に同じ。
(53) 「第三〇号古墳ニ関スル報告」泉南郡長（『陵墓関係　大阪府庁文書七　御陵墓願伺届』宮内庁宮内公文書館蔵）。
(54) 宇度墓（一八八〇年〈明治一三〉一二月宮内省治定）。
(55) 註(53)に同じ。
(56) 宮内省諸陵頭古墳ノ仲ニ付申達」一九一五年（大正四）二月一七日（『内務省警保局文書』国立公文書館蔵）。

(57)「史蹟名勝天然紀念物保存法」法律第四四号、一九一九年（大正八）四月一〇日。

(58) 大阪府『史蹟調査委員会報　第一号』一九一六年（大正五）二月。

(59)「史蹟名勝天然紀念物保存要目」一九二〇年（大正九）一月二八日決定。官報は同年二月一六日。

(60)「史蹟名勝天然紀念物調査会官制」勅令第二五八号、一九一九年（大正八）五月三〇日。

(61) 官報「内務省告示第四十九号」一九二二年（大正一一）三月八日。大阪府では高井田横穴・松岳山古墳・牧野車塚古墳。

(62) 註(59)に同じ。

(63) 註(13)に同じ。

第五章　百舌鳥古墳群の史蹟指定

はじめに

現在、大阪府堺市に所在する百舌鳥古墳群を構成する古墳の中で塚廻古墳と収塚古墳・長塚古墳は、文化財保護法により史蹟として指定され保存されている。これら三基の古墳は、いわゆる近代における文化財関係法令三法[1]の一つである史蹟名勝天然紀念物保存法が一九一九年（大正八）四月一〇日[2]に制定された後、一九二〇年（大正九）四月に塚廻古墳と収塚古墳が大阪府内最初の史蹟に仮指定され、その二ヵ月後に長塚古墳が仮指定される。これらの仮指定は、府内最初の史蹟に対する指定行為というだけでなく、全国的にも後の本指定に先駆けて行われた最初の仮指定[3]という行政処分であった。

この仮指定の行為は、大型の勾玉を含む玉類を大量に出土した塚廻古墳の発掘調査が端緒であると考えら

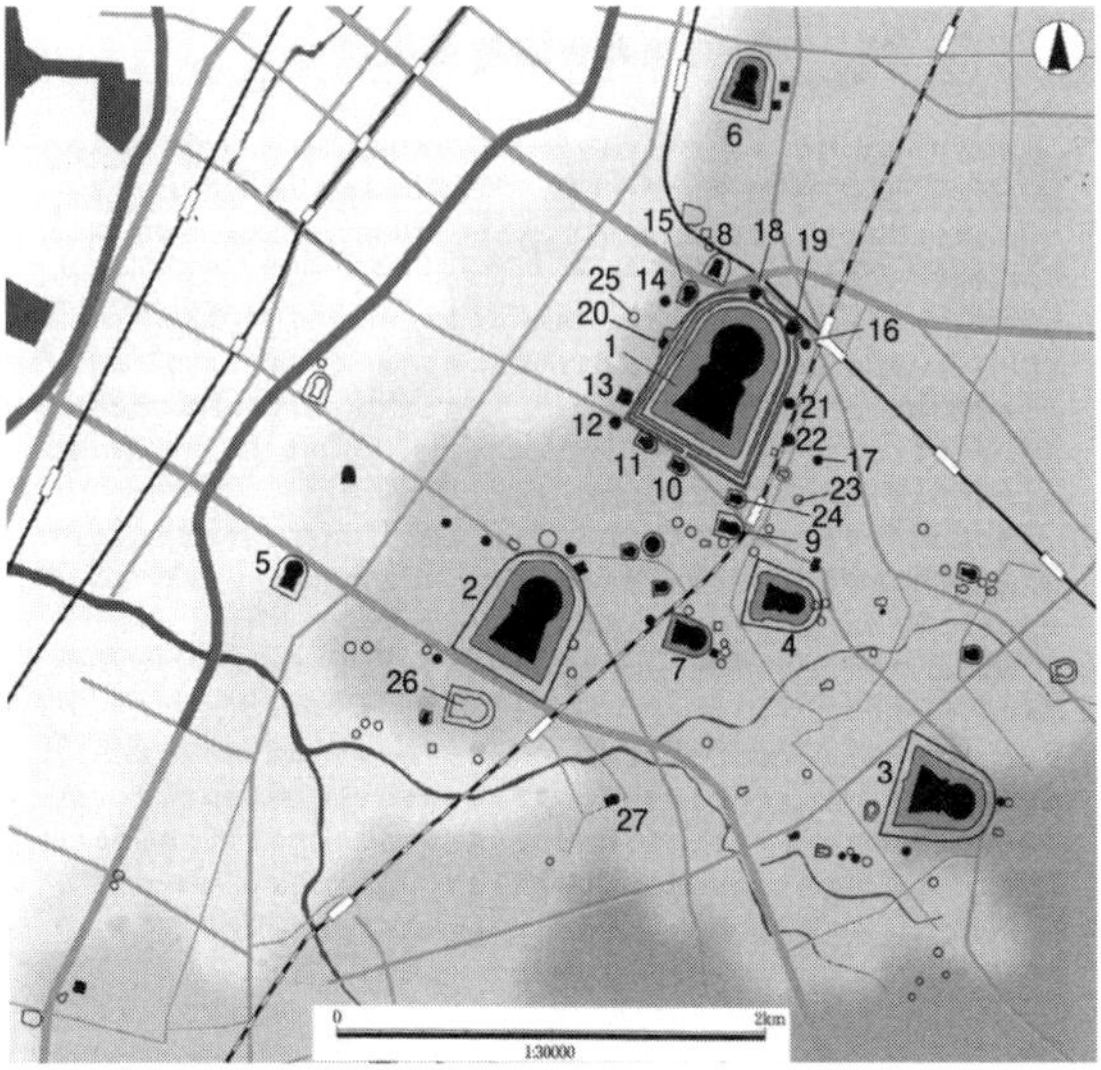

図1　百舌鳥古墳群分布図

れる。この古墳や収塚古墳は、陵墓である仁徳陵古墳[4]に近接することから同古墳の陪塚[5]であると認識され、長塚古墳も陪塚あるいは関係する陵墓の可能性のあるものと考えられていた。しかし、当時仁徳天皇陵の陪塚として官有地に編入され宮内省に管理されていたのは、同古墳西北側を中心に分布する一二基の古墳だけで、この三基をはじめとする同古墳東南側を中心に分布する古墳は民有地のままであった。宮内省はこれら民有地の古墳の買収を試みるが果たせず、史蹟名勝天然紀念物保存法が制定されたことで内務省を促し史蹟[6]として仮指定した（図1・表1）。

本章では、塚廻古墳の発掘の経緯と収塚古墳・長塚古墳も含めた史蹟仮指定の経過を古墳所有者の動向とともに

表1　百舌鳥古墳群主要古墳一覧

図1番号	古墳名
1	仁徳陵古墳（大山古墳）
2	履中陵古墳（上石津ミサンザイ古墳）
3	土師ニサンザイ古墳（東百舌鳥陵墓参考地）
4	百舌鳥御廟山古墳（百舌鳥陵墓参考地）
5	乳岡古墳
6	反正陵古墳（田出井山古墳）
7	いたすけ古墳
8	永山古墳
9	長塚古墳
10	孫太夫山古墳
11	竜佐山古墳
12	狐山古墳
13	銅亀山古墳
14	菰山塚古墳
15	丸保山古墳
16	源右衛門山古墳
17	坊主山古墳
18	茶山古墳
19	大安寺山古墳
20	樋の谷古墳
21	塚廻古墳
22	鏡塚古墳
23	銭塚古墳（消滅）
24	収塚古墳
25	一本松古墳（消滅）
26	大塚山古墳（消滅）
27	文珠塚古墳

に明らかにすることにより、史蹟名勝天然紀念物保存法制定期における史蹟指定という行政による古墳の保存施策について考えてみたい。

第一節　三基の位置と概要

（1）百舌鳥古墳群の概要

仁徳陵古墳を中心とする百舌鳥古墳群は、大阪府堺市に所在する。ここは東隣の古市古墳群と並び、国内有数の大型古墳が密集する地である。

百舌鳥古墳群は、堺市北西部の約四キロ四方に形成されており、上町台地に続く標高一五～二〇メートルの台地上に分布する。古墳群には、開発などにより現在四四基（前方後円墳及び帆立貝式古墳二三基、円墳一七基、方墳五基）の古墳しか残存していないが、現在までに消滅した古墳も含めれば一一二基（近つ飛鳥博物館、二〇〇九）が確認されている。中でも墳丘長四八六メートルの仁徳陵古墳、三六〇メートルの履中陵古墳（上石津ミサンザイ古墳）、東百舌鳥陵墓参考地である二九〇メートルの土師ニサンザイ古墳などの巨大前方後円墳をはじめ、墳丘長が一〇〇メートルを越える前方後円墳が九基現存している。

古墳群を構成する古墳の内、文化財保護法による「周知の埋蔵文化財包蔵地」とは別に、丸保山古墳・いたすけ古墳・乳岡古墳・長塚古墳・収塚古墳・塚廻古墳・文殊塚古墳の七基が史蹟に指定されている。また、反正陵古墳（田出井山古墳）・仁徳陵古墳・履中陵古墳は陵墓として宮内庁が管理している。さらに土師ニサンザイ古墳が東百舌鳥陵墓参考地として、百舌鳥御廟山古墳が百舌鳥陵墓参考地として同じく宮内庁により管理されている。

また、履中陵古墳周囲に四基、反正陵古墳周囲に二基、仁徳陵古墳周囲に一二基の古墳陪塚が位置し、これも宮内庁により管理されている。

そして、見方を変えれば一〇〇メートルを超える現存する前方後円墳九基のうち、三基が史蹟指定され、残り六基が陵墓・陵墓参考地や陪塚として宮内庁による管理のもとに置かれている。このことから、百舌鳥古墳群の残存四四基の内、五割以上の二三基の古墳が宮内庁管理となっている（表2）。

これは、今井堯が論じたように（今井、一九七七）、「国民・研究者」の立入りを禁じた古墳が五割近く達していることになり、古墳研究において自由な現地調査ができない状況に置かれている。これは、古市古墳群でも同様に言えることである。

（2）三基の古墳の位置と概要

①塚廻古墳（図2）

三基の古墳は、仁徳陵古墳に近接するが、塚廻古墳は仁徳陵古墳の東側、第三濠外縁から約一五メートルに位置する。行政区画としては堺市堺区百舌鳥夕雲町一丁に属する。墳形は一時期、帆立貝式

表2　百舌鳥古墳群墳丘100m以上の前方後円墳

図1番号	古墳名		墳丘長（m）	区分	指定日
1	仁徳陵古墳	大山古墳	486 m	天皇陵	維新前確定
2	履中陵古墳	上石津ミサンザイ古墳	360 m	天皇陵	維新前確定
3	土師ニサンザイ古墳	東百舌鳥陵墓参考地	290 m	陵墓参考地	明治42年10月11日
4	百舌鳥御廟山古墳	百舌鳥陵墓参考地	186 m	陵墓参考地	明治34年10月11日
5	乳岡古墳		155m	史跡	昭和49年1月23日
6	反正陵古墳	田出井山古墳	148m	天皇陵	維新前確定
7	いたすけ古墳		146m	史跡	昭和31年5月15日
8	永山古墳		100m	陵墓陪塚	
9	長塚古墳		102m	史跡	昭和33年5月14日

の可能性が示唆されたが、二〇〇三年度の調査[7]（堺市教育委員会、二〇〇五）で円墳である可能性が高くなった。墳丘は二段に築造され、径約三五メートル、高さ約四・五メートルの規模である。周濠は確認されているがすでに埋められている。また、墳丘の裾に埴輪列が確認されている。この古墳は、一九一二年（明治四五）に発掘され、銅鏡二面（変形四獣鏡・鼉龍鏡）や刀剣、硬玉・碧玉・ガラス玉のほか、滑石で作られた勾玉・管玉・臼玉などの玉類が多数出土している。この調査については、次節で詳細に述べる。

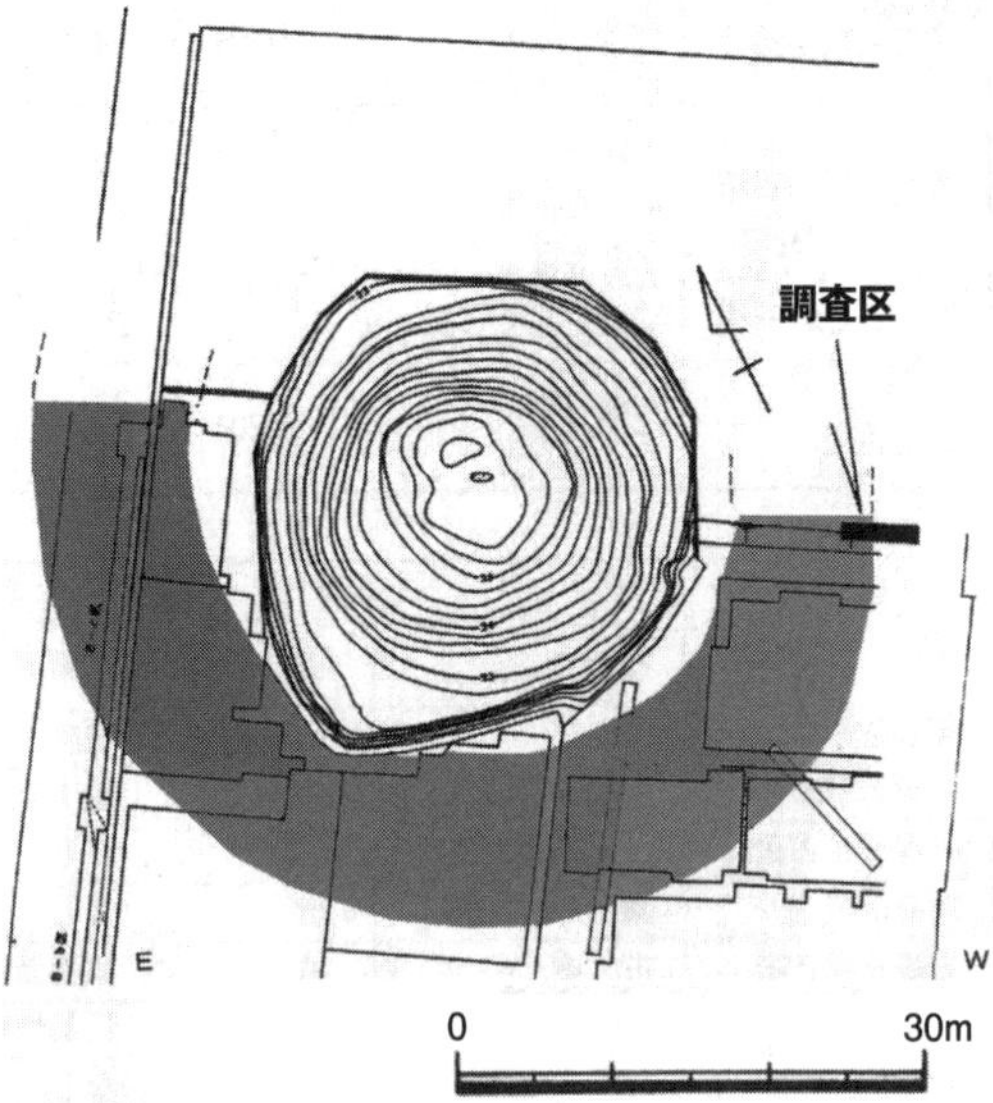

図２　塚廻古墳

図３　収塚古墳

②収塚古墳（図3）

収塚古墳は仁徳陵古墳の前方部東南隅、第三濠外縁から約五〇メートルに位置する。行政区画としては堺市堺区百舌鳥夕雲町二丁に所在する。墳形は前方部を西に向けた全長六一メートルほどの帆立貝形の前方後円墳と考えられている。現況は前方部が削られ、後円部しか残存していない。周濠もすでに埋められている。残存している後円部は径約四二・八メートル、高さ約四・二メートルで、墳頂部からは、かつて短甲片が採集されている。

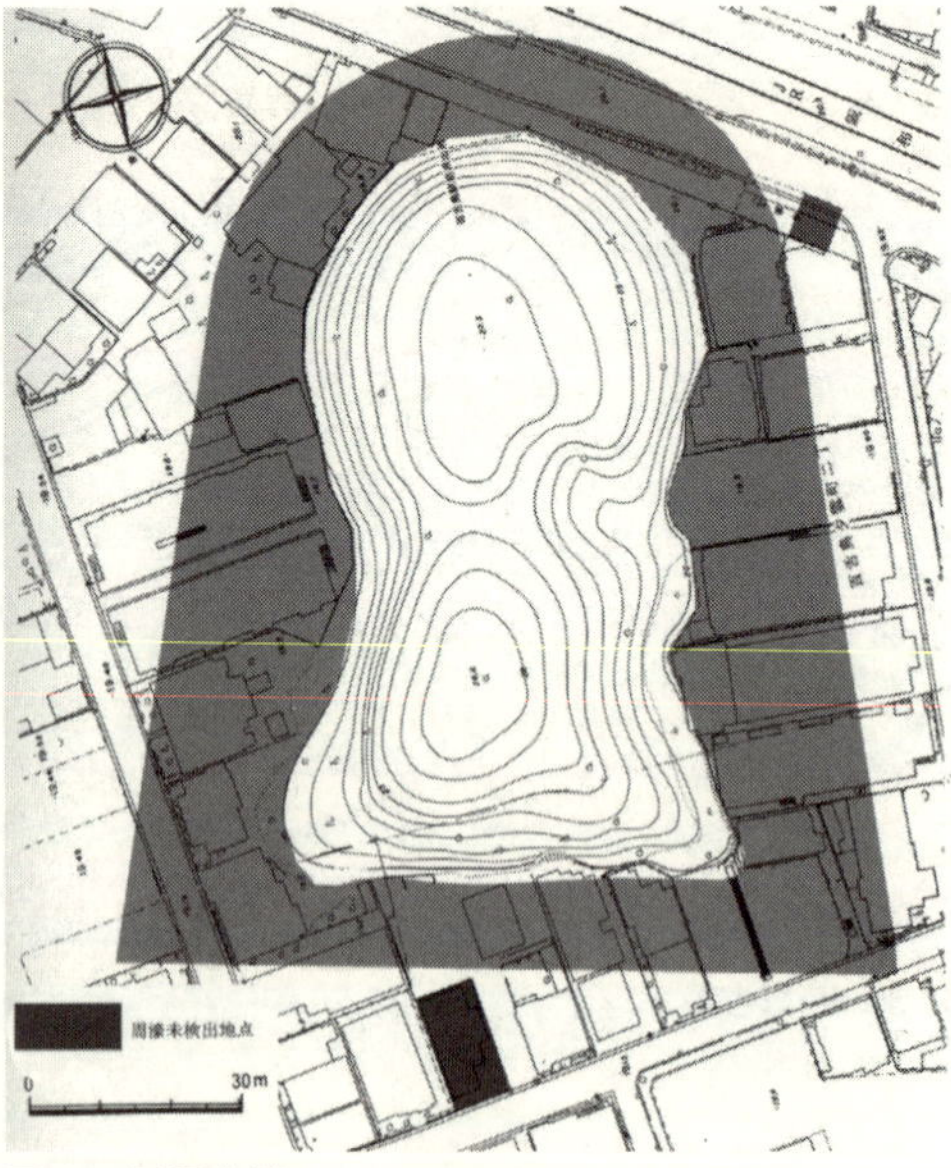

図4　長塚古墳

③長塚古墳（図4）

長塚古墳は、仁徳陵古墳の前方部東南、第三濠外縁から約四九メートルに位置し、行政区画としては堺市堺区百舌鳥夕雲町二丁に所在する。墳形は西向きの前方後円墳で墳丘は全長約一〇二メートル、後円部径約五七メートル、高さ約八・二メートル、前方部幅約六七メートル、高さ約八・三メートルの規模で、二段に築成されている。南側のくびれ部には造り出しがある。現在、周濠はすでに埋没している。遺物は円筒埴輪が採集されているが、主体部の構造や副葬品はわかっていない。埴輪の時期から古墳は五世紀中頃から後半の時期のものと推定されている。

この三基の古墳は、後述する経緯から一九五八年（昭和三三）五月一四日に文化財保護法により国の史跡に指定されている。

第二節　塚廻古墳の調査

（1）　一九一二年の調査

三基の古墳の内、収塚古墳と長塚古墳については、主体部の調査等の記録がなく出土遺物についても不明であり、近年に墳丘周囲の調査が行われてはいるが、全容は把握されていない。それに比べると塚廻古墳は、主体部の調査が実施され遺物が出土している。主体部の調査は、史蹟に仮指定される以前の、一九一二年（明治四五）に東京帝国大学の坪井正五郎[8]、柴田常恵[9]の参加によって実施された。この調査については、調査に参加した大阪朝日新聞記者の大道弘雄が『考古学雑誌』第二巻一〇号[10]及び第三巻第一号[11]に「大仙陵畔の大発見（上）（下）」として報告している（図5）。

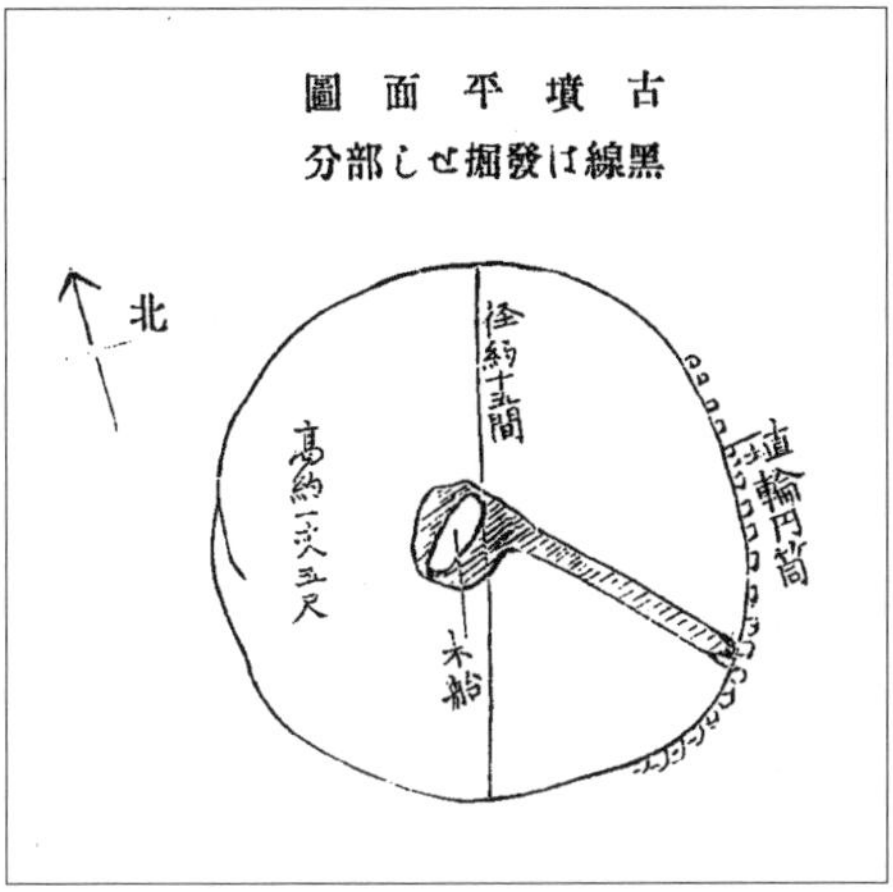

図5　塚廻古墳の1912年調査見取り図

『考古学雑誌』の報告を要約すると、調査は土地の所有者田中淳蔵[12]が当時の泉北郡西百舌鳥村大字赤畑字塚廻[13]に所在する当古墳を開墾しようと計画したことに始まる。田中淳蔵は、古墳が仁徳陵古墳に近接することから何らかの貴重なものが埋蔵されていると考えた。そこで、学者の監督により発掘する必要があると判断し、東京帝国大学教授の坪井正五郎に相談したとのことである。この田中の行動は、彼が当時、大阪府立修徳館館長の職にあり、地方知識人として科学的な学問的素養を持っていた結果と思われる。

調査は同年六月一六日から六月一八日までの三日間で実施された。まさに翌月の三〇日には明治という時代が終わる時であった。発掘は、一六日に東京帝国大学人類学教室助手柴田常恵が先に現地入し、午後四時から開始され、古墳東南裾から中央部に向かってトレンチ状に掘削した。翌一七日には坪井正五郎も参加し、この時大阪朝日新聞の大道弘雄も立ち会った。一七日の午後五時頃には中央部の約二坪を一丈（約三・〇三メートル）ほど深く掘り下げた。さらに掘り進んで、地表から一丈二尺三寸（約三・七二メートル）下から木片を検出し、午後七時に至って遺物が確認された。この時、「段々と四面暗黒となつて来たので我に釣洋灯、龕灯、提灯などを穴の中へ持ち込む」という状況下で出土状態を調査した。そして、午後一〇時に調査を終了し、盗難の恐れがあるからと遺物を含有した粘土を旅館へ持ち帰った。この旅館での整理作業で大型の勾玉が発見され、大道弘雄により一九一二年（明治四五）六月一九日付大阪朝日新聞に「天下一の大曲玉」[14]の見出しで報道された。新聞報道の結果、この発掘は世間の注目を浴びて、多くの見学者が田中邸を訪れた（図6）。

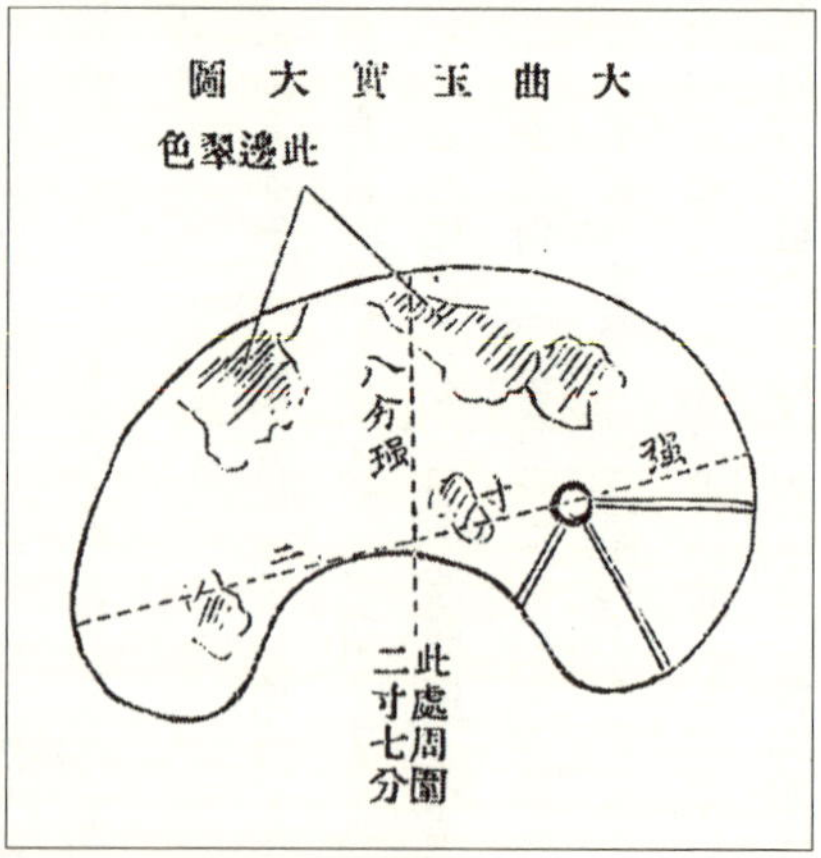

図6　大型勾玉実測図

この調査時の出土品は、鏡が鼉龍鏡と変形四獣鏡の二面、玉類として勾玉が七個出土し、そのうち一個が二寸強（約六・〇六センチ）の大型品で、大阪朝日新聞の見出しとなり、土地所有者で発掘の主体となった田中淳蔵が、遺失物法[15]に基づく出土品の宮内省への提出にともない支払われる報償金の額について、長期に国と裁判で争うことになったものである[16]。勾玉以外に棗玉六個、管玉が大二一個・小四九個、丸玉と小玉は「確かな数は判ら

表３　塚廻古墳出土遺物

種類	名称	特徴	数量	規模
木質	木船		一	長さ三尺六寸・幅一尺六寸
鏡	鼉龍鏡		一	径四寸五分
	四獣鏡		一	径四寸
玉類	勾玉	硬玉（大勾玉）	一	長さ二寸強
		硬玉	一	長さ九分
		玻璃	一	長さ一寸一分
		碧玉岩	一	長さ一寸二分
		碧玉岩	二	長さ一寸
		滑石	一	長さ六分
	管玉	大	二十一	長さ二寸余り
		小	四十九	長さ一寸二分八厘・一寸六分・一寸四分五厘・八分
	棗玉		四	長さ二分五厘
			一	長さ三分
			一	長さ三分五厘
	丸玉	玻璃色	十数	
		水色	四百数十	
	小玉	玻璃色	約百	
		水色	二百数十	
		藍水色	三百数十	
	臼玉	滑石	夥しい数	
刀剣	直刀		二三口分	

ぬ」として表3のように記載されている。臼玉も「一寸算へ切れない程の夥しい数である」とある。この他に、直刀が二三口分腐蝕分解して出土している。そして、これらの遺物が収められていたと思われる木棺片も出土し、これを大道は「木船」という表現で自身の論考も交えて報告している。このように、当古墳の発掘は、考古学者が関与して実施したものとしては現在の発掘レベルと比較して非常に荒っぽいものであった。後に末永雅雄は、当古墳の解説の中で「調査よりは一気に発掘をした程度であって現在なら数十日をかける調査をきわめて短時日に進められた。これも日本考古学発達史上の一現象といえる」（末永、一九七五）と述べている。

（2）黒板勝美の批判

この発掘は期間が三日間、それも実質は二日半程度で行われており、前述したように現在の考古学における発掘調査では考えられないことである。しかしこれは、考古学史上から明治時代後期の学術水準を考えれば批判できるものではない。それよりも、当時この調査が注目されたのは、仁徳陵古墳に近接する古墳を発掘し、大量の出土品が発掘されたことである。つまり、大道も述べているように、この古墳が仁徳陵古墳の陪塚、すなわち陵墓の陪塚の可能性が高いと予想されていたことである。その古墳から大量の遺物が出土したということで、陵墓の陪塚であるという認識がさらに高まった。

調査について大道の「大仙陵畔の大発見（下）」が掲載された一九一二年（大正元）『考古学雑誌』第三巻第一号[17]の最初の論説に「古墳発掘に就て考古学会々員諸君の教を乞ふ」と題して黒板勝美[18]が寄稿している。

この論考で、黒板は「仁徳天皇御陵の陪冢と想像せらるべき古墳」を発掘したことを取り上げ、考古学における古墳の発掘調査について彼自身の意見を三点述べている。すなわち「第一に古墳発掘法の制定せらるべきこと、第二に学術的の発掘に注意せらるべきこと、第三に官憲のさらに一層監督を厳にすべきこと」と。それぞれの論点をみてみると第一点は、遺失物法が制定され、「学芸若しくは考古の資料」となる埋蔵物の所有権は国家に帰属するとされている中で、収集家達や商売人による盗掘が盛んに行われ、古墳が破壊されている。遺物のみを収集しようとする発掘は古墳の破壊を助長するとし、新たな発掘取締法制定の必要性を訴えている。第二点では、学術発掘は埋蔵品を得るためのものではなく、古墳の調査は、その復元や保存を目的とするものであり、「古墳中に発見せる々ものは塵一本だに之を不用として粗末にすべきものなしと言わんと欲す」と述べている。第三点は、発掘調査者が仁徳陵古墳という天皇陵の陪塚と予想しながら、遺物目的に発掘したのなら不敬罪であるとしている。さらに祖先崇拝の我国においてみだりに古墳を発掘すべきでないと論じている。

特に第三点は、「万世一系の皇室を戴く我国体では、祖先崇拝ということは、最も大事な事である。従って祖先の墳墓を大切にすることは、無論の筈である」[19]という近代における古墳保存施策を進めるうえでの一貫した理念があり、その頂点として天皇陵が存在するという基本的背景がある。たとえば、文化財保護法の指定基準[20]では、古墳は史跡一に含まれており、貝塚や遺物包含層と同じように考古学上の遺跡として一括分類されている。ところが、史蹟名勝天然紀念物保存法の保存要目[21]では「三　古墳及著名ナル人物ノ墓並碑」に分類され、墳墓として強調されている。さらに九州の装飾古墳のような指定物件によっては保存要目九の「人類学考古学に重要な遺跡」に該当するものとして、保存要目三と併記されるものもある。

黒板は、坪井正五郎らの発掘を学術発掘の目的、技術レベル、思想性から批判し、当時の考古学界に対し古墳発掘に関する彼自身の見解を示している。それは稲賀繁美（稲賀、二〇〇二）が指摘しているように、彼が一九〇八年（明治四一）から一九一〇年（明治四三）の欧米視察[22]（黒板勝美記念会、一九五三）より得た知識によるものであろう。

第三節　宮内省買収の試み

（1）増田于信の取調

①宮内省の対応

宮内庁宮内公文書館蔵資料の中に、塚廻古墳と収塚古墳にたいする買収に関する一件書類綴りがある。『仁徳天皇陵陪冢塚廻・収塚両古墳買収決裁書類写〔附〕仁徳天皇の民有陪冢について』[23]と題するもので、その中に一九一二年（大正元）九月一五日付の「仁徳天皇百舌鳥耳原中陵陪冢取調書」がある。この取調書は、前述の田中淳蔵らの発掘が諸陵寮に報告されたことにより、御用掛の増田于信[24]が調査を命じられ、作成されたものである。内容的には、主に発掘された古墳が仁徳陵古墳の陪塚であることを考証し報告したものである。

それによれば、諸陵寮は一九一二年（明治四五）六月一六日付百舌鳥部筒井陵墓守長からの次のような報告により発掘を知った。

仁徳天皇御陵東方ニ有之古墳墓（大坂府修徳館長田中淳蔵所有地）本日ヨリ発掘ニ着手仄ニ伝聞仕候ニハ何分無届ノ試掘ニ付本日モ徹夜続行ノ趣ニ有之候間不取敢此段及御報告候也

筒井は、発掘が開始された日に、無届で発掘調査が行われていることを伝え聞いたと諸陵頭山口鋭之助[25]に報告している。また、同年六月二八日、七月三〇日、明治から大正に改元された翌月八月二八日の三回にわたり大阪府からも報告を受けた。そして、前述の黒板の文章中には、発掘が終わってから諸陵寮による中止命令が電報で届いたと記載されていることから、行政処置がとられたことは明らかである。

また、諸陵寮は出土品の取り扱いについて、黒板の批判とは相違し、坪井正五郎の指導があったことにより秩序正しく取り出されたとしている。そして、遺失物法に基づいての報告が大阪府警察部になされていたようで、「詳細は当該報告書に詳しい」としている。

②仁徳陵古墳の陪冢問題

増田の取調書の中心は、仁徳天皇陵の兆域の確定とそれに基づく宮内省管理となっている陪塚も含めての再考証であった。

増田は、最初に『延喜式』記載の百舌鳥耳原中陵の兆域「東西八町南北八町」を大宝令の大尺によって測ったものとして換算し、「周囲二千二百六十間（四〇九〇・六メートル）面積三十二万坪（一〇五万七八五六平方メートル）」と復元し、復元図面も提示した（図7）。そして、この塚廻古墳は、仁徳陵古墳から六間（一〇・八六メートル）しか離れていないことから、『延喜式』にいう兆域内に位置すると断定している。そして、大宝喪葬令を引用し、先皇陵条に「兆域内不得葬埋及耕牧樵採」とあることから、兆域内には他の墳墓は存在しないとして、この古墳は「山陵ノ陪冢タルコトヲ知ルヘシ」と記している。さらに、陵制廃止後の古墳の可能性もあるが、当古墳から「土輪ヲ用ヰ埋蔵品亦当時ノ物」が出土していることから、同じ時期の古墳であり陪塚であることは明らかであるとしている。つまり土輪すなわち埴輪が存在することが山陵と同時代であることを証明していると報告しており、埴輪の存在が、宮内省諸陵寮による古代陵墓決定(26)における重要な要素となっている。

この仁徳天皇陵兆域推定地内の古墳には、宮内省によってすでに陪塚として位置付けられ官有地に編入されるなど行政措置がとられているものがある。現在も引き続き宮内庁により管理されてい

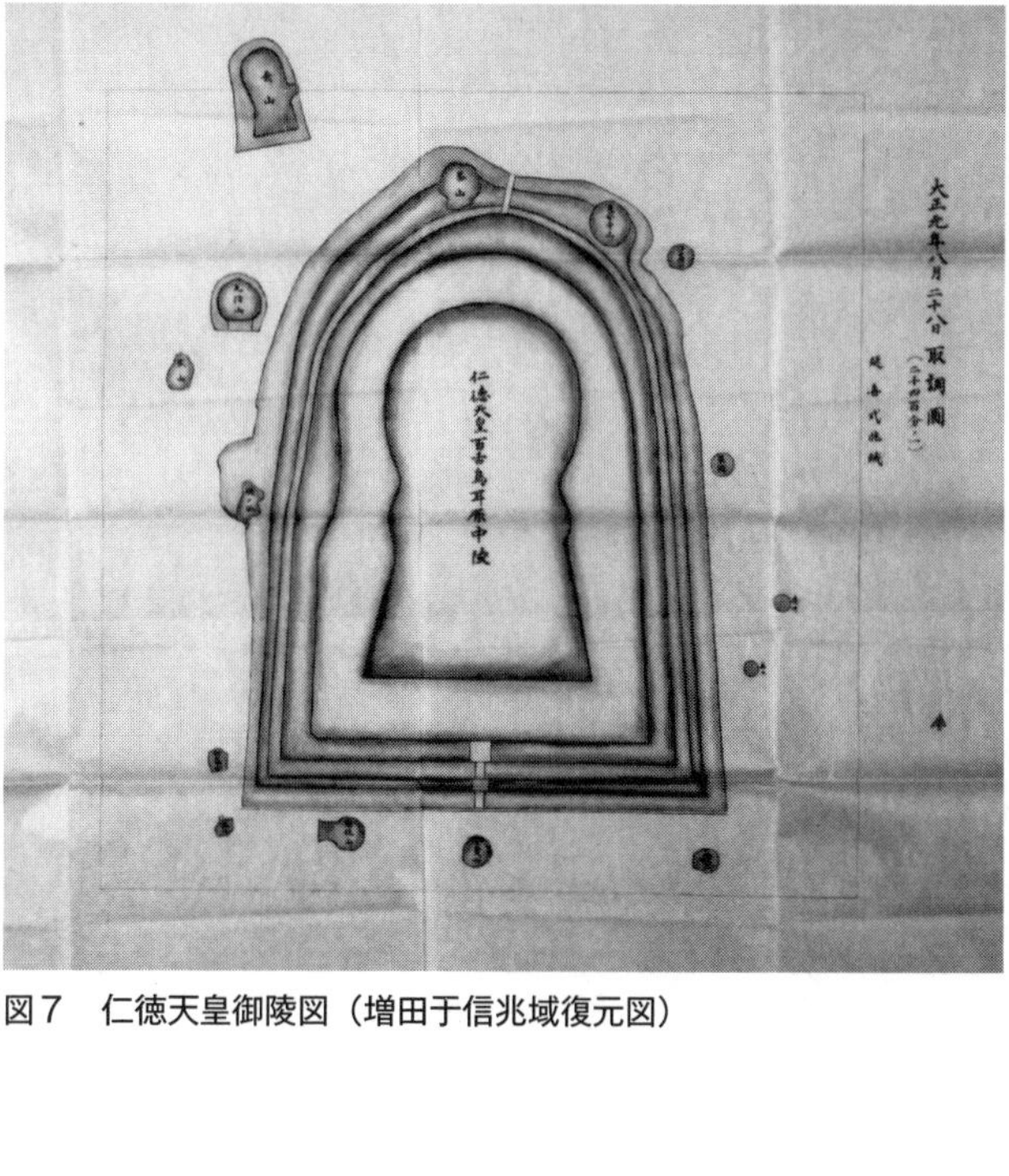

図7　仁徳天皇御陵図（増田于信兆域復元図）

るもので孫太夫山古墳、龍佐山古墳、狐山古墳、銅亀山古墳、樋の谷古墳、菰山古墳、丸保山古墳、長山（永山）古墳、茶山古墳、大安寺山古墳、源右衛門山古墳、坊主山古墳の一二ヵ所である。これらは、仁徳陵古墳の北東側から南西側にかけて分布している（表4）。

③取調の結果

増田はこれら宮内省の管理下にある陪塚にも言及し、調査した結果として樋の谷古墳は周濠の堤が決壊したときに残存した堤の一部であり「古墳ニアラス」としている。また、坊主山古墳についても「塵塚ノ自然ト丘ヲ為シタルモノナリ」として同様に「古墳ニアラス」と判断している。仮に古墳であるとしても「遠ク古ノ兆域外ニアリテ中陵ノ陪冢トハ認メ難シ」と、前述したように増田が換算した数値で示した兆域外に存在することから陪塚の可能性を否定している。さらに長山（永山）古墳は独立した前方後円墳で、他の陪塚と性格を異にする皇子皇女あるいは皇后の墓ではないかという私見を述べている。

さらに、一二ヵ所の陪塚以外に、兆域推定地内には民有地となっている塚廻古墳、収塚古墳などの陪塚があるとし、他にも「既ニ廃墳ニ帰セシモノ二所アリ一ヲ銭塚トイフ既ニ其形ヲ失フ一ヲ某冢トイフ既ニ形ヲ失ヒタレト其跡僅ニ存シテ土輪ノ破片ヲ見ル」と報告している。

また、一二ヵ所の陪塚の官有地編入の経緯と、それ以外の民有地になっている古墳の経緯について調査し報告している。それによれば、一二ヵ所の陪塚は一八七四年（明治七）に堺県が実施した地租改正時の調査編入時に編入されたもので、古墳が疑問視されている坊主山古墳を除いて仁徳天皇陵古墳が所在した舳松村域の古墳であった。[27]それに対し、仁徳陵古墳に近接し陪塚の可能性があると考えられていた塚廻古墳や収塚古墳、長塚古墳などの百舌鳥村の古墳については、一八七五年（明治八）に地券が交付され民有地として確定した。その地

表４　仁徳陵古墳宮内庁管理陪塚一覧

番号	古墳名	墳形	規模	その他
い号飛地	孫太夫山古墳	帆立貝形	墳丘長 56m、後円部径 48m、前方部幅 30m	後円部墳丘のみ指定
ろ号飛地	龍佐山古墳	帆立貝形	墳丘長 67m、後円部径 55m、高さ７m、前方部幅 30m	墳丘のみ
は号飛地	狐山古墳	円墳	径 23m、高さ４m	残存墳丘のみ
に号飛地	銅亀山古墳	方墳	一辺 26m、高さ 4.6m	残存墳丘のみ
ほ号飛地	菰山古墳	帆立貝形	墳丘全長 36m、高さ３m	残存墳丘のみ
へ号飛地	丸保山古墳	帆立貝形	墳丘全長 87m、後円部径 67m、前方部幅 40m	後円部墳丘のみ
と号飛地	永山古墳	前方後円墳	墳丘全長 104m、後円部径 63m、高さ９m、前方部幅 67m、高さ８m	墳丘のみ
ち号飛地	源右衛門山古墳	円墳	幅５m、深さ 1.8m の周濠をもつ墳丘径 48m	墳丘のみ
り号飛地	坊主山古墳	円墳	一辺 20m 前後、高さ２m	残存墳丘のみ
本陵内甲号	茶山古墳	円墳	径 55m、高さ８m	一部残存
乙号	大安寺山古墳	円墳	径 60m、高さ 9.5m	墳丘のみ
丙号	樋の谷古墳	不整形	径 47m	古墳？

租改正時の堺県による調査で民有地の所有者が謀って官有地編入を逃れたとも言われていると報告している。この一二ヵ所の陪塚編入すなわち官有地化された古墳と、官有地化に至らなかった百舌鳥村の古墳の経緯については、中井正弘（中井、一九七七、一九九二）の詳しい論考がある。それによれば、近世から続く村の水田経営のあり方による違いであるとしている。百舌鳥村域の水利は、仁徳陵古墳の濠水を利用していない。それに比べ濠水を灌漑に利用していた舳松村が、水利確保のために村域内の陪塚と考えられている古墳を官有地として引き渡さざるを得なかったというものである。

増田は、調査結果として塚廻古墳、収塚古墳は陪塚であり、両古墳を買収して編入すべきとしている。また、塚廻古墳は陪塚であるから、出土品の持ち主は明らかであるので宮内省に返還すべきとしている。併せて前述の廃墳には陪塚跡である旨の標識を建て、現在の樋の谷古墳、坊主山古墳は解除してしかるべきであると結論付けている。

（2）買収への動き

増田の一九一二年（大正元）九月一五日付の取調書が作成された後、一九一三年（大正二）三月二〇日付で諸陵寮出張所から塚廻古墳と収塚古墳の反別取調書と実測図が本寮宛に届けられた。そして同年四月五日に諸陵頭山口鋭之助から宮内大臣渡邊千秋宛に増田の取調書と図面を添付した上申書が提出された。それは、増田の意見のとおり、塚廻・収塚の両古墳を仁徳陵古墳の陪塚と認め、買収の上保存すべきであるというものであった。

これを受けて同年四月三〇日付宮発第一八八号で宮内大臣から帝室林野管理局長官宛で左記の達があった。

帝室林野管理局長官

仁徳天皇御陵陪塚トシテ大阪府泉北郡西百舌鳥村大字高田小字山田ヲサメ冢六百八拾参番地民有山林反別七畝拾五歩及同村大字赤畑小字塚廻百四拾五番地民有山林反別四畝拾三歩別紙図面ノ区域立木共其ノ局ニ於テ買上ノ手続ヲ為スヘシ

大正二年四月三十日執行済

宮内大臣

この公文書から、宮内省により両古墳の買収が決定され、帝室林野管理局に対して手続きを進めるように指示が出されたことがわかる。しかし、これ以後の記録は現在のところ発見されていないので、帝室林野管理局が、どのような動きをしたかは判明しない。結果的には、両古墳は現在も民有地であることから買収は完了していないことがわかる。また、他の宮内省管理の陪塚に関しても、増田の取調書にあった樋の谷と坊主山の解除はなされず現在に至っている。

この決裁に添付されている図面に兆域復元図以外に「(百舌部)乙第廿一部古墳墓取調略図」(図8)があった。この図は一九〇二年(明治三五)に筒井百舌鳥部陵墓守長が制作したものである。この図の目的は、百舌鳥古墳群における反正陵古墳、仁徳陵古墳、履中陵古墳と分布する他の古墳との位置関係(距離)を示すとともに、陵墓(陪塚、陵墓参考地)、陵墓以外の官有地の古墳、民有地の古墳を示すものである。つまり、各古墳の所有管理形態を示すもので、諸陵寮はこれを添付することにより、兆域推定地内の陪塚と考えられる民有地の古墳の買収を意義付けようと考えたと思われる。

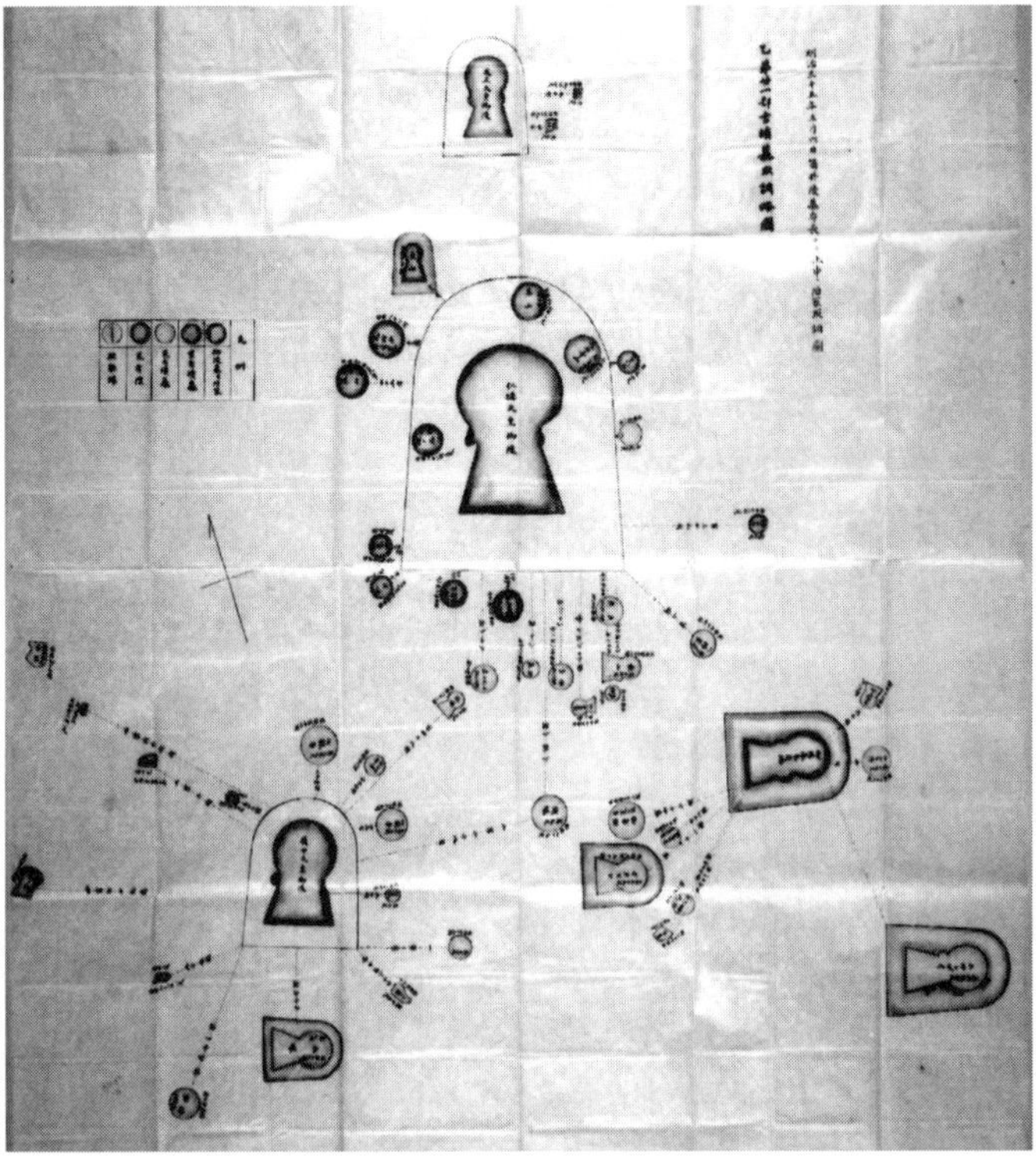

図８　乙第廿一古墳墓取調略図

(3) 宮内省の危機感

諸陵頭山口鋭之助は買収の上申をする一方で、東京帝国大学の職員である坪井正五郎が宮内省との協議を経ず、一般人の要請により塚廻古墳を発掘したことについて問題視した。

そして、一九一三年（大正二）四月一七日付陵墳第三九号[28]で内務省警保局長宛に以下の文書を出している。

四月十七日陵墳第三九号

明治四十五年六月二十八日附同七月三十日附及大正元年八月二十八日附保第七六五号ヲ以テ大阪府知事ヨリ当省大臣へ報告ニ係ル大坂《（ママ）》府下泉北郡西百舌鳥村大字赤畑田中淳蔵所有地内発堀《（ママ）》ノ古墳ハ仁徳天皇御陵ノ陪塚タルヘシトノ見込ヲ以テ従来当寮ニ於テ調査中ノモノニ有之今般愈同御陵ノ陪塚ト認定シ従テ発堀品モ当省へ出サシムルコトニ相成候処古墳ノ儀ハ御承知ノ通猥ニ発堀《（ママ）》為致間敷コトニ相成居又帝国大学ニ於テ発堀《（ママ）》ノ必要アル場合ニハ一応当省へ照会ヲ要スルコトニモ相成居候然ルニ本件ハ土地所有者田中淳蔵カ東京帝国大学教授理学博士堀《（坪）》井正五郎ト謀リ其指導ヲ受ケテ発堀《（ママ）》シタル趣ニ候得共当省へハ何方ヨリモ何等打合無之候就テハ斯ノ如キ発堀《（ママ）》ノ将来モ尚行ハル、様ノコト有之候テハ未定御陵墓調査上大ニ差支ヲ生スル次第ニ付此際関係ノ向へ特ニ御注意方可然御取計相成度別紙大阪府知事報告書写藍添へ此段及照会候也

大正二年四月十七日

諸陵頭理学博士山口鋭之助印

内務省警保局長岡田喜七郎殿

山口は、塚廻古墳について、以前から陪塚の可能性があるとして諸陵寮が調査し、今回陪塚として認定したことにより、出土品を諸陵寮へ提出させることになったとしている。古墳からの出土品は遺失物法[29]第一三条並びに一八九九年（明治三二）内務省訓令第九八五号「学術技芸若ハ考古ノ資料トナルヘキ埋蔵物取扱ニ関スル付訓令」により、必然的に諸陵寮に提出させることができる。しかし、あえて「陪塚ト認定」することにより出土品の所有権を仁徳天皇すなわち天皇家と断定し、陵墓以外の古墳出土品と収集目的を差別化しようとする意図がうかがえる。また、帝国大学職員が陵墓の陪塚と目される古墳を宮内省と事前調整もなく発掘することは、諸陵寮が

行っている未定陵墓の調査に影響がでると懸念している。このような状況に対し、しかるべき措置をとるよう内務省警保局に依頼している。

この依頼の結果、同年六月一一日付警第二六五三号[30]で各地方長官宛、警保局長名で以下の「古墳発掘ニ関スル件」が通牒された。

古墳発掘ニ付テハ曩ニ及通牒置候処近来宮内省ニ申出ツルコトナク往々発掘ニ従事スル場合有之斯クテハ未定御陵墓調査上大ニ差支ヲ生スルヲ以テ相当注意方宮内省ヨリ申越ノ次第モ有之候条一般人民ノ発掘ニ付テハ同省ノ意見ヲ徴シタル上相当措置相成度尚一般人民発掘ノ場合大学職員ノ立合ヲ請フ者ニ在リテハ宮内省ニ申出ノ手続ヲ為サヽル場合往々有之候ニ付テハ特ニ御注意相成候様致度依命及通帳候

追テ大学職員発掘ノ場合ハ予メ大学ヨリ貴官宛通報ノ筈ニ有之条御了知相成度候

さらに、文部省専門学務局長宛[31]で大学職員の発掘に関しては、予め地方庁へ連絡するように依頼している。

この大学職員の古墳発掘についてはすでに一九〇一年（明治三四）四月二二日付専甲四一〇号[32]で学校を所管する文部省専門学務局長から東京帝国大学総長、京都帝国大学総長に通牒が出されている。それには、「人類学研究等ノ為メ自然古墳発掘ノ必要アル場合」は、宮内省に照会するように指示されている。さらに、同年一一月四日付地第一三三九号[33]による内務省地理課長・警保局長連名での各地方長官宛通牒では、人類学研究等で古墳の発掘が必要な時は文部省から宮内省に打ち合わせするように協議済みなので、あらためて地方庁から宮内省に打ち合わせる必要はないとしている。ところが、この一九〇一年（明治三四）の通牒と相反し、一九一三年（大正二）の通牒では発掘調査に対する地方庁の監督強化を促している。

以上のことより、当時の新聞紙上を騒がせた塚廻古墳や城山古墳のような古代陵墓が集中する地域における考古学者や民間人による発掘調査に対し、宮内省が神経を尖らせていたことがわかる。

第四節　史蹟の仮指定

（1）史蹟の仮指定

結果的に、宮内省が官有地に編入できなかった塚廻古墳や収塚古墳は、一九一九年（大正八）に史蹟名勝天然紀念物保存法が制定されるとともに史蹟に仮指定された。この史蹟の仮指定制度は、同法第一条第二項で次のように規定されている。

第一条　本法ヲ適用スヘキ史蹟名勝天然紀念物ハ内務大臣之ヲ指定スル

前項ノ指定以前ニ於テ必要アルトキハ地方長官ハ仮ニ之ヲ指定スルコトヲ得

条文によれば仮指定は、内務大臣[34]が指定する前に緊急に保存が必要な時に、地方長官が臨時の措置として仮に指定できる制度である。[35]そして、この処分行為については、史跡名勝天然紀念物保存法施行規則第一条によって官報による告示行為が定められている。また、地方長官が仮指定を行うことができるが、あくまでも指定行為の行政処分は内務大臣の権限に属することから、地方長官の行為は仮処分であると解釈されている。しかし、地方庁において、法解釈[36]の相違から独自の判断だけで仮指定の処分行為を行う例があったと想像される。このことから、地方長官に対し内務省は、仮指定行為の事前協議を指示する依命通牒[37]を発している。

この制度は、戦後制定された文化財保護法[38]に引き継がれ、同法第一一〇条及び第一一二条において規定されている。同法では「都道府県の教育委員会」が史跡の仮指定を行うことができるとされている。

（2）　塚廻古墳・収塚古墳の仮指定

①宮内大臣の照会

塚廻古墳と収塚古墳の二基は、史蹟名勝天然紀念物保存法の制定とともに、官有地への編入という直接的な国家管理ではないが、前述の史蹟仮指定という新たな間接的な国家管理の道が開かれた。以下、この経過について宮内庁宮内公文書館蔵『大阪府古墳墓取調書類　明治九―大正一二史蹟名勝保存（抄）』[39]の公文書を中心にみる。

両古墳の仮指定の手続きは、内務次官から大阪府知事に対する一九二〇年（大正九）三月二六日内理第一号の通牒からはじまった。

別記ノ古墳ハ此際史蹟名勝天然紀念物保存法ニ依リ保存セラルル様被取計旨宮内大臣ヨリ内務大臣へ照会ノ次第モ有之候ニ付テハ同法ニ依リ先ツ至急貴官ニ於テ仮ニ史蹟ニ指定セラレ候様手続御運相成度申進候

記

泉北郡百舌鳥村大字赤畑塚廻古墳

所有者　同郡同村大字同　　田中淳蔵

同郡同村大字高田ヲサメ塚（収塚）

所有者　同郡同村大字同　　柴田寛三

塚廻古墳及び収塚古墳について、宮内大臣から内務大臣に照会があったことから、内務次官名で二基の古墳を大阪府知事の権限により至急に史蹟の仮指定の手続きを進めるように申し入れている。この古墳の仮指定に関しては、史蹟行政が内務省の所管にもかかわらず、指定について宮内省の意向が大きく反映されているのがわかる。

さらに同時に内務大臣官房地理課長から、大阪府知事宛に以下の「史蹟指定ニ関スル件通牒」が出された。

泉北郡百舌鳥村所在古墳ヲ史蹟ニ仮指定ノ件本日内務次官ヨリ被申進候処該古墳ハ更ニ内務大臣ノ指定ヲ要スルモノト被存候ニ付所在地名、地番、地目、地積、現状、所有者住所氏名等ノ詳細及明確ナル区域図ヲ添付シ指定方具申相成度候

この地理課長名の通牒では、仮指定後さらに史蹟名勝天然紀念物保存法第一条第一項の規定による内務大臣の指定が必要と判断され、詳細な資料の提出を求めている。

②大阪府の仮指定

この通牒を受けた大阪府は、両古墳に関しての仮指定への準備を進め、四月九日付で史蹟調査会委員豊田小八郎[40]に両古墳の調査を命じた。四月一〇日付の豊田小八郎の報告書は、名称、地目、地番、地積、現状、所有者、附の順で記載されている[41]。この中で、塚廻古墳の名称については「無之」としている。現状については以下のとおり報告している。

民有耕地ノ中ニ独立シ其形稍整ヘル円墳ナリ周囲十一間（旧記ニ據ル実測セハ多少増加スヘシ）高サ一丈五尺大小ノ松樹約七八十株叢生ス最大ノモノ目通リ太サ二尺五寸短小ノ樫木点綴ス山頂ノ稍凹メタルハ往年所有者ガ大曲玉ヲ掘リ出セシ痕跡ナルヘシ

また、収塚古墳の現状についても以下の報告がなされている。

民有耕地ノ中ニ独立シ不整ナル円形ヲ備フ丘状モ亦正シカラス由来ハ円墳ナリシナルヘシ全丘松樹約百株最大ノモノ目通リ太サ三尺五寸其間樫ノ小樹ヲ雑□最高ノ処一丈四尺

現在の両古墳は周囲の環境を別にすれば、当時の状況とあまり変化していないようである。また両古墳の説明

の最後に附として「同墳ハ仁徳天皇御陵ノ陪冢タルコト疑ナシ」と記している。しかし、そこには「疑ナシ」の理由は何も説明されていない。

また、大阪府は四月一〇日付で泉北郡長宛に「所在地名、地番、地目、地積、所有者、住所、氏名ノ詳細及現状ヲ知ルヘキ明確ナル区域図」の提出を求めた。泉北郡長からは四月一六日付で大阪府内務部長宛に「古墳ニ関スル件」として調査の回答がなされた。その名称については豊田小八郎の報告とは相違し、塚廻古墳は「塚廻リ」として「（土地台帳、塚廻リトアリ）」と注記がみられる。また収塚古墳についても名称の下に「（土地台帳面、山田トアリ）」と注記がある。

このような調査を経て四月一五日付で「史蹟地指定ノ件」について起案がなされ、四月二〇日付で決裁、四月二二日付で大阪府は史蹟の仮指定を行った。決裁後ただちに「古墳ヲ史蹟ニ仮指定ノ件」の表題のもとに知事から内務次官宛の報告案が起案され、四月二四日付で送付されている。

内務次官宛

古墳ヲ史蹟ニ仮指定ノ件

本年三月二十六日附内理第一号ヲ以テ当府下泉北郡百舌鳥村所在古墳ヲ史蹟名勝天然紀念物保存法ニ依リ史蹟ニ仮指定ノ件御通牒ニ接シ直ニ同法ニ依リ調査致左ノ通指定致候條御了知相成度此段及報告候

記

大阪府告示史第一号

史蹟名勝天然紀念物保存法第一条第二項ニ依リ左記古墳ヲ史蹟ニ仮指定ス

大正九年四月二十二日　　　　　　　大阪府知事池松時和

記

國	郡	村	大字	字	地番	地積 臺帳	所有者住所氏名
和泉	泉北	百舌鳥	赤畑	塚廻	一四五	山林 四畝十三歩	泉北郡百舌鳥村大字赤畑 田中淳蔵
同	同	同	高田	山田	六八三	山林 七畝十五歩	泉北郡百舌鳥村大字高田 柴田寛三

この報告は、そもそも仮指定の要因が内務次官通牒によるものであることからなされたとの解釈ができる。前述したように、地方長官による史蹟の仮指定に対する内務省への事前協議及び報告が義務づけられるのは一九二二年（大正一一）の内務省の依命通牒[42]によってである。したがって、この時点では、史蹟名勝天然紀念物保存法の事務手続について、細部においては定まっていない部分もあったようである。

この仮指定の報告とともに内閣印刷局宛の官報への告示の取り扱い依頼がなされている。これは、史蹟名勝天然紀念物保存法施行規則[43]の第一条により以下のとおり規定されているためである。

第一条　内務大臣ハ史蹟名勝天然紀念物ノ指定ヲ為シ又其ノ指定ヲ解除シタルトキハ官報ヲ以テ之ヲ告示ス地方長官仮指定ヲ為シ又其ノ仮指定ヲ解除シタルトキ亦同シ但シ指定ヲセラレタル物ノ保存上必要ト認メタルトキハ告示セラレルコトヲ得

この結果、一九二〇年（大正九）四月二二日付大阪府公報第七四四号及び同年五月八日付官報で大阪府告示史第一号として告示行為がなされ、両古墳には史蹟の仮指定がなされた。

この仮指定は、宮内省から内務省への照会がその端緒であったことを述べたが、そもそも宮内省がこの古墳を仁徳陵古墳の陪塚として買収しようとしたのは一九一三年（大正二）であり、すでに七年が経過している。宮内省は、史蹟名勝天然紀念物保存法の成立を待って満を持して内務省に照会をかけて、仮指定を促したことがうかがえる。

（3）　長塚古墳の仮指定

①仮指定の要因

塚廻古墳・収塚古墳が仮指定を受けた二ヵ月後、一九二〇年（大正九）六月二一日には長塚古墳も史蹟の仮指定を受けた。当古墳は宮内省の買収対象にはなっていなかったが、やはり仁徳陵古墳に近接するところから、陪塚と考えられていた。しかし、増田于信の取調書にもあるように、その形態が前方後円墳であり、全長が一〇〇メートル、造出しを有することから、陪塚とは考えにくいものである。

当古墳が仮指定を受けた直接の要因は、一九一六年（大正五）五月の所有者からの買上願書とそれに続く古墳の売買、新たな所有者の宮内省に対する働きかけである。

一九一八年（大正七）六月六日付で宮内大臣宛に、長塚古墳所有者から下記の「古墳発掘御願」が警察分署を通じて提出された。

一　所在地　泉北郡西百舌鳥村大字高田六百七十六番地
　山林参反五畝歩
一　発掘ノ目的及理由　樹木ノ発育不充分ニシテ生産ノ目的ナク且ツ自今一山土ノ必要有リ之候ニ付発掘ノ上田地ト為サムトス
一　土地ノ伝説及流伝　何等拠ルヘキ伝説流伝等無之候モ山林ノ形状等ニ依リ古墳墓ニアラサル哉トノ嫌疑有之候

右私所有地今般発掘致度尤モ御認可ノ上ハ御規則堅ク遵守可致候間御認可被成下度別紙圖面相添へ此段願上候也

この願書は警察分署から大阪警察部長宛に同年六月一四日付で進達され、さらに六月二〇日付保第三九七七号で大阪府知事から宮内大臣宛に「古墳発掘ニ関スル件」として進達されている。

右者ヨリ別紙ノ通古墳墓地発掘願出候処本願ノ場所ハ本年三月十一日諸陵頭ニ通報致置候ノ通本人ノ所有スル以前ハ大阪府泉北郡西百舌鳥村大字高田四十五番屋敷△△△ナル者ノ所有ニ有之仝人ハ大正五年十一月九日該土地買上書ヲ差出シ（仝年十一月二十四日学甲台四三六四号ヲ以テ進達）其ノ後本年二月十四日付ヲ以テ家政整理ノ為メト称シ前願却下シ翌日之ヲ肩書人ニ不相応ナル高価ヲ以テ売却シタルモノニ有之出願ノ表面ハ樹木移植并ニ土地開墾ヲ目的トスルモノナルモ其ノ内容ハ他ニ深キ意志（高貴物件発見）アルモノト被思料候ニ就テハ御詮議ノ上至急何分ノ御指揮相成候様致度此段及進達候也

この進達文書からは、起案した警察部保安課が所有者の発掘意図に不審を抱いていることがわかる。そして、現所有者が長塚古墳を通常より高い売買価格で購入したのは、「高貴ノ古墳」「皇族ノ古陵」との伝説と、規模形状から「高貴物件発見」を期待してのことと推測している。そして、これを裏付けるように、売買前には前所有者から一九一六年（大正五）一一月九日に「御陵墓伝説区域内ニアル御参考地買上願」が提出されている。その買上願の理由として以下のことを挙げている。

長塚山林ハ他ノ御陪塚ニ比シ面積頗広大形状モ亦皇陵ノ如キ形ヲナシ外濠ハ遙拝所ノ小丘ト認ムヘキトノ関係ヨリ観レハ高貴ノ古墳又ハ皇陵アラサルカト恐察仕候故ニ考古家又ハ其筋ノ人ニ於テモ一見セラル、ニ於テハ必ス判明セラル、ナラント然シテ御調査ノ結果皇族ノ古墳トスレハ民有地トシテ徒ニ荊棘ニ委スルハ誠ニ恐レ多キ次第ト存候

先年附近地ニ於テ御陵参考地トシテ数ヶ所御買上トナリタルモ仁徳帝ノ皇妃ノ御陵ハ未タ判明セサルヤニ承リ及ヒ候

このように、前所有者もこの長塚古墳が、仁徳陵古墳周辺の古墳の中でも全長一〇二メートルの大型の前方後円墳であることから「高貴ノ古墳又ハ皇陵」の可能性があると主張している。このことから、民有地として残されている当古墳の宮内省の買上を期待したものであろう。それは、同じ仁徳天皇陵古墳周辺の古墳の中でも全長一〇〇メートルの永山古墳が陪塚として官有地となっていることや、隣接する東百舌鳥村の土師ニサンザイ古墳が一九〇九年（明治四二）に陵墓参考地として宮内省に編入されたことも影響していると思われる。また「買上願書」の前文に塚廻古墳から勾玉が出土したことも記載されていることから、出土品の期待もあったと考えられる。この前所有者の思惑が、現所有者による高額買収につながったものと警察が判断したようである。

所有者はこの発掘願書の後、一九一八年（大正七）九月一四日、同年一一月一三日、一九一九年（大正八）二月八日付で宮内大臣宛の「山林開墾之義追願」を大阪府警察部に提出している。大阪府は、そのつど知事名で諸陵頭宛に進達し、進達文の最後に「至急御詮議ノ上何分ノ御回示相煩度候也」と付記し、繰り返し指示を仰いでいる。

② 仮指定

結果、一九一九年（大正八）七月二五日付陸第九ノ三号で諸陵頭山口鋭之助から大阪府知事宛に左記の通牒が出された。

大正五年十一月二十五日附学甲台四三九四号以下屢々御票甲相成候泉北郡西百舌鳥村大字高田古墳ニ就テハ調査ノ結果差向陵墓地域ニ編入ノ明徴ヲ認メス候ヘ共由緒アル遺跡トシテ保存ノ必要ヲ認メ候ニ付キ史蹟名

勝天然紀念物保存法ニ依リ内務省当該調査会ニ協議保存ノ希望ヲ有シ其手筈準備中ニ有之候條左様御承知相
成此段不取敢及通牒候也

これによれば、諸陵寮が考えている仁徳陵古墳の陵墓地域（おそらく増田于信が考察する兆域[45]）には含められないということであり、陪塚の可能性は否定されたと言うことである。しかし、行政上は単独の古墳として、陵墓の可能性は否定されていない。その上で、「由緒アル遺跡」として保存が必要であるとし、内務省の史蹟名勝天然紀念物保存法により史蹟名勝天然紀念物調査会に保存協議をかけるための手続き中であるとしている。この処置は、当該古墳が仁徳陵古墳や履中陵古墳など陵墓古墳に近接し、陵あるいは墓として治定してもおかしくない大型の前方後円墳であることから、宮内省が陵墓行政上放置することができなかったためと考えられる。それゆえ、発掘されたことも遺物が出土したこともない現時点で、陵墓古墳か非陵墓古墳かの行政判断を示すことができず、後々の判断による宮内省管理の含みも残し「由緒アル遺跡」として史蹟仮指定による保存を目論んだのである。

このようにして、諸陵頭の通牒から一〇ヵ月を経た一九二〇年（大正九）五月一四日に内理第三号として内務次官から大阪府知事宛に次の通牒が出された。

別記ノ古墳ヲ史蹟名勝天然紀念物保存法ニ依リ保存ノ手続至急被取計度旨宮内大臣ヨリ内務大臣へ照会ノ次第モ有之候ニ付テハ先ツ速ニ貴官ニ於テ同法ニ依リ仮ニ史蹟トシテ指定セラレ而シテ其ノ所在地、地目、地積、現状、所有者、住所氏名等ノ詳細及明確ナル区域図ヲ添付シ指定方具申相成度候

記

泉北郡百舌鳥村大字高田
字長塚六百七十六番地

古墳
所有者
大阪市北区西野田大野町一丁目二百八拾八番屋敷
田中朝次郎

この通牒を受けた大阪府は手続きを進め、一九二〇年（大正九）六月二一日付大阪府公報及び同年六月二四日付官報で大阪府告示史第二号として告示行為がなされ史蹟として仮指定された。

このように長塚古墳に対する行政処分は、現所有者による度重なる開墾願い書から伺える高額での買い取りや、出土品目当ての発掘という所有者の意図を、仮指定という行政処分により封じたものと考えられる。この仮指定は、所有者にとっては予想外の結果であったと思われる。

（4）その後の三基の古墳

①文化財保護法による指定

結果的に、史蹟名勝天然紀念物保存法では、三基の古墳は仮指定から本指定に指定替えはされなかった。そして、戦後一九五〇年（昭和二五）の文化財保護法[48]の制定により旧史蹟名勝天然紀念物保存法による仮指定史蹟は、文化財保護法第一一七条第一項のみなし規定により同法仮指定に引き継がれた。そして、一九五四年（昭和二九）の同法改正[49]により、以前の仮指定の史蹟は、新たに史蹟指定を受けなければ三年以内で効力を失効する[50]ことになった。

このことから、一九五七年（昭和三二）一月一八日付で文化財保護委員会[51]から大阪府教育委員会宛に府内の「塚廻り古墳・収塚古墳・長塚古墳・源氏三代」の仮指定史蹟について資料提出の依頼があった。その依頼文には「本指定の価値があるやに思われ、目下あらためて検討しつつあります」とあり、本指定への指定替えをほのめかしている。これを受けて大阪府は同年二月二五日付で所管の堺市教育委員会宛に意見を記している。これに対し、同年六月一八日付の堺市の回答では、市街地拡大による農地の宅地化等にともなう古墳の破壊が進む中で、三基の古墳を本指定することにより破壊の危険性を除去し保存に万全を期すように希望している。この背景には、一九四五年（昭和二〇）から一九五〇年代前半に百舌鳥古墳群を構成する多くの古墳が破壊されたことが挙げられる（白石ほか、二〇〇八）。たとえば一九四九年（昭和二四）には径五〇メートルの円墳で滑石製品を大量に出土したカトンボ山古墳が消滅、一九五〇年（昭和二五）～一九五二年（昭和二七）には墳丘長一六八メートルの前方後円墳である大塚山古墳が土砂採取によって墳丘が削平されている。これら以外にも径五〇メートルの帆立貝形もしくは方形祭壇を有する七観古墳、墳丘長七七メートルの前方後円墳である城ノ山古墳などが消滅している。これらの古墳は、伝えられている出土品などからみて百舌鳥古墳群を考える上で重要な古墳であった。

②宮内庁の目論見

文化財保護委員会は、一九五八年（昭和三三）五月一四日付で三基の古墳を本指定した。しかし、宮内庁は、本指定された塚廻古墳・収塚古墳に対する陪塚としての直接管理をあきらめたわけではなかった。それを裏付ける資料として『仁徳天皇陵陪冢塚廻・収塚両古墳買収決裁書類写〔附〕仁徳天皇の民有陪冢について』の巻末に「仁徳天皇陵の民有地陪冢について」と題した一九六〇年（昭和三五）七月付の文書があり、その文書の冒頭からそれがわかる。

仁徳天皇陵周辺には明らかに陪冢と認められるものでも民有地であるため次第に崩壊してゆくものがある。

今回飛地（約一五〇坪）を堺市市道敷とするための用途廃止をするに際しこれと民有陪冢と交換できれば陪冢の保存上誠に好都合である。然し　昭和三十二年に依頼した陪冢調査書によれば民有陪冢の現状は次のようであって、中には坪数に於ては交換を要求出来るものもあるが用途廃止をする百五十坪は三ヵ所に分かれた殆んど線上の土地で他に効用のないところであるから交換条件に出すには甚だ不利な点もあるのでこの際は交換は見合わせることにする。　―以下略―

以上のように、両古墳以外に陪塚として宮内庁が判断している民有地の古墳も含めて一九六〇年（昭和三五）に堺市と土地交換による編入を一旦計画したようである。結果的には古墳の保存状態や面積など条件が合わず断念している。この時の対象と考えられた古墳は、文書に挿入されている略図に示されている八ヵ所（図9）である。なお、現在の分布図と照合すると陪塚調査第六号墳は一本松古墳、陪塚調査第九号墳は一九六二年（昭和三七）に堺市が実施した調査により古

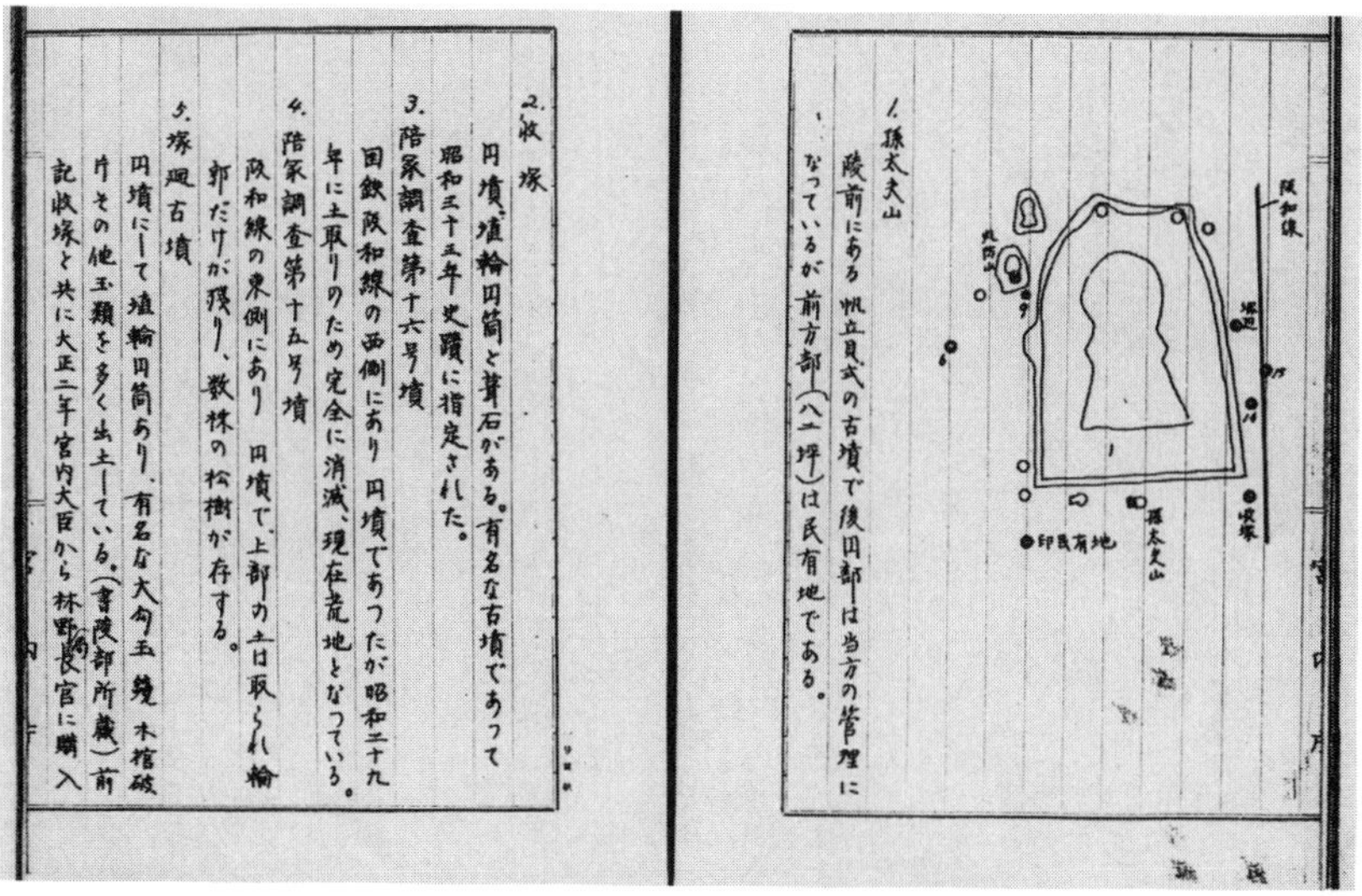
1.孫太夫山
陵前にある帆立貝式の古墳で後円部は当方の管理に
なっているが前方部（八二坪）は民有地である。

2.収塚
円墳、埴輪円筒と葺石がある。有名な古墳であって
昭和三十三年史蹟に指定された。
3.陪冢調査第十六号墳
国鉄阪和線の西側にあり円墳であつたが昭和二十九
年に土取りのため完全に消滅、現在荒地となつている。
4.陪冢調査第十五号墳
阪和線の東側にあり　円墳で、上部の土は取られ輪
郭だけが残り、数株の松樹が存する。
5.塚廻古墳
円墳にして埴輪円筒あり、有名な大勾玉　鏡　木棺破
片その他玉類を多く出土している。（書陵部所蔵）前
記収塚と共に大正二年宮内大臣から林野局長官に購入

図9　1960年（昭和35）7月付文書「仁徳天皇陵の民有陪冢について」

墳でないことが判明している。また、陪塚調査第一五号墳は鏡塚古墳、陪塚調査第一六号墳は夕雲町一丁目古墳に該当する。いずれも、削平を受け現状では墳丘の形状さえ明白にできない。

このように、宮内庁は宮内省時代から仁徳陵古墳の陪塚と判断した古墳の全管理をめざしたが、その目的は達せられなかった。

まとめ

本章では、百舌鳥古墳群の行政による保存の歴史の一端を紹介した。そこからは、古墳を体制維持に組み込もうとする国家の動きに対応するかのように開発をほのめかしながら古墳の買上げを上申する所有者、出土品の報奨金を不服として争った田中淳蔵など、古墳をめぐる庶民の動きが浮かびあがった。この動きは、第二章で述べた本山彦一が国会に建議したように、国家が古墳所有者の私権を制限して自由な発掘や売買を規制するなら全ての古墳を買上げるべきであるとの主張と共通する。この主張は体制が変わった現在でも、開発にともなう緊急調査で埋蔵文化財行政の末端に位置する担当者が、常に突きつけられる言葉でもある。

註

（1）「国宝保存法」「重要美術品等保存ニ関スル法律」「史蹟名勝天然紀念物保存法」。

（2）「史蹟名勝天然紀念物保存法」法律第四四号、一九一九年（大正八）四月一〇日。

（3）天然記念物の最初の仮指定は官報一九二〇年（大正九）三月一五日、鹿児島県告示第一号の出水郡阿久根村鶴渡来地である。

（4）「仁徳陵」「大仙古墳」「大山古墳」「大仙陵古墳」などの名称が研究者によって使用されている。本書は陵墓との関係を論じる関係上、名称は資料調査した二〇〇九年当時の堺市立博物館によるものを用いた。
(5) 本書は古墳の保存施策について論ずるものであり、陪塚の定義などについて論じない。文中の用語は、該当年代における宮内省や一般的な認識をもとに使用している。
(6) 史蹟名勝天然紀念物保存法に関しての記述は「史蹟」の表記を用いる。文化財保護法に関しての記述は「史跡」を用いる。
(7) 堺市教育委員会『平成一六年度国庫補助事業発掘調査報告書』二〇〇五年三月。
(8) 坪井正五郎、文久三年（一八六三）～一九一三年（大正二）、明治期の考古学界の指導者の一人、東京帝国大学教授、人類学会会長等。
(9) 柴田常恵、一八七七年（明治一〇）～一九五四年（昭和二九）、東京帝国大学助手、内務省嘱託、文化財専門審議委員等。
(10) 『考古学雑誌』第二巻二〇号、一九一二年（大正元）八月。
(11) 『考古学雑誌』第三巻第一号、一九一二年（大正元）九月。
(12) 田中家は赤畑村の庄屋、戸長を務めている。
(13) 一八八九年（明治二二）赤畑村・百済村・高田村・西村が西中百舌鳥村合併、一九一九年（大正八）に中百舌鳥村と合併し百舌鳥村となり、一九三八年（昭和一三）に堺市に編入。
(14) 大阪朝日新聞以外に時事新報にも「天下一の大曲玉」と報道されている。田中恭子「塚廻り古墳発掘の想出」（『考古学』第六巻第九号、一九三五年（昭和一〇）九月。
(15) 「遺失物法」第一三条　法律第八七号、一八九九年（明治三二）三月二四日。
(16) 小松眞一「仁徳陵陪塚発見曲玉に関する本山彦一翁の鑑定書」『人類学雑誌』第三七巻第六号、東京人類学会一九二二年（大正一一）田中淳蔵は出土した勾玉の買上価格を不服として、宮内省相手に民事訴訟を行い一〇年近く争った。内容的には買受価格が二八三円七〇銭二厘を不服として大阪控訴院まで争った。結果として一九二一年（大正一〇）二月二六日に判決があり、宮内省に四〇〇〇円の支払いが言い渡されたものである。彼はこの裁判に多大な費用をかけ、家産を傾けたともいわれている。さらこの裁判の審理中に勾玉の鑑定が行われ、鑑定人の一人に、第三七回帝国議会に「古墳発掘並埋蔵物処分の件」の請願を行った本山彦一が指名され、彼は一九二〇年（大正九）三月一日に鑑定書を提出している。その額は時価三五〇〇円から五〇〇〇円としている。
(17)『考古学雑誌』第三巻第一号、一九一二年（大正元）九月。
(18)黒板勝美、一八七四年（明治七）～一九四六年（昭和二一）、歴史学者、史料編纂官、東京帝国大学教授、古社寺保存会や史蹟名勝天然紀念物調査会等委員、朝鮮史編集に関わる。
(19)山口鋭之介「古墳保存の必要」『史蹟名勝天然紀念物』一―七、一九一五年（大正四）九月二〇日。
(20)「特別史跡名勝天然記念物及び史跡名勝天然記念物指定基準」文化財保護委員会告示第二号、一九五一年（昭和二六）五月一〇日。
(21)「史蹟名勝天然紀念物保存要目」官報、一九二〇年（大正九）二月一六日。
(22)明治四一年二月五日出国、明治四三年二月帰国。黒板勝美記念会「黒板勝美博士の年譜と業績」『古文化の保存と研究』一九五三年。稲賀繁美「越境する学術：二〇世紀前半の東アジアの遺跡保存施策」『美術フォーラム二一』六、二〇〇二年。
(23)考説・考証資料／C－2－16／陵・火葬塚・分骨所・灰塚／九五三、宮内庁宮内公文書館蔵。
(24)増田于信、文久二年（一八六二）生れ。一九〇七年（明治四〇）に宮内省御用係、一九一一年（明治四四）史蹟並古墳保存に関する調査嘱託。
(25)山口鋭之助、文久二年（一八六二）～一九四五年（昭和二〇）、物理学者、京都帝国大教授、学習院院長、宮内省図書頭、宮中顧問官等。
(26)勘註などの文章に山陵の条件として「前方後円環隍、土輪（埴輪）、陪冢」などの用語が使われている。
(27)一九二五年（大正一四）堺市に編入。
(28)「陵墳第三九号」一九一三年（大正二）四月一七日、（『内務省警保局文書』国立公文書館蔵）。
(29)「遺失物法」法律第八七号、一八九九年（明治三二）一〇月二六日。
(30)註(28)に同じ。
(31)註(28)に同じ。

(32)『古墳及埋蔵物ニ関スル諸規程』宮内省諸陵寮、一九一二年（大正元）一二月一日、（『内務省警保局文書』国立公文書館蔵）。
(33) 註(32)に同じ。
(34)「本法中内務大臣トアルノハ史蹟名勝天然紀念物保存ニ関スル事務ノ移管ニ因リ昭和三年十二月一日以降ニ於テハ文部大臣之ガ主管大臣トナル」。
(35)「仮指定ハ保存法第一条第二項ノ規定スル所ニシテ主務大臣ノ指定前ニ於テ急速ニ保存ヲ要スル等ノ必要アルトキハ地方長官ニ於テ仮ニ之ヲ指定スルコトヲ得ル制度ナリ。内田英二「史蹟名勝天然紀念物保存法解説（十三）」（『史蹟名勝天然紀念物』第一一集、一九三六年）。
(36) たとえば指定物件については、「本法ヲ適用スヘキ史蹟名勝天然紀念物ハ内務大臣之ヲ指定スル」と内務大臣指定であるが、仮指定については内務大臣が指定していないので適用が疑問視された。
(37) 発理第二五号依命通牒第一号、一九二二年（大正一一）六月二二日。
(38)「文化財保護法」法律第二一四号、一九五〇年（昭和二五）五月三〇日。
(39) 陵一一八八。この文書は一九三四年（昭和九）・一九三五年（昭和一〇）に書き写されたもので、七分冊されている。特に第六冊目の『大阪府古墳墓取調書類　史蹟名勝保存（抄）』から引用した。宮内庁宮内公文書館蔵。
(40)「大阪府史蹟調査委員会規則」大阪府訓令第一〇号、一九一五年（大正四）五月二〇日、大阪府公報第二七七号、大阪府立公文書館蔵。
(41) この当時、堺中学校教諭。
(42) 発理第二五号依命通牒第一号、一九二二年（大正一一）六月二二日。
(43)「史蹟名勝天然紀念物保存法施行規則」内務省令第二七号、一九一九年（大正八）一二月二九日。
(44) 百舌鳥陵墓参考地（御廟山古墳）一八九九年（明治三二）、東百舌鳥陵墓参考地（土師ニサンザイ古墳）一九〇九年（明治四二）。
(45)「大正元年八月二十八日取調図」『仁徳天皇百舌鳥耳原中陵陪冢取調書』一九一二年（大正元）九月一五日、宮内庁宮内公文書館蔵。

(46) 仁徳陵古墳の陵墓地域は否定されたが、陵墓の可能性は否定されていない。
(47) 「史蹟名勝天然紀念物調査会官制」勅令第二五八号、一九一九年（大正八）五月三〇日。
(48) 「文化財保護法」法律第二一四号、一九五〇年（昭和二五）五月三〇日。
(49) 「文化財保護法改正」法律第一三一号、一九五四年（昭和二九）五月二九日。
(50) 註(49)に同じ。法律第一三一号の附則第二項。
(51) 一九五〇年（昭和二五）八月二九日に文部省の外局として設置。

第六章　大師山古墳の発見と顕彰

はじめに

現在、古墳や遺跡からの出土品に対する調査、保存や活用などの埋蔵文化財行政は、[1]一九五〇年（昭和二五）施行の文化財保護法に基づいて進められている。[2]文化財保護法では条文中第九二条から第九九条までに発掘調査や周知の埋蔵文化財包蔵地における工事に関すること、そして新規の遺跡発見に関することなどが規定されている。また、第一〇〇条から第一〇八条では出土品の取り扱いに関して、遺失物法[3]の埋蔵物発見手続きから文化財として認定されたものの所有権の帰属等について定められている。特に、周知の埋蔵文化財包蔵地における工事にともなった緊急発掘調査は二〇一一年（平成二三）全国で年間七三五六件も行われ、おびただしい数の遺物が出土している。

一方、本書で論述しているように、文化財保護法施行以前は埋蔵文化財という統一した定義がなく、古墳、古墳以外の遺跡、出土品のそれぞれについて、別の法令体系で取り扱いの行政手続きがなされていた。特に、幕末から引き続き行われた陵墓の決定作業や未定陵墓の調査など陵墓行政が進められるなかで、未定陵墓の調査に影響があるとして、古墳の発見や取り扱いに関する行政手続きが主に行われた。

また、出土品（埋蔵物）については遺失物法を適用するが、その帰属に関しては所有者のないものは国庫の帰属とし、古墳からの出土品は宮内省、石器時代の遺物は東京帝国大学が取り扱うとされている。これらの古墳や埋蔵物の手続きに関係して宮内省や内務省から訓令、通牒、達等がたびたび出されているが、埋蔵文化財に対する保護行政を進めるべき統一的な法体系は確立されなかった。

本章では、一九三〇年（昭和五）に石製腕飾類[4]が多量に出土した大阪府南河内郡三日市村（現大阪府河内長野市）の大師山古墳の発見を例にして、東京国立博物館に残されている『埋蔵物録』[5]から発見者・大阪府・帝室博物館[6]の行政事務手続き関係を軸に、当時の埋蔵物行政の一端を紹介する。また、当時の宮内省・帝室博物館が進める古墳の遺物中央収奪型の埋蔵物行政が、発見者を含む関係した地域の人々に対して与えた影響を明らかにし、併せて地域の人々が行った古墳の改葬、顕彰活動についても考えてみたい（図1）。

図1　大師山古墳位置図

第一節　発見の経緯

（1）　大師山古墳の位置

南河内郡三日市村は大阪府の東南部に位置し、江戸時代には高野街道の宿駅としてにぎわっていた。一九三〇年（昭和五）当時、人口約二八〇〇人弱を擁し、南海鉄道三日市町駅を中心に温泉旅館などもあり、周辺の観心寺や金剛寺などの楠公史蹟や南朝史蹟探訪の起点にもなっていた。

村は南から北に流れる石川の支流天見川の谷に位置し、谷の東側にはこの村を見下ろすことができる標高一九三メートルの通称大師山がある。この山頂で古墳が発見され、内行花文鏡や鍬形石などの石製腕飾類を中心とした副葬品が出土した。

（2）　発見の経緯

古墳発見の経緯や出土品の詳細等については、大阪府発行の『大阪府史蹟名勝天然紀念物調査報告』第三輯(7)に報告されている。報告書によれば、三日市村に所在する真言宗寺院住職(8)の発願により、一九三〇年（昭和五）一二月一二日から大師山山頂で大師堂の再建工事が進められていた。同年一二月一七日午後三時ころ、この工事の過程で山頂にあった小高い部分を地ならしした際、古墳の副葬品らしきものが出土した。関係者は、出土品について埋蔵物を発見したとして所轄の長野警察署に届け出た。届け出を受けた長野警察署は直ちに工事を中止させたのである。副葬品の発見は、長野警察署長名で大阪府知事宛に報告され、大阪府社寺兵事課の史蹟調査専門の岸本準二嘱託が派遣され現地を確認した。翌一九三一年（昭和六）一月六日に再び、岸本嘱託と史蹟調査会[9]の梅原末治委員が現地に赴き調査を行った。しかし、それ以前の一月三日に発見者の寺院住職が再度発掘現場に行き採掘した後であった。そのため、現場は攪乱され、出土品の原位置が確認できなかったようである。結局、残った墳丘の一部を確認しただけで発掘調査は実施されず、後は聞き取り調査となった。主体部[10]は発見時の状況の聞き取り調査と粘土槨[11]、朱、木棺の一部の残存状況から、古墳時代前期の粘土槨に包まれた割竹形木棺[12]と推測された。墳丘は、地形の形状から径約二〇尺（径約六メートル）の円墳（戦後の調査で前方後円墳と判明した）[13]であるとされた（図2）。

この報告書の内容に加え、当時報道された新聞記事[14]によれば、大阪府の岸本準二嘱託よりも早く、一九三〇年（昭和五）一二月一九日に当時奈良県嘱託であった末永雅雄[15]が、発見された石製腕飾類を中心とする出土品を、保管していた三日市村役場で実見している。新聞には出土品の写真とともに鑑定したところによるとして「古墳前期に属し、今から千二三百年前のもので発掘された主なものは内行花紋鏡、車輪石、石釧（腕輪）、剱、碧玉、鍬形石など四十個に上つている、二十日末永氏は岸本大阪府嘱託と同道再び来山するはずであるが—後略—」の記事が記載されている。このことから、報告書に日付がなかった岸本嘱託の調査は同月二〇日であり、末永が同道し調査していた可能性が高い。さらに新聞には「これほど精巧に彫られた鍬形石は今日見たのが始めてです」とコメントを寄せている（図3）。

末永の現地調査[16]は、大阪府史蹟名勝天然記念物調査会[17]が実施していた府内の古墳調査に、京都帝国大学梅原末治とともに同大学考古学教室員という立場で参加していたことによると考えられる。また、末永の住まいが三日市村と同じ南海鉄道沿線の南河内郡狭山村（現大阪狭山市）にあり、大師山での古墳発見の情報がいち早く入り、

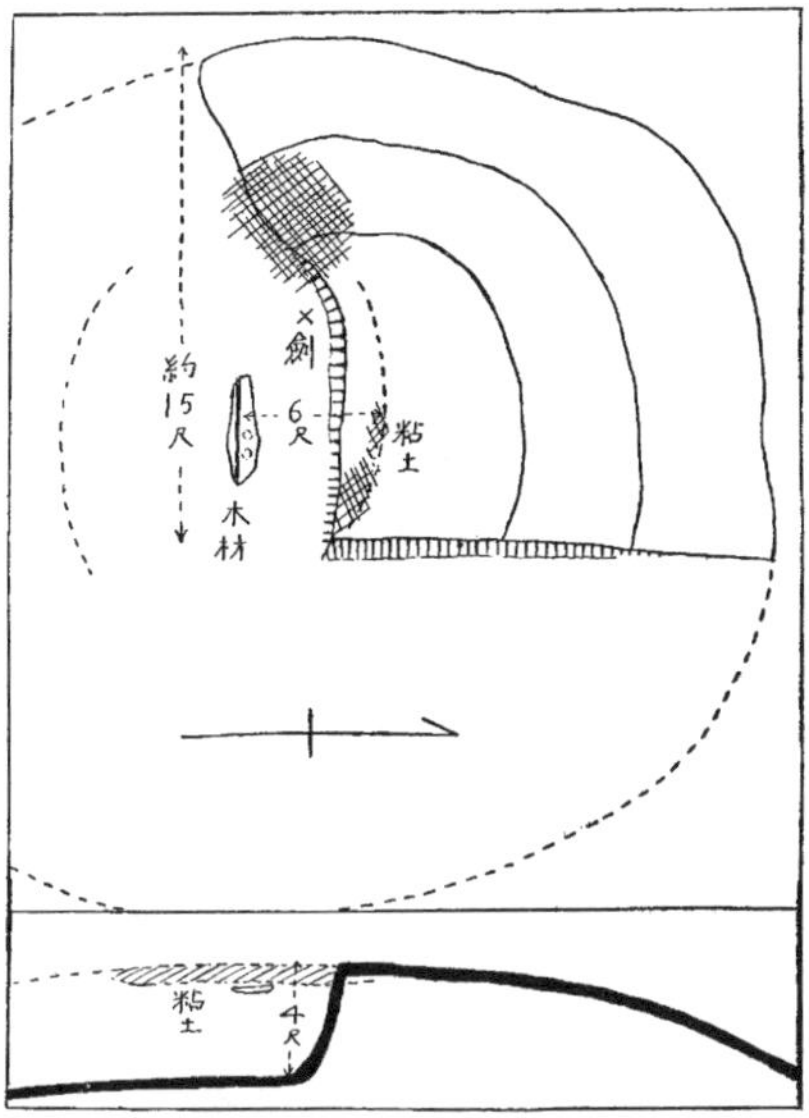

図２　発見当時の古墳墳丘図

図３-1　出土遺物　車輪石

図3-2　出土遺物 車輪石・鍬形石

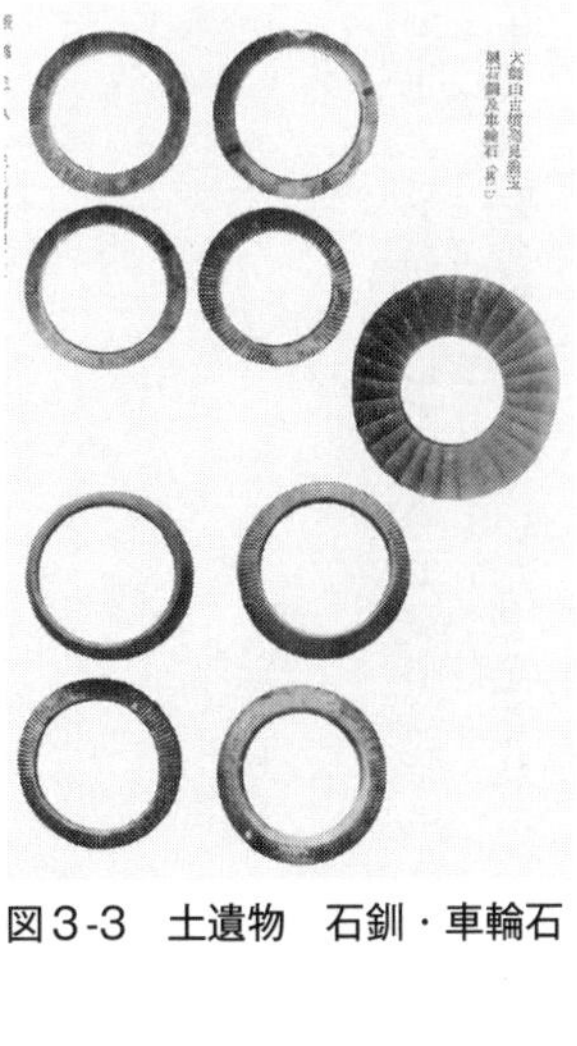

図３-3　土遺物　石釧・車輪石

図３-4　出土遺物　内行花文鏡

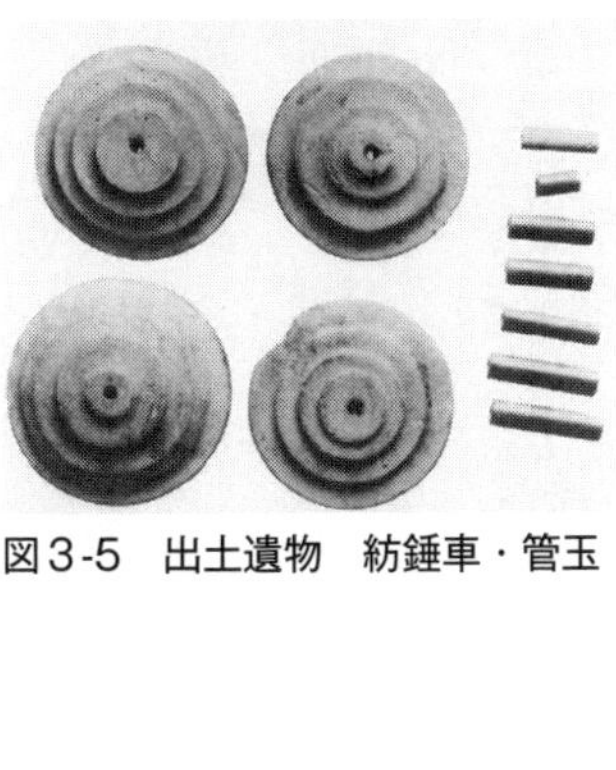

図３-5　出土遺物　紡錘車・管玉

現地にかけつけたものと想像される。

第二節　『埋蔵物録』にみられる行政手続き

(1)　埋蔵物出土の手続き

大阪府は、史蹟名勝天然記念物調査会梅原末治委員と岸本嘱託の調査で古墳と判明した大師山からの出土品について、一九三一年(昭和六)二月四日付保第八五九〇号で宮内大臣宛に「埋蔵物発掘ニ関スル件」として上申した。発掘の概要を記し、出土品の目録、写真、付近見取図を添えて「何分ノ御指揮相仰処」と指示を仰いでいる。

この概要の記載内容は発掘年月日にはじまり、発掘者の氏名、土地所有者氏名、発掘場所、発掘物件、形状寸法、発掘当時の状況、発掘場所の口碑伝説、備考の九項目が記載されている。それは以下のとおりに要約できる。

・発掘年月日　一九三〇年(昭和五)一二月一八日。これは『大阪府史蹟名勝天然紀念物調査報告』の内容と相違し一日遅い日付となっている。
・発掘者　寺院住職、土地所有者も同じ。
・発掘場所　三日市村大字三日市七四四番地通称大師山山頂。
・発掘物件　形状寸法は別紙の目録に記載されていた。
・発掘当時の状況　寺院住職が地主から土地を譲り受け、奥の院を建立しようとして地均工事中に発見され、地下数尺のところから朽ちた板の上に遺物が配列され、厚さ一寸あまりの朱に覆われていたと記されている。
・口碑伝説　やはり南河内の土地柄[18]からか南北朝時代南朝長慶天皇の皇女の埋葬伝説を挙げている。

・備考　府史蹟調査会委員京都帝国大学講師梅原末治が調査中であることが書き添えられている。[19]
・別紙の目録は表題を発掘物件とし、名称・個数・品質・形状・寸法・備考欄を設けて表形式を取っている。そこには発見された遺物が記載されている。[20] 表中に漢式鏡内行花文鏡一点、碧玉石管玉六個半、碯石鍬形石一点、緑泥片岩車輪石一七点（内三点完全品）、緑泥片岩石釧一二点（内八点完全品）、紡錘車四点（完全品）、板一点が記され、表外の書き込みに剣、刀、刀子と認められる金属の腐食残片がそれぞれ一点あったことが記載されている。[21]

この書類を受理した宮内省では諸陵寮[22]の担当であったが、直ちに一九三一年（昭和六）二月一三日付考第一四ノ一号で書類を「貴館所管ノ書類ニ付」として帝室博物館に回送した。受理した帝室博物館は、これを受けて「発掘品ノ儀ニ付伺」が起案された。宮内次官を決裁区分[23]とした起案内容は「調査上入用ニ付悉皆差出サセ度且埋蔵物発見ノ場所ハ諸陵寮ニ於テ陵墓ノ関係ヲ認メサル趣」とある。出土品は調査上必要であるが、遺跡としての古墳については諸陵寮の見解で「陵墓ノ関係ヲ認メサル趣」と判断された。そのため、古墳そのものについての調査や事務手続きについては何の指示も与えられていない。

（2）　出土品の移送

出土品に関する事務手続きだけが進められ、宮内省は出土品を「博物館ニ送付セラレルベシ」として一九三一年（昭和六）二月一四日付指令第一八号を大阪府に発している。その指令書には「珍稀ノ遺物ニ付」調査の必要からという送付の理由書も添付されていた。

ところが、大阪府はこの指令に対し同年三月一四日付兵第一三〇六号で「埋蔵物送付期限延期ニ関スル件照会」

として「郷土資料参考上目下当府史蹟調査会ニ於テ調査中」であり三月末まで出土品の提出を延期できるか宮内省に照会している。しかし、それに対する回答は確認されていない。

大阪府は、「埋蔵物送付期限延期」を願い出てから五年を経た一九三六年（昭和一一）三月一七日付保第一八〇三号で、帝室博物館宛「埋蔵物ニ関スル件」として「別途貴重品取扱鉄道便ヲ以テ三月十六日発送致候」と出土品を送付したことを知らせている（表1）。また五年間も送付が遅延した理由として、大阪府史蹟名勝天然記念物調査会における調査を挙げている。しかし、この調査結果は、すでに一九三二年（昭和七）発刊の『大阪府史蹟名勝天然紀念物調査報告　第三輯』の中で「南河内郡三日市村大師山古墳」として報告されて

表1　大師山古墳出土遺物数量表

資料名	日付	内行花文鏡	管玉	鍬形石	車輪石	石釧	紡錘車	鉄器類	木片
『埋蔵物発掘ニ関スル件』記載数	昭和6年2月13日	1	6.5	1	17	12	4	3	1
『大阪府史蹟名勝天然紀念物調査報告書』第三輯掲載数	昭和7年3月	1	8	1	16	13	4	3	1
『埋蔵物発掘ニ関スル件』大阪府から帝室博物館へ送致数	昭和11年3月17日	1	7	1	12	9	4	4	0
『大阪府発掘埋蔵物譲受方照会之件』数量訂正後の帝室博物館領収数	昭和12年1月21日	1	7	1	13	8	4	4	0
『発掘埋蔵物譲受代金送付之件』帝室博物館買上数	昭和12年12月22日	1	7	1	13	8	4	0	0
『大師山古墳』掲載数	昭和52年3月	1	8～9	1	15～16	16～17	4	4	1

いる。このことから、報告書刊行からさらに四年も出土品の送付が遅れた理由は別のところにあったようであるが、今となっては理由が判明しない。

（3）　譲受金の行方

送付された出土品は遺失物法第一三条により埋蔵物として所有者不明で「国庫ニ帰属」し、帝室博物館において譲受の手続きが行われた。帝室博物館は一九三七年（昭和一二）一月二三日付東博六第一四号で大阪府宛に「大阪府発掘埋蔵物譲受方照会ノ件」として送致された出土品の受領と数量の訂正をしている。これに対し大阪府は同年三月二三日付保第一五一七号で「埋蔵物ニ関スル件」として回答している。回答の中で、権利者から申請があったということで、出土品発見地の土地所有者が訂正され、三日市村長の管理地とされた。さらに、三日市村長と発見者の寺院住職（当初の土地所有者と報告された）の連署の申請書が添付されていた。申請書には、「御買上ノ節ハ相当ノ価格ニ御買上被下度」と、出土品の譲受にともなう価格の引き上げを申請している。この回答に対し帝室博物館は訂正された土地の所有が三日市村であるのか再度大阪府に照会している。

大阪府は、同年六月一六日付保第三四五一号回答として同地が村有地であることを否定し、「大師山頂ハ三角錐形状ノ山頂ニテ各面ノ土地所有者異ナリ、所有者三名中何レノ所有地ニ属スルヤ判明シ難キヲ以テ発掘場所タル山頂ヲ三日市村長ニ於テ管理シ」として村長の管理地であるとしている。

この回答文とは別に、発見者、土地所有者三名の連署による「一切ノ権限ヲ付与シ吾等ニ預ケ決シテ異議申立サルコトヲ連署ノ上一書差入置者也」[24]という譲受金の権限を三日市村長に一任した内容の三日市村長宛の文書が添えられていた。回答を受けて帝室博物館は大阪府に同年九月三〇日付東博六第一四号で「調査シタ所金

表２　譲受価格明細表

列品番号	品目	形状寸法物質重量作者産地等ノ摘要	数量	価格（円）
23856	内行花文鏡残缺	白銅鏡、破砕シ缺失部分アリ、復元径一六・二糎（五寸三分五厘）八花文 大阪府南河内郡三日市村大字三日市七四四番地出土	一面	金貳拾五円也
23857	管玉	碧玉岩製、長二九粍（九分五厘乃至一一粍〈三分五厘〉） 出土地同上	七個	金参円五拾銭也
23858	紡錘車	碧玉岩製、底径一寸九分（五八粍） 出土地同上	一個	金四拾円也
23859	紡錘車	碧玉岩製、底径一寸八分（五五粍） 出土地同上	一個	金四拾円也
23860	紡錘車	碧玉岩製、底径五三粍（一寸七分五厘） 出土地同上	一個	金貳拾五円也
23861	紡錘車	碧玉岩製、底径五四粍（一寸七分五厘五毛）一部缺失アリ 出土地同上	一個	金拾五円也
23862	鍬形石	碧玉岩製、長一二・二糎（四寸） 出土地同上	一個	金百五拾円也
23863	石釧	碧玉岩製、径七五粍（二寸五分） 出土地同上	一個	金参拾円也
23864	石釧	碧玉岩製、径七三粍（二寸四分） 出土地同上	一個	金参拾円也
23865	石釧	碧玉岩製、径六九粍（二寸二分五厘）両面 出土地同上	一個	金参拾円也
23866	石釧	碧玉岩製、径七二粍（二寸三分五厘）主文？ 出土地同上	一個	金参拾円也
23867	石釧	碧玉岩製、径七五粍（二寸五分） 出土地同上	一個	金参拾円也
23868	石釧	碧玉岩製、径六七粍（二寸二分） 出土地同上	一個	金参拾円也
23869	石釧	碧玉岩製、径六八粍（二寸一分六厘） 出土地同上	一個	金参拾円也
23870	石釧	碧玉岩製、径七一粍（二寸三分二厘五毛） 出土地同上	一個	金参拾円也
23871	車輪石	碧玉岩製、長径二〇〇粍（六寸六分） 出土地同上	一個	金八拾円也
23872	車輪石	碧玉岩製、長径一六七粍（五寸五分）破砕、缺失部分アリ 出土地同上	一個	金参拾円也
23873	車輪石	碧玉岩製、長径一二八粍（四寸二分） 出土地同上	一個	金四拾円也
23874	車輪石	碧玉岩製、長径一四一粍（四寸六分五厘）破砕 出土地同上	一個	金貳拾五円也
23875	車輪石	碧玉岩製、長径一〇三粍（三寸四分）破砕 出土地同上	一個	金貳拾五円也

九百二十八円五十銭也ヲ相当」と譲受価格を提示した。提示に対して同年一〇月二五日夜、村長代理（村長辞任による）の召集により、権限を一任されていた前村長をはじめ寺院住職や関係者が集まって協議会が開かれた。この会議の後、発見者と前村長との間で譲受金の取り扱いについて行き違いがあったようで、発見者から帝室博物館担当者に仲裁をもとめる手紙が同年一〇月二六日付で出されている。しかし、新村長の就任とともにこの問題も解決し、大阪府から同年一〇月二九日付保第五六六六号で「権利者ニ於テ何等異議ナキ旨申出有之候」と帝室博物館宛に回答があった。これを受け帝室博物館は同年一二月二三日付東博六第一四号で大阪府に譲受金を送金した（表2）。

以上が、大師山古墳発見から帝室博物館への出土品の譲渡と譲受金に関する一連の行政手続きであった。

第三節　古墳及び古墳出土品の取り扱いに関する根拠法令

(1)　埋　蔵　物

前述したように、一九三〇年（昭和五）一二月の発見から一九三七年（昭和一二）一二月の譲受金の送金まで足かけ八年に及ぶ大師山古墳出土品の調査・帰属の問題は決着をみた。この間、種々の行政上の事務手続きがなされたが、主は出土品つまり埋蔵物に関する行政措置に係る手続きであった。

出土した内行花文鏡や石製腕飾類・管玉などの出土品（埋蔵物）に対する行政措置については、一八九九年（明治三二）に制定された遺失物法[25]の第一三条と同年の庁府県長官宛の内務省訓令「学術技芸若ハ考古ノ資料トナルヘキ埋蔵物取扱ニ関スル付訓令[26]」（以下「明治三二年内務省訓令」と略す）に基づいてなされている。

遺失物法では、学術技芸もしくは考古資料となる埋蔵物について、所有者が不明の場合は国庫に属し[27]、発見者と土地所有者に折半して代価を支払うとされている。

明治三二年内務省訓令は、地方庁に対して遺失物法第一三条の規定を運用するための具体的な手続きを規定している。埋蔵物を発見した時は、品質・形状・発掘の年月日・場所・口碑等を記載して、古墳関係品その他学術技芸もしくは考古の資料となるものは宮内省に通知することとなっている。また、石器時代の出土品は東京帝国大学に通知し、宮内省及び東京帝国大学それぞれの指示に従って埋蔵物を送致することとされている。さらに、貯蔵の必要があると通知されたものについては、一定の手続き後、国庫に帰属したものについて、宮内省に係るものは有償にて同省に譲渡し、東京帝国大学に係るものは同大学に保管手続きをして内務省に報告することとされている。また、貯蔵の必要がないものと通知された場合は、発見者に交付するなど処分することが訓令されている。大師山古墳出土品についてはこの訓令どおり、宮内省への手続きが進められ、「珍稀ノ遺物」として送致の指令が出された。

（2）史蹟行政

また、国が古墳を陵墓関係以外で法規上でとらえたのが、一九一九年（大正八）の史蹟名勝天然紀念物保存法[28]の制定である。この法の制定後、現在でいう指定基準にあたる史蹟名勝天然紀念物保存要目[29]の中に「古墳及著名ナル人物ノ墓並碑」として古墳が挙げられている。そして、史蹟名勝天然紀念物保存法施行規則[30]第四条に「土地ノ所有者、管理者又ハ占有者古墳又ハ旧跡ト認ムベキモノヲ発見シタルトキハ其ノ現状ヲ変更スルコトナク発掘ノ日ヨリ十日以内ニ左ノ事項ヲ具シテ地方長官ニ申告スベシ　一発見ノ年月日　二所在地　三現状」とある。ここでも古墳の発見について地方長官に申告することが規定されている。さらに、文部省訓令第一七号[31]で地方長官は上記の報告を受けた時は文部大臣に報告するように求められている。

大師山古墳の場合は、史蹟名勝天然紀念物保存法施行規則による申告がなされ、文部大臣への報告が行われたか否かは不明である。しかし、明治三四年内務省通牒による事務が行われなかったことからみて史蹟名勝天然紀念物保存法施行規則による事務も行われなかった可能性が高い[32]。

現在判明しているのは、大阪府からは明治三四年内務省通牒に示されている手続きは省かれ、遺失物法第一三条と明治三二年内務省訓令による「埋蔵物発掘ニ関スル件」についての事務が行われていることだけである。しかし、一九一七年（大正六）「古墳及埋蔵物ノ発掘ニ関スル件依命通牒[33]」の「既往訓令並通牒ノ趣旨ニヨリ夫々手続キヲ為サシムル様」に従えば、明治三四年内務省通牒による古墳の発見手続きも行われなければならなかったはずである。

ところが、地方長官である大阪府知事から宮内大臣宛の行政事務は「埋蔵物発掘ノ件」として行われているだけであり、その宮内省事務の流れの中で「陵墓ノ関係ヲ認メサル趣」と古墳に対する諸陵寮の見解が示されている。このことは、大阪府知事の上申において埋蔵物発掘の届出事務が優先され、他の訓令・通牒に関する事務が省かれたためである。また、史蹟名勝天然紀念物保存法による事務手続きも同様である可能性が高い。

これらの原因は、古墳及び古墳出土品に関する取り扱いの法令が右記のように陵墓、埋蔵物、史蹟それぞれについて出され[34]、地方長官がそれぞれに煩雑な事務を行わなければならなかったことである。大師山古墳の場合は煩雑な事務を回避するために、埋蔵物発掘に関する事務だけを行い、他の手続きを省いたと考えられる。

第四節　出土品・譲受金の行方

（1）「珍稀ノ遺物」

大師山古墳出土品の特徴は、鍬形石や石釧・車輪石などの石製腕飾類の多さであり、その残存状態が良好であったことである。このことから、帝室博物館が「珍稀ノ遺物」で「貯蔵ノ必要」ありと判断した。ただ、表1（二二六頁）のとおり、一九三〇年（昭和五）二月四日付の発見時の届出（報告書発行の日付は昭和六年二月一三日）に記載された出土品の数量と一九三六年（昭和一一）三月一七日付で博物館へ送致された数量とに差がある。特に車輪石と石釧は著しい。これは、送致される段階で選別されて破片は除かれた結果である。帝室博物館に所蔵されたものをみると、すべて完形品か完形に近いものである。さらに木棺の一部である木片も除かれている。

一九三七年（昭和一二）一月二一日付の帝室博物館の領収数量訂正は、車輪石と石釧の形態の再分類の結果である。さらに大阪府から送致されたはずの鉄器類（剣三口以上、刀子一口は錆による腐食が進み完形品ではない）は、同年一二月二二日付帝室博物館の譲受リストにはなく現在も所在が判明しない。このことは、当時の帝室博物館による古墳出土品収集の実態を表している。一つの古墳からの出土品を学術的に一括収集するというのではなく、完形品あるいはそれに近い全容がわかるものを選択して収集していたのだ。だから、この場合も帝室博物館が破片や腐食の進んだものには目もくれず「貯蔵ノ必要」と決定された「珍稀ノ遺物」の調査ということで収奪していったのである。

（2）　埋蔵物の代価

「貯蔵ノ必要」と決定されたものは、遺失物法第一三条により公告後所有者が判明しない場合は国庫に帰属し、代価が発見者と土地所有者に折半して支払われることになる。そして、国庫に帰属した埋蔵物は「宮内省ニ係ルモノハ相当代価ヲ以テ同省ニ譲渡」されることとなる。しかし、大師山古墳の場合のように、すでに埋蔵物が「貯蔵ノ必要」として発見者あるいは地方庁から宮内省（帝室博物館）に直接送致された場合は、国庫の権利者への代価支出行為はなく宮内省への譲渡は無償となる。その根拠は、一九〇一年（明治三四）一一月二一日内甲第二六号[35]により「宮内省へ譲渡スル場合ニ於ケル譲渡価格ハ該物件ニ関シ国庫ニ於テ支出シタル金額ト為ス」と通牒されているからである。つまり、国庫から支払われるべき権利者への代価費用は、譲渡を受けた宮内省の予算（帝室博物館の列品費[36]）から権利者への譲受金として執行される。

ちなみにこの国庫から宮内省のみの限定された譲渡（明治三二年内務省訓令）については、契約事務上は随意契約する必要がある。しかし、会計法[37]第二四条で随意契約できる金額は、第八項により二〇〇円以下の動産を売り払う時である。埋蔵物の譲渡価格は、その事象が起きて実物を監査してからでないかぎり価格は判明しない。価格が判明しない以上、二〇〇円を超えることもありうることから、会計法上では、宮内省との随意契約は不可能であった。つまり皇室財産となるべき「珍稀」な古墳出土品の収集が困難となる。

このため、譲渡の事務手続きが確実に行われるように「遺失物法第十三条第二項ニ依リ国庫ニ帰属シタル埋蔵物ヲ宮内省ニ譲渡スルトキハ随意契約ニ依ルコトヲ得」の内容の勅令[38]が出された。これにより、宮内省は、会計法の規定に縛られず随意契約により国庫に帰属した出土品を収集することができるようになった。

（3）　出土品の代価

大師山古墳の場合は、手続き上においてまず代価を受け取るべき権利者の確定で混乱をきたした。その原因は土地所有者が確定できなかったことである。発掘者と発見者は同一人で変わらないが、当初の大阪府の一九三一年（昭和六）二月四日付保第八五九〇号「埋蔵物発掘ニ関スル件」の上申では、発見者が土地所有者として報告されている。ところが、一九三七年（昭和一二）一月二三日付の東博六第一四号による出土品譲受にともなう照会に対する大阪府の回答では、発見場所の土地は三日市村長の管理に係る土地であると訂正している。これに対して帝室博物館からは村長の管理地ということは村有地であるのかと再度照会が行われている。この時の回答では、発見場所は三名の所有地の接点であるため地主を確定できないことから三日市村長が管理する土地であるとし、村の管理地とはせず村長が管理する土地という曖昧さを残したものとなっている。しかし、この時は発見者及び三名の地主が、三日市村長に譲受の権限の一切を付与したので、混乱も収まった。

ところが、この村長が同年八月三一日辞職したことにより再び混乱が生じる。宮内省からの価格に関する照会に対して回答が必要になり、同年一〇月二五日村長代理助役の招集により関係者間で協議が行われた。この時は、発見者である寺院住職、発掘地管理者である前村長など関係者八名が出席した。協議の結果、提示された譲受金九二八円五〇銭[39]で承諾することになり、その譲受金の使途は様々な方面に使用し、残金の半分が発見者に譲渡されることになったようである。ところが、協議結果について再び混乱が生じたようで、同年一〇月二六日付で発見者の寺院住職から「宮内省帝室博物館主事」宛、混乱の仲介を願う書信が送られている。この混乱は譲受金の問題というより、村内での他の要因による問題が原因と考えられ、中立的な新村長が同年一二月五日に就任したことによって混乱は収拾されたと考えられる。一九三八年（昭和一三）一月一三日付で住職から再度、「宮内省帝室博物館主事」宛に解決をみたとの報告が送られている。

いずれにしても、土の中から偶然掘り出したものから、予想もしない九二八円五〇銭の大金を入手し、村内に様々な思惑を生み混乱を生んだことは確かである。この譲受金の発見者への分配金以外の使途については、記録が残されていないので判明しないが、後述する古墳の改葬にともなう縮小復元墳や貯蔵施設等の顕彰施設設置費用に当てられたと推測される。

第五節　古墳の改葬と顕彰

（1）古墳の改葬

関係した村人達は譲渡金の問題が解決した翌年の一九三八年（昭和一三）五月九日、関係者である村人八人（現村長、前村長、助役、村会議員二名、学務委員一名、区長一名、校医一名）が世話人となって大師山山頂に古墳を改葬し縮小復元墳を設置した。縮小復元墳[40]は径約二・五メートル、高さ約一メートルの円墳状で、表面には平坦な河原石が張られていた。そして、その周りに石柵をめぐらし、関係者の名を刻んだ標柱石と、「昭和七年三月」の日付と「大師山古墳」と刻んだ大阪府の標柱石を建てた（この日付は大阪府が標柱石を建てた日）。残されている当時の写真（図4・5）からは、紅白（?-）幕をめぐらし、竹で結界を結んで盛大な式典を催していることがわかる。この後、一九六九年（昭和四四）の再調査[41]でこの縮小復元墳の中からコンクリート製容器（内法約一メートル×約〇・三メートル）の貯蔵施設が発見された。この容器には、帝室博物館が買い上げなかった石製腕輪類

図４　縮小復元墳・標柱石・石柵

図５　式典写真（1938年〈昭和13〉5月9日）

の破片や高野槇の木棺の一部が入っていた。つまり、関係した村人達は帝室博物館が買い上げなかった出土品を後世に伝え、埋葬施設や墳丘が削られ、わかりにくくなった古墳の存在を縮小復元墳によって知らしめようと改葬したのである。

（2）顕　彰

村人達がつくった大師山古墳の施設は、改葬場所としての埋葬施設であるばかりでなく、発掘に対する記念碑的な意味をもつものである。さらに村人側の意識としては、宮内省の命により帝室博物館に上納し下賜金を賜うほどの貴重なものを出土した郷土の古墳を史蹟として顕彰するものでもあった。

では、行政による保存対象からはずれた古墳を村人達だけで顕彰しようとした、現在でいう地域住民による文化財保護ともいうべき行動の背景には、何があったのであろうか。

古墳が発見された当時、三日市村に隣接する川上村観心寺やその境内の楠公首塚、加賀田村大江時親邸跡、天野村金剛寺などの楠公史蹟や南朝史蹟に対して顕彰活動が盛んに行われていた。各史蹟には、明治以来多くの顕彰団体により標柱石が建てられ、さらに道路にも各史蹟までの案内道標が建てられた。一九三四年（昭和九）には建武中興六百年祭、[42] 一九三一年（昭和六）及び一九三五年（昭和一〇）には大楠公六百年祭が全国的な規模で催され、三日市村周辺の関係史蹟に多くの人々を集めた。[43] その関係史蹟地への玄関口の一つとなったのが南海鉄道の駅がある三日市村である。史蹟顕彰によって多くの人々が集まり、玄関口である三日市も賑わうのを村人達が目の当たりにしたわけである。特に、世話人達の肩書きを見れば村政を左右する地域の有力者達であることから、史蹟顕彰を地域振興策に利用しようという意識が生まれた可能性を否定できない。[44] ところが、周囲の村々には天皇と国家に直接結びつく国民教化策としての忠君愛国、尽忠報国教育の場である楠公史蹟や南朝史蹟があるのに、三日市村には直接それに結びつく史蹟が存在しない。このような状況の中、皇室財産である帝室博物館の館蔵品として買い上げられる遺物を出土した古墳が発見されたのである。村人達は、すでに目に見える主要な出土品も墳丘もほとんどなくなった古墳を改葬し、模型や標柱石という二次的なもので顕彰することで、郷土の歴史上に再登場させたのだ。このことは、既存の楠公史蹟や南朝史蹟とは立場を異にする皇室財産（天皇と国家）と結びつく古墳、という歴史的位置づけでの新たな史蹟の誕生を意味する。

まとめ

大師山古墳の発見後の行政手続きは、文化財保護法以前の古墳の取り扱いが埋蔵文化財の保護ではなく陵墓行政の一端であったことや、帝室博物館が古墳出土品を「珍稀ノ遺物」として収奪する埋蔵物行政でしかなかったことを明らかにした。

一方、この古墳及び出土品に対する考古学的な報告は一九三二年（昭和七）三月の『大阪府史蹟名勝天然紀念物調査報告』第三輯だけである。その内容は、「偶然の発見から破壊せられた遺跡を記録のうえに保存する」だけで発掘調査を実施しての報告ではなかった。結局、詳細な報告は再度実施された一九六九年（昭和四四）の調査に関する報告[45]まで待たなければならなかった（図6）。

この大師山古墳の発見は、地元にとっては思いもかけず村内に波紋を生じさせた。それは、天皇家の博物館である帝室博物館が「珍稀ノ遺物」という非学術的な理由で、地域史にとって重要な古墳の出土品を譲受金（下賜金）という金の力と立場とで取り上げてしまったことによる。結果、地域に残されたのは、思いもかけない譲受金と称する大金を巡る村民同士の混乱と帝室博物館が「珍稀ノ遺物」として認めなかった石製品の破片と棺材の一部であった。

しかし、最終的には地域の中で混乱が生じたとはいえ、地域の人々により天皇と国家に結びつく新たな史蹟としての古墳の顕彰がなされた。そのうえ出土地に造られたコンクリート容器に収められたことにより、出土品（の一部）が散逸せずに現在まで保存されたことは特筆すべきである。また、顕彰後、地域で大師山古墳が「郷土の史蹟」(46)として認識されるようになったことは、地域の人々が大師山古墳を介して新たな歴史を共有することになったことを意味している。

図6　1969年（昭和44）再調査時の航空写真

　この古墳は、一九六〇年代後半の宅地開発で再調査され、円墳ではなく前方後円墳であることが判明した。しかし残念ながら調査の後すぐに、一九三八年（昭和一三）に関係した村人達が造った改葬顕彰施設（墳丘の模型を含む）と共に、再調査の主因である宅地開発のために消滅した。法施行以前には地域住民により史蹟として後世に伝えられた古墳が、法施行後には開発で消滅してしまったというこの事実は、近年の埋蔵文化財行政が直面した課題を如実に表しているといえよう。

註

(1) 文化財保護法により初めて用いられた用語。埋蔵物の状態か埋蔵物であった文化財。

(2) 「文化財保護法」法律第二一四号、一九五〇年（昭和二五）五月三〇日。

(3) 「遺失物法」法律第八七号、一八九九年（明治三二）三月二四日。

(4) 鍬形石、車輪石、石釧など、南海産の貝製の腕輪を模したもので、緑色凝灰岩や碧玉製。

(5) 「第二七号大阪府ヨリ［南河内郡三日市村三日市七四四番地山林内発掘内行花文鏡他］購入之件」一九三七年（『昭和一二年度埋蔵物録二』東京国立博物館蔵）。

(6) 本書で言う帝室博物館は東京帝室博物館。

(7) 大阪府『大阪府史蹟名勝天然紀念物調査報告』第三輯、一九三二年。

(8) 寺院の名称は、特段問題はないがあえて表記しなかった。

(9) 「史蹟調査委員会規則　大阪府訓令第一〇号」一九一五年（大正四）五月二〇日、大阪府公報第二七七号、大阪府立公文書館蔵。

(10) 考古学用語。古墳などの墳墓の埋葬施設。

(11) 古墳時代の前期から中期にかけて造られた棺を納める施設。石室のかわりに粘土で木棺を包む。

(12) 丸太を縦に二つ割りにして、中をくり貫いて作った身と蓋を合わせた円筒形の棺。古墳時代前期には六〜七メートルの長大なものが使用された。

(13) 関西大学『大師山古墳』（一九七七年）。

(14) 『大阪朝日新聞』一九三〇年（昭和五）一二月一九日付。

(15) 末永雅雄、一八九七年（明治三〇）〜一九九一年（平成三）、元学士院会員、関西大学名誉教授、元橿原考古学研究所所長。この時期、年譜によれば大阪府内の国府遺跡や西小山古墳、奈良県の宮滝遺跡を調査。

(16) 調査には、最初の実見者である末永雅雄の参加あるいは協力があったことは間違いないが、梅原末治の報告書には記載されていない。

(17) 大阪府訓令第一〇号史蹟調査委員会規則（一九一五年〈大正四〉五月二〇日）を一九二五年（大正一四）七月一三

日大阪府訓令第二四号で「史蹟調査委員会」から「史蹟名勝天然記念物調査会」に改正された。大阪府公報第一二三〇号、大阪府立公文書館蔵。

(18) 拙稿「昭和九年における建武中興関係史蹟の指定について」(『藤澤一夫先生卒寿記念論文集』二〇〇二年一一月三〇日)。南河内には金剛寺、観心寺などの南朝関係史蹟や千早城や赤坂城などの楠木氏関係の史蹟など所謂建武中興関係史蹟が点在する。

(19) 註(13)に同じ。

(20) 註(13)に同じ。発見された出土品が全て届け出されているかは定かでない。

(21) 名称は目録記載の通り。

(22) 外池昇「神武天皇の創出と「浄・穢」の廟議」(『天皇陵の近代史』吉川弘文館、二〇〇〇年)。一八八六年(明治一九)二月四日宮内省に諸陵寮が置かれる。

(23) 決裁区分は最高決裁者が宮内次官とし諸陵頭、参事官、秘書課長、帝室博物館総長、帝室博物館事務官。

(24) 『埋蔵録』記載の通り、現在の文化財保護法では報償金。

(25) 註(3)に同じ。

　第十三条　埋蔵物ニ関シテハ第十条ヲ除クノ外本法ノ規程ヲ準用ス
学術技芸若ハ考古資料ニ供スヘキ埋蔵物ニシテ其ノ所有者知レサルトキハ其ノ所有権ハ国庫ニ帰属スコノ場合ニオイテハ国庫ハ埋蔵物ノ発見者及埋蔵物ヲ発見シタル土地ノ所有者ニ通知シ其価格ニ相当スル金額ヲ給スヘシ
埋蔵物ノ発見者ト埋蔵物ヲ発見シタル土地ノ所有者ト異ルトキハ前項ノ金額ヲ折半シテ之ヲ給スヘシ
本条ノ金額ニ不服アル者ハ第二項ノ通知ノ日ヨリ六箇月内ニ民事訴訟ヲ提起スルコトヲ得

法施行以前は一八七七年(明治一〇)に制定された遺失物取扱規則があり、その第六条に埋蔵物の規定がはじめて規定されており、それにより措置された。

(26) 内務省訓令第九八五号、一八九九年(明治三二)一〇月二六日。
　遺失物法第十三条ニ依リ学術技芸若ハ考古ノ資料ト為ルベキ埋蔵物ヲ発見シタルトキハ其ノ品質形状発掘ノ年

月日場所及口碑等徴証トナルベキ事項ヲ詳記シ模写図ヲ添ヘ左ノ区別ニ従ヒ之ヲ通知スエシ
一、古墳関係品其ノ他学術技芸若ハ考古ノ資料トナルベキモノハ宮内省
一、石器時代遺物ハ東京帝国大学
宮内省又ハ東京帝国大學ヨリ前項埋蔵物送付ノ通知ヲ受ケタル時ハ仮領収証書ヲ徴シ物件ノ毀損セサル様装置シテ之ヲ送付スエシ
宮内省又ハ東京帝国大学ヨリ貯蔵ノ必要アル旨通知ヲ受ケタル埋蔵物ニシテ公告後法定ノ期間ヲ経過シ所有者発見セズ所有権国庫ニ帰属シタルトキハ其ノ宮内省ニ係ルモノハ相当代価ヲ以テ同省ニ譲渡シ東京帝国大学ニ係ルモノハ同学ニ保管転換ノ手続ヲ為シ当省へ報告スベシ
宮内省又ハ東京帝国大学ヨリ貯蔵ノ必要ナキ旨通知ヲ受ケタル埋蔵物ハ学術技芸若ハ考古ノ資料ニ供スベキ物件ノ取扱ヲ為サズ法定期間経過後発見者ニ交付スル等便宜ノ処分ヲ為スベシ

(27)　文化庁『文化財保護法五十年史』二〇〇一年八月一日。この帰属については、文化財保護法が一九九九年に改正され、法第一〇五条で都道府県管轄分が都道府県に帰属すると追加されるまではすべて国庫に帰属した。
(28)　「史蹟名勝天然紀念物保存法」法律第四四号、一九一九年（大正八）四月一〇日。
(29)　「史蹟名勝天然紀念物保存要目」官報、一九二〇年（大正九）二月一六日。
(30)　「史蹟名勝天然紀念物保存法施行規則」内務省令第二七号、一九一九年（大正八）一二月二九日。
(31)　「国宝保存及史蹟天然紀念物ニ関スル報告例」文部大臣ヨリ庁府県長官宛、文部省訓令第一七号、一九三〇年（昭和五）一二月八日（『国宝保存総規・重要美術品等保存総規』国立公文書館蔵）。
(32)　史蹟名勝天然紀念物保存法による行政事務が一九二八年（昭和三）に内務省から文部省に移管されたことにより、内務官僚である地方長官の取り扱いが微妙に変化した可能性があるのではないか。
(33)　内務省警保局長ヨリ庁府県長官宛、内務省五衆警第二号ノ内、一九一七年（大正六）二月二〇日。
(34)　鈴木良「近代日本文化財問題研究の課題」（『文化財と近代日本』山川出版社、二〇〇二年）。
(35)　内務省総務局会計課長、内務省警保局長「遺失物法第一三条ニ依ル考古ノ資料等ニ供スヘキ物件宮内省へ譲渡スル場合ニ於ケル処置ノ件（通牒）」一九〇一年（明治三四）一一月二一日、（内務省警保局長文書、国立公文書館蔵）。

(36)　東京国立博物館『東京国立博物館百年史』（東京国立博物館、一九七三年）。
(37)　「会計法」法律第四号、一八八九年（明治二二）二月一一日。
　第二十四条　法律勅令ヲ以テ定メタル場合ノ外政府ノ工事又ハ物件ノ売買賃借ハ総テ公告シテ競争ニ付スヘシ
　但シ左ノ場合ニ於テハ競争ニ付セス随意ノ約定ニ依ルコトヲ得ヘシ
　（中略）
　第八　見積価格二百円ヲ超エサル動産ヲ売払フトキ
(38)　「遺失物法第十三条第二項ニ依リ国庫ニ帰属シタル埋蔵物ヲ宮内省ニ譲渡スルトキハ随意契約ニ依ルコトヲ得」勅令第四二四号、一八九九年（明治三二）一一月四日（『公文録』国立公文書館蔵）。
(39)　一九三六年（昭和一一）三日市村青年学校の教員給与が月額五〇円（三日市村歳入歳出決算書）で、譲受金が教員年間収入の約一・五倍の額であり、高額であったことがわかる。
(40)　註(13)に同じ。
(41)　註(13)に同じ。
(42)　註(18)に同じ。
(43)　籠谷次郎「楠公顕彰と長野地域」（『河内長野市史　第三巻　近現代』第四章第三節、二〇〇〇年）。
(44)　住友陽文「史蹟顕彰運動に関する一考察」（『日本史研究』三五一、一九九一年）。
(45)　註(13)に同じ。
(46)　『三日市村郷土史』一九四二年（昭和一七）謄写版（三日市尋常小学校副読本として作成）。一九三四年に作成された『三日市村要覧』では大師山古墳の記載がなく、顕彰施設の設置によってはじめて史蹟として地域で認識された。

第七章　九州における戦時体制下の古墳保存行政

はじめに

戦争は多くの人々の命を奪うばかりでなく、国土を破壊し、そこに存在するあらゆるものを奪ってしまう。それは、敵国からの攻撃だけでなく自国による防衛という名の下で破壊が行われることもある。特に埋蔵文化財は、有形文化財とは違いその性質上、気づかれず安易に破壊されていくことが多い。

近代のわが国において、一九三七年（昭和一二）の盧溝橋事件を契機に日中両国は全面戦争へ発展した。その翌年四月一日に戦争遂行のため、国家総動員法[1]が制定され戦時体制となり、国家のあらゆるものが統制された。一九四〇年（昭和一五）基本国策要綱が閣議決定[2]され国防国家が国是とされた。さらには太平洋戦争末期の一九四五年（昭和二〇）六月二二日には戦時緊急措置法[3]が制定され、さらなる統制がなされた。

この戦時体制の下、国内各地に軍事関連施設及び軍需関連施設が増強され、その建設工事において遺跡が発見され破壊される場合も往々にして起こった。たとえば、静岡県の登呂遺跡は一九四三年（昭和一八）一月に軍需工場造成時に発見され、造成地の部分は破壊された。また、史蹟指定を受けていた北海道のモヨロ貝塚は海軍施設の建設時に一部が破壊されるということも起こった。一方、九州では地理的、地形的条件から広範囲で平坦な土地が必要な軍用飛行場建設が進められ、そこに分布する古墳群が破壊されていった。しかし、建設工事自体が防衛上の国家機密としてあまり公にされることがなく、詳細がわからないことが多い。

この軍施設建設にともなう古墳の緊急発掘調査は、その調査の名目を改葬のためとする場合が多い。それは、国内における軍事施設の建設にともない、破壊される古墳を記紀に登場する古代天皇家に関係する人物の墳墓に位置づけ、その改葬という名目を持つことにより、かろうじて軍の協力を得て古墳の記録保存を行ったのである。

本章では、宮崎県における「特殊な事情」つまり陸軍飛行場建設により墳丘が破壊され、出土品が改葬という名目で再埋納された新田原古墳群、六野原古墳群の二ヵ所、そして陵墓決定がなされた佐賀県目達原古墳群の発掘改葬の経緯について論じる（図1）。このことにより戦時体制下の近代古墳保存行政の一端を明らかにする。

第一節　新田原古墳群の改葬

（1）古墳群の概要

新田原古墳群は、発掘調査当時の地名で言うと宮崎県児湯郡新田村、現在の行政区画では宮崎県児湯郡新富町新田に所在する。この古墳群は、一ツ瀬川を挟んで西都原古墳群の対岸標高七〇メートル前後の新田原台地と呼ばれる洪積台地に分布する。現在前方後円墳二五基、円墳一八〇基、方墳二基

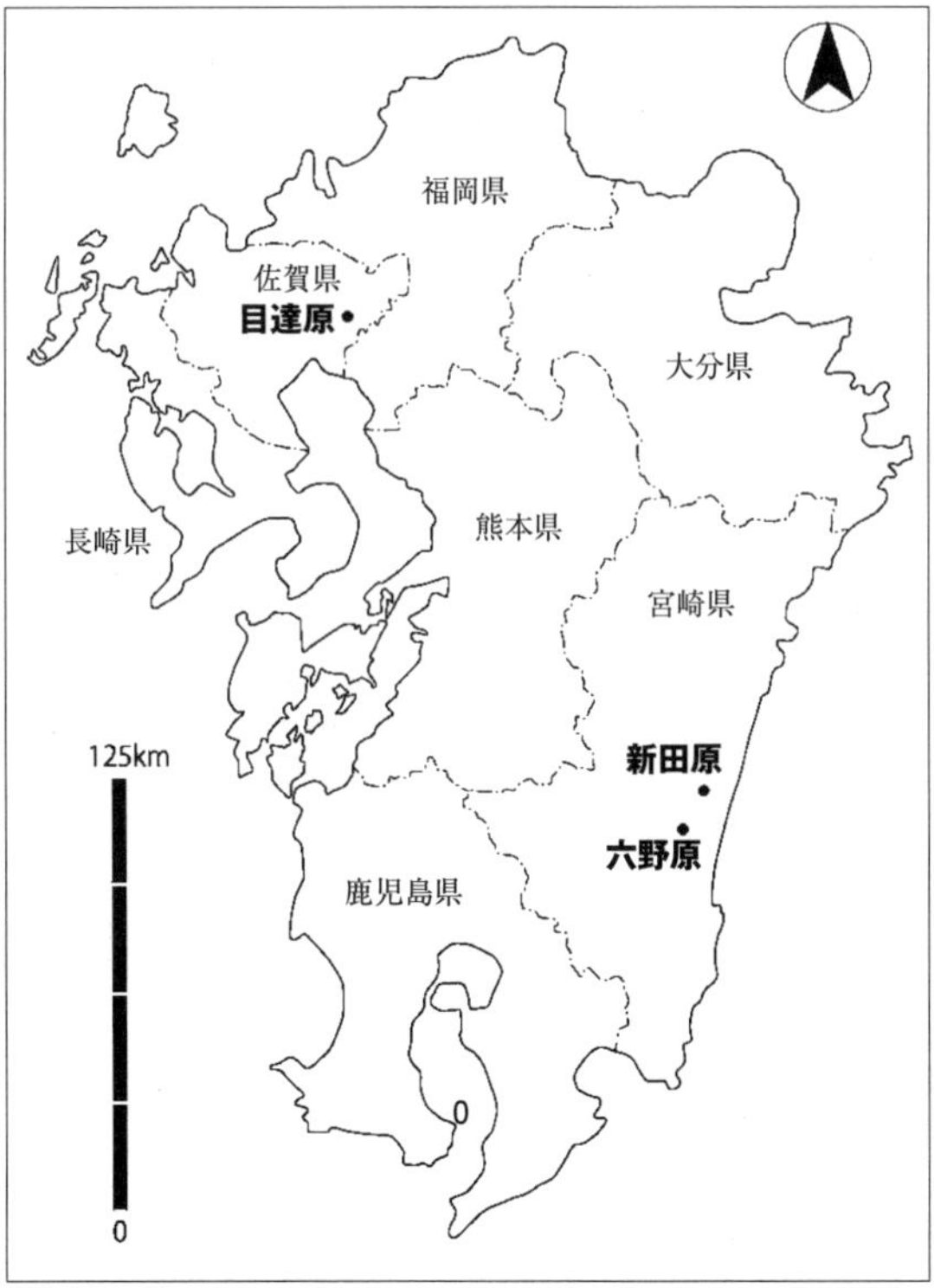

図1　古墳群位置図

の総数二〇七基で構成され、地下式横穴墓や横穴墓も確認されている。古墳は東西約二キロ、南北約五キロの範囲に広がっており、その分布状態からみて祇園原支群・山之坊支群・石船支群・塚原支群の四地区に大別して捉えられている。

　本稿で対象としているのは新田原台地の中央部に位置していた石船支群である。この古墳群は、現在の航空自衛隊新田原基地付近にあったもので、現飛行場の前身である陸軍新田原飛行場建設の際、調査・改葬に至ったものである。

　調査の対象となったのは、第四二号墳から石船塚である第四五号墳の四基の古墳である。この支群を含む一七八基の古墳[4]は一九三一年（昭和六）には宮崎県から史蹟の仮指定を受けている（図2）。

（2）　新田原飛行場の建設

　この調査・改葬の原因となった飛行場の建設は、一九三八年（昭和一三）四月二二日に宮崎県と陸軍第

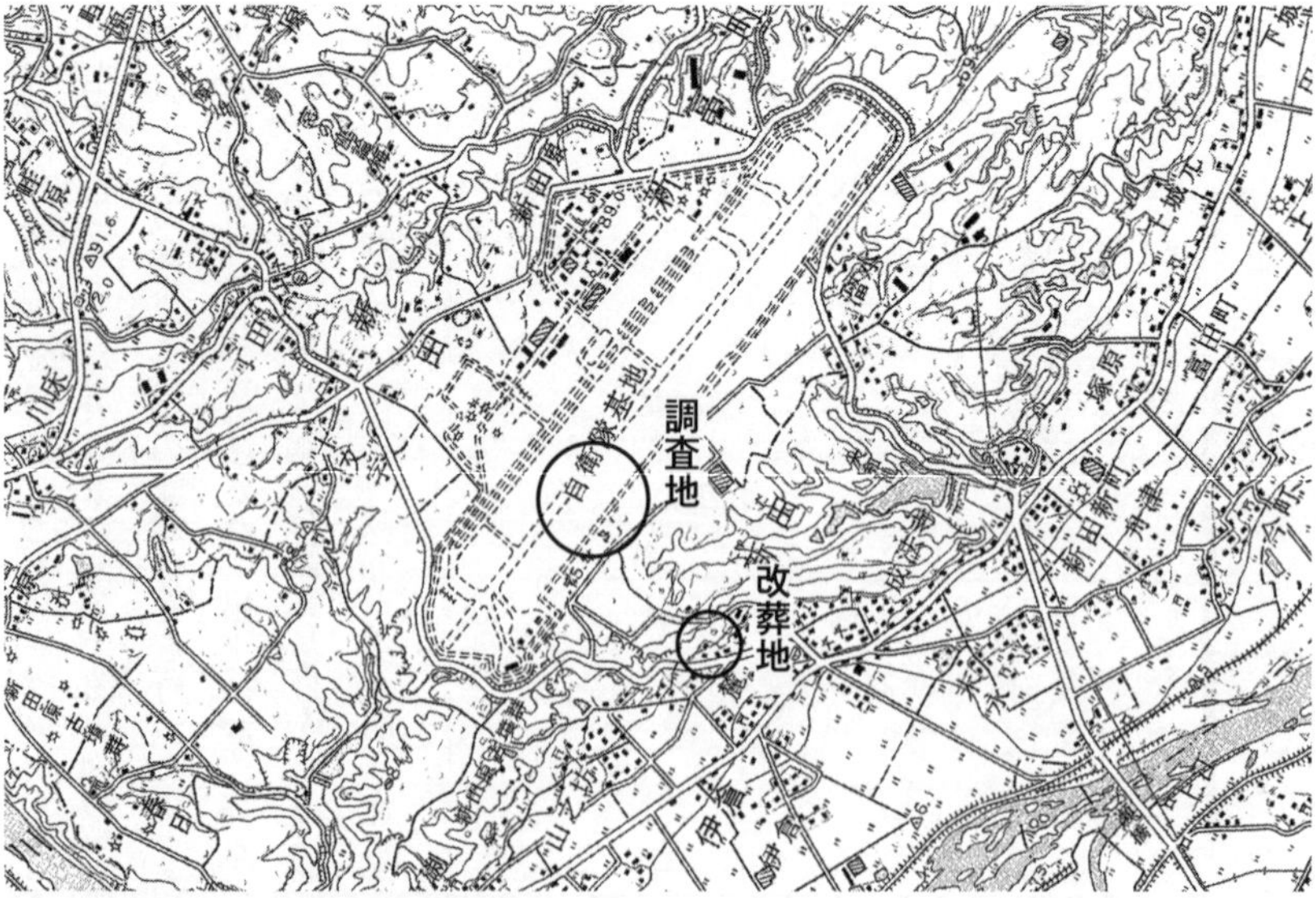

図２　新田原古墳群と改葬地位置図

六師団が児湯郡新田村及び富田村に対して陸軍飛行場建設を公表したことにはじまる。工事は陸軍航空本部が起案し、同年九月九日付陸普第五五一七号で建設実施を決定したものである[5]。実際は前年に陸軍第六師団から飛行場建設予定地の地主たちに、土地買収について内々に打診があった[6]。

予定地は台地の中央部を占めるもので、対象面積は一九五万八四〇〇平方メートル、桑や茶が作付けされた肥沃な耕地であった。したがって、飛行場建設のために様々な問題を解決しなければならなかった。第一は耕地の買収問題であり、農家に対する補償、救済問題であった。この問題については、新田村当局が第六師団と交渉し家屋移転料や物件補償料、土地価格について同年六月二七日に新田村長及び助役、地元委員、第六師団、宮崎県、関係機関との間で協定が結ばれた。

宮崎県は、一九三九年（昭和一四）一月九日に第六師団から飛行場建設を委託され工事に着手した。総工費は当初七一万一七六〇円であったが、同年六月二二日に八一万三七五三円三四銭に変更増額された。竣工は当初同年一二月三一日に予定されていたが、設計変更等により一九四〇年（昭和一五）五月三〇日となった。工事には多くの請負工事従事者だけでなく、近隣の小学校児童や中学生、また青年団などにより結成された祖国振興隊などが勤労奉仕として整地作業に参加している[7]。

（3）　古墳の取り扱い

飛行場建設ではまず土地の買収が問題となったが、もう一つ解決しなければならない問題があった。それが、予定地内にあった新田原古墳群の第四二号墳から第四五号墳（石船塚古墳）の四基の古墳の取り扱いであった。

①宮内省との手続き

宮崎県は、一九三八年（昭和一三）に土地買収とともに古墳の取り扱いについて、第六師団から照会を受けた。そこで、県は宮内大臣及び文部大臣宛に同年五月二〇日付社兵第九六三号「古墳ノ処置ニ関スル件」(8)として調書を添えて伺いをたてている。

調書には（一）「古墳地帯ノ概観」、（二）「陸軍飛行連隊設置ト古墳」、（三）「通牒ノ内容」の項目が立てられている。この中で（一）「古墳地帯ノ概観」では新田原村の古墳だけでなく、周辺の西都原古墳群なども含めて説明し、これら二百数十基の古墳が史蹟名勝天然紀念物保存法により仮指定され、目下、文部省は本指定を申請していると記している。（二）「陸軍飛行連隊設置ト古墳」では、以下のように飛行場予定地内の古墳の保存に努めていることを強調している。

今回陸軍飛行連隊設置ノ区域トシテ予定セラレタル部分ニ古墳四基アリ其最モ大ナルヲ石船塚ト称ス明治四十五年以降大正六年ニ至リ県ハ宮内省ノ許可ヲ得妻町西都ノ原及ヒ本村ノ古墳ヲ漸次発掘調査セシガ大正六年宮内省ヨリ次ノ内容ノ通牒ニ接シ之ヲ以テ爾来所謂学術的調査ナルモノヲ行ハザルコトトシ最近之ガ保存ニツキ史蹟名勝天然紀念物保存法ニ依リ之ガ完全ナル保護ヲ請スルコトトナリ同村亦史蹟保存顕彰会ヲ設ケ学校青年団等ヲ督シテ之カ保存ニ力メツ、アリ

この文書によれば、一九一二年（明治四五）から実施されていた宮崎県による西都原古墳群等の学術発掘調査が、一九一七年（大正六）に西都原古墳群および周辺の発掘を禁止する宮内省の通牒(9)が出されたことにより調査を中止したことが記されている。また、史蹟名勝天然紀念物保存法により一九三一年（昭和六）(10)に新田原古墳群一七八基が仮指定等により保護されるようになったことから、新田村では史蹟保存顕彰会を設けて学校青年団など地域全体で保存に取り組んでいることも記されている。

このうえで（三）「通牒ノ内容」の概略が記された後に「飛行連隊設置ニ際シ古墳取扱上ノ所見」があり、具体的な措置案が左記のように示されている。

飛行連隊設置ニ際シ古墳取扱上ノ所見

飛行連隊設置ノ暁ニハ前記ノ古墳ハ第一ニ之ヲ取除ケザルヲ得ザルモノト思ハル、之ガ処置ニ就テハ費用出費ノコト

一、発掘ニ先ダチ、祭典ヲ行フコト

二、発掘ハ本省及県監督ノ下ニ之ヲ行ヒ学術的調査ヲナシ成ルベク本省及ヒ京大考古学教室等ノ参加ヲ得ルコト

三、発掘物ノ処置ニツキ其万全ヲ期スルコト

四、終了後更ニ祭典ヲ行フコト

等トシ尚ホ仮指定ノ一部解除ト共ニ本申請中ヨリ前記四墳ヲ除クコトヲ取計ハントス

すなわち、いわゆる原因者負担として調査改葬費用を陸軍に出費させること。発掘については学術調査を実施すること。発掘前後には祭祀を実施することが挙げられ、さらに県は対象の四基の古墳について仮指定の解除を行うとしている。

県から伺いを受けた宮内省諸陵頭渡辺信が、宮崎県知事相川勝六宛に飛行場の設計変更による古墳の現状保存を訴えた電報と書状を一九三八年（昭和一三）五月二五日付で送付している。また、文部省宗教局は同年五月二七日付電報で「宮内省ニ異存ナクバ本省トシテハ仮指定一部解除ニ同意ノ見込」と返信している。宮内省は、この古墳群の現状保存を希望したが、交渉は県と第六師団とで行われており、現状保存が困難な状況であったことは容易に想像できる。結局、宮内省は左記の九ヵ条の条件を示してきた。

一、予メ現状ノ詳細ナル実測図ヲ作成セラルル事
一、祭典ヲ神職ニヨリテ予メ行フ事
一、適当ノ場所ニ御改葬スル事
　成ルヘク原形ヲイジスルコト　前方後円ナレハ前方後円墳
一、石棺其他埋蔵物ハ全部改葬ノ場所ニ埋蔵スル事
一、埋蔵物ノ写真ヲ撮影シ置ク事
一、御改葬後ハ祭典ヲ行フ事
一、新規埋葬ノ場所ニ改葬ノ由来ヲ明ニスル標識ヲナス事
一、本件処理ニ関スル詳細ナル記録ヲ作成スル事
一、調査記録写真ハ当寮ニ送付セラレ度事

県は、この条件を了承し取り計らう旨を記して、改めて宮内大臣宛に同年六月二〇日付社兵第九六三号「古墳ノ処置ニ関シ申請」を行った。

これに対し、宮内省諸陵寮は同年六月二七日付で「古墳発掘移転ニ関スル件」として、陵発第四八六号で以下の七月二日付指令第三二号を発している。

　指令第三二号

　　　　宮崎県

本年六月二十日附社兵第九六三号ヲ以テ稟申アリタル貴管下児湯郡新田村大字新田字石船五二五四番地、同字牧神七八五五番地、同字元牧神前五二八五番地及五三〇五番地所在古墳ノ処置ニ関スル件承認ス

昭和十三年七月二日

宮内省

宮崎県の上申のもとに宮内省は、指令書作成にあたる起案文章[11]で新田村の古墳について「景行天皇皇子豊国別皇子皇曾孫老男並ニ其ノ御系統御方ノ臨ミ統ヒシ伝説有之」ということで、陵墓調査上現状保存しているものであるとしている。この豊国別皇子について、記紀では景行天皇が九州遠征で御刀媛との間にもうけた皇子で、日向国造の祖とされている。この古代皇族の陵墓の可能性を有する古墳群の保存については、国防上から発掘改葬は止むを得ないこととして調査を認める旨指令している。

この指令により、宮崎県では社寺兵事課を中心に発掘調査の準備がなされた。翌年の一九三九年（昭和一四）二月二八日付社兵第九三号で宮崎県は、宮内省に対し四基の古墳の発掘実施に対して伺いをたてている。これに対し同省は、同年三月一六日陵発第一四七号で以下の通牒[12]を発している。

昭和十四年三月十六日　　諸陵頭

宮崎県知事

昭和十四年二月二十八日附社兵第九三号ヲ以テ貴県下児湯郡新田村所在石舟塚外三古墳発掘ニ関シ照会有之候処出土品処理ニ関シテハ昨年六月二十日附社兵九六三号申請ノ通リ石棺其ノ他埋蔵物ハ全部改葬ノ場所ニ埋蔵相成度且将来発掘ノ惧無キ様処置相煩度

尚発掘ニ際シテハ当寮職員立会可致見込ニ候

この通牒では、発掘調査時における出土品は全て「改葬ノ場所」に再埋納して、再度発掘が行われないように処置するよう指示している。

これらの県と宮内省との事務手続は、従来の陵墓行政の法令的根拠となる一八七四年（明治七）五月二日太政官達第五九号及び一八八〇年（明治一三）一一月一五日宮内省達乙第三号を根拠に進められている。

②文部省への手続き

県は前述したように、宮内大臣宛とともに文部大臣宛に一九三八年（昭和一三）五月二〇日付社兵第九六三号「古墳ノ処置ニ関スル件」として調書を添えて伺いをたてている。しかし、それ以降は県からの協議がなく、文部省は発掘計画の詳細について知らされていなかったようである。翌年の一九三九年（昭和一四）一月一六日付崎宗六号で、発掘計画を大阪朝日新聞宮崎版で知ったとして回答を求めている。

そして同年二月二四日付崎宗六号「古墳ノ処置ニ関スル件」として文部省宗教局長から県知事宛に、仮指定一部解除に同意するが古墳の発掘には宮内省同様に下記の条件を附してきた。

一、当該吏員ヨリ貴官経由本省大臣宛該古墳発掘認可申請書提出セシム

二、本省係員ノ立会ノ下ニ行フコト

三、学術的調査ヲ実施スルコト

四、調査報告書ヲ作成スルコト

当該古墳は、前述したように史蹟名勝天然紀念物保存法[13]第一条第二項の規定により一九三一年（昭和六）四月七日宮崎県告示史三号で史蹟仮指定されている。このことから、古墳の調査・改葬については、史蹟行政上の手続きを行わなければならない。その手続きとは県からの協議にあるように、まず該当する四基の古墳の史蹟仮指定解除である。これは県により調査開始前の一九三九年（昭和一四）五月二三日付同県告示史第一号で解除された。この仮指定の解除以外に、同法による発掘についての手続きが必要であった。その根拠としては、同法第二条に「史蹟名勝天然紀念物ノ調査ニ関シ必要アルトキハ指定ノ前後ヲ問ワス当該吏員ハ其ノ土地又ハ隣接地ニ立入リ土地ノ発掘障碍物ノ其ノ他調査ニ必要ナル行為ヲ為スコトヲ得」とある。この規定を根拠に、調査・改葬という必要性から発掘調査を実施することとなっている。そのための発掘行為の手続きについては史蹟名勝天然

紀念物保存法施行令(14)第三条に、史蹟名勝天然紀念物保存法第一条により発掘する場合は、担当者が文部大臣の認可を受けること、また文部大臣の認可は宮内大臣との事前の協議が必要とされている。

この新田原古墳群の調査は、当時京都帝国大学助教授であった梅原末治に県が依頼した。そしてこの古墳群の発掘調査手続きは、県からではなく調査を実際に担当した梅原から一九三九年（昭和一四）三月一日付で文部省に対して直接提出された。しかし、文部省は史蹟名勝天然紀念物保存法施行令第三条の規定により同年三月一〇日付崎宗第六号で地方長官たる知事を経由するように県に指示している。そのため、その後改めて県から提出し、同年一一月二日付崎宗第五号で認可されている。この件での施行令第三条による文部省から宮内省への協議文書と思われる同年七月八日起案の諸陵寮文書(15)が左記のとおり残されている。

宮崎県児湯郡新田村所在古墳ノ改葬移転方ニ関シ文部省宗教局へ回答ノ件

本件ハ別紙ノ通リノ経過事由ノモノニ有之候条左按ヲ以テ及回答可然哉

按

年　月　日　宮内省諸陵寮

（文部省宗教局）

本年三月二十日附宗五号ヲ以テ古墳発掘ニ関スル件ニ付御照会ノ趣右ハ異議無之候条此段及回答候

追尚本件古墳ノ改葬移転ニ関スル宮崎県知事ノ申請ニ対シテハ実情不得止モノト被認客年七月二日附ヲ以テ承認ノ旨指令相成候モノニ有之為念申添候

この文書は、時期的には発掘調査が終わり移転工事も終了している頃のものである。しかし、内容は史蹟名勝天然紀念物保存法施行令第三条に基づく文部大臣から宮内大臣に対しての協議に関する諸陵寮の回答案の起案文書である。このことから、県と文部省との間においても史蹟名勝天然紀念物保存法による行政上の手続きが進められていたことがうかがえる。

③陸軍第六師団との交渉

調査開始前、原因者である陸軍、直接は第六師団と県の間で、調査について協議が進められていた。特に調査移転改葬費については陸軍が負担することとなり、第六師団経理部と調整が進められた。一九三八年（昭和一三）七月八日付社兵第六三号で県は知事名で第六師団参謀長飯野賢十宛に「古墳ノ処置ニ関スル件」として、宮内省からの九ヵ条の条件（二五〇頁参照）のとおり取り計らうよう通知している。そして、祭典、発掘調査、移転改装等の費用の見積額を提示している。発掘調査の中で調査員は京都帝国大学助教授梅原末治が「最適任ナラン」としている。また、県史蹟主事が副査として担当し、出土遺物取り扱いには新田小学校の教員を当てることとしており、まさに地域上げての対応である。

しかし、実際に調査がはじまると費用は提示した見積金額を上回ったようで、総額二二四〇円が計上されている。県は一九三九年（昭和一四）三月七日付社兵第四四号で増額と前渡金の支払いを求めた。これに対し第六師団経理部は、この増額理由について翌日付留六経営第六五号で詳細な説明を求めた。これに対し、県は同年三月一一日付社兵第四四号で「前回申出ノ金額ト著シク相違スル具体的詳細事由」として回答している。すなわち、当初七月の時点では、これらの古墳が仮指定されていて、「法規上塚上ノ一木一草ト雖モ、之ヲ除去スルコトヲ得サルガ為」詳細がわからなかった。しかし、その後、翌年二月に再度現地調査に赴いたところ、古墳を覆っていた草木類が焼かれて、古墳の詳細がわかってきた。特に石船塚（第四五号墳）は巨石を用いた内部主体が二ヵ所、石棺が二あり、「集合墳ニシテ天下希有ノ古墳ニ属シ都合七基ノ古墳ニ該当スルコトトナル」ということを増額の理由としている。またこのことから、石船塚主体部の四基の移転作業に労力が必要であることも、増額理由に加えている。

第六師団経理部はこの回答を了承して、一九三九年（昭和一四）三月一四日付留六経営第七〇号でこれらの経費の支出を認めている。この当時における軍部の対応は、調査者側すなわち県の要求に対して協力的なものであったと思われる。

（4）　発掘調査の実施と改葬

①梅原末治の調査

〈1〉　調査日程

調査報告書によれば、調査は京都帝国大学助教授梅原末治が県の要請を受けて立ち会うことで進められる予定になっていた。その要請理由として「石船塚ハ重要古墳ニ有之調査後ハ宮内省ニ報告ヲ要スベキヲ以テ特ニ斯界権威者ノ来場ヲ求メ主査トシテ之カ調査ニ当ラシメラレタシ、京大助教授梅原末治氏最適任ナラン」としている。調査の県側担当者は主事瀬之口伝九郎で、軍・宮内省・文部省・村との調整の結果、当初の予定は一九三九年（昭和一四）三月一六日に墓前祭祀を執行し、以後半日に一基の割で調査をするということで一七・一八日の都合二日間の調査予定とし、一九日には改葬祭典を行うというものであった。これに対し梅原は、無謀な調査日程であると県に対し具申したようである。しかし、発掘責任者の瀬之口伝九郎が事情により一時、任を離れたことから調整ができなくなり、軍との関係から発掘の延期も不可能な状態であった。結局、墓前祭が行われた翌日の三月一七日から調査日程が無謀であると具申していた梅原自身が調査を手がけなければならなくなった。調査は一七日から石船塚（第四五号墳）・第四三号墳、翌日から第四二号墳・第四四号墳で開始され、全五日間行われたが三月二一日には時間切れで調査終了となった。

〈2〉　調査結果と出土品

調査の結果、墳長四二メートルの前方後円墳である第四二号墳では、粘土床の主体部で金銅装圭頭柄頭大刀、管玉やガラス玉、鉄鏃などの鉄製品、須恵器などの遺物が出土した。第四三号墳は墳長六二・七メートルの前方後円墳であったが、主体部は盗掘により確認されなかった。遺物は須恵器類及び土師器、金環、刀が出土した。第四四号墳は、墳長約一〇・七メートルの方墳で、南に開口する無袖横穴式石室を有していた。遺物は須恵器、土師器や馬具などの鉄製品の一部が出土した。第四五号墳は石船塚と呼ばれ、墳長六五・四メートルで周濠を持つ石船支群中最大の前方後円墳であった。主体部は長さ一二・一メートルの無袖横穴式石室が確認され、馬具や鉄鏃、胡籙金具などの鉄製品や須恵器などが出土した。また、この石船塚の名称の由来となった四隅に縄掛け突起をもつ家形石棺が前方部に露出していた。

②改葬

調査終了後、古墳の出土品及び石棺が別の場所に改葬された。この改葬場所については、調査に先立って県と新田村とが協議を進めていた。当初、新田村が候補地を選定したが、県は将来神社の建設などが予想されることからその地域では狭小であるとして、別の候補地を提示した。しかし、それに対し村は当初の候補地を再度推した。

第一―二三六号

昭和十三年六月二十四日

児湯郡新田村長

宮崎県学務部長殿

古墳改葬地ニ関スル件

本月二十二日付発社兵第一一一号ヲ以テ標記ノ件ニ関シ将来ノ計画上地域狭小ニ失スル虞レアルニ依リ、同地西方八〇六番ノ一六ノ畑地ヲ第二候補トシテ選定致度旨御照会相成候処、第一候補地ハ改葬地トシテ最適ノケ所ニ有之、殊ニ耕地ノ激減大ナル本村トシテハ可成開墾不適地タル山林原野ヲ充当致度候条、狭小ナリトセバ南接セル八〇六九番ノ三（所有者本村△△△反別畑（実地ハ山林）一反弐拾四歩）ヲ合併拡張セバ相当ノ地積ト相成、将来ノ支障無之ト被存候ニ付テハ一応御考慮相煩度及回答候也

やはり、村としては飛行場用地に広大な耕地が買収されているのに、さらに県が示した畑地を改葬地とすることは耕作地の減少を意味し、受け入れられないものであった。結果、移転改葬場所は村の希望どおり開墾に適さない当初の候補地が選定され、南側に接する土地も含めて約三反（約二七〇〇平方メートル）あまりが買収された。そして、左記の文書のとおりに宮内省・文部省・陸軍に改葬などの調査終了後の処置が報告された。

昭和十四年五月三十日

宮内省諸陵頭・文部省宗教局長・第六師団経理部長殿

新田村古墳発掘移転改葬ニ関スル件

県下児湯郡新田村石舟塚外三基古墳ハ去ル三月十七日ヨリ京都大学助教授梅原末治氏ヲ主査トシ上田文部託長野宮内考証官補ノ臨場ノ下ニ発掘調査ヲ開始シ、同廿一日迄ニ殆ント全部ヲ発掘シタリシガ梅原主査ノ帰任ト天候ノ都合ニテ一旦中止ノ已ムナキニ至リ、其後梅原主査ハ学部ノ都合ニテ再調不能ノ為メ副主査瀬之口史蹟主事ニ依リ残部ノ調査ヲナシ其間同村大字新田字牧神八〇、六八ノ一八・八、〇六九ノ三ニ改葬場ヲ相シ同地ニ元塚ノ約五分ノ一大ノ塚四基ヲ築キ遺物ヲ之ニ納メ四月廿四日申告祭ヲ行ヒ全ク移

転改葬ヲ修了致候、調査ノ状
況ハ調査主任ヨリ報告アリ次
第本県史蹟調査報告ヲ以テ図
版写真等ヲ製版添付ノ上詳細
報告致スベク候条可然御了知
相成度此段及報告申也

文書では調査の経緯、移転改葬地と古墳の縮小復元、一九三九年（昭和一四）四月二四日の申告祭の実施、報告書刊行の予定などが報告されている。改葬地には五分の一の規模に縮小された四基の古墳が復元され、その中に人骨をはじめ出土遺物が再埋納された。この時には石船塚古墳の名称の由来となった前方部に露呈していた石棺も埋納されたが、この石棺の保存と移動は早くから計画されていたようで、同年三月一九日には改葬場所に移動が完了していた。その様子は、史蹟報告書の挿図に「石船塚石棺移置作業」と題して写真が掲載されている。また、出土遺物などの埋納品は他の改葬例からコンクリート製の箱に収められたと推測される。現在、改葬地は航空自衛隊新田原基地から南に約五〇〇メートルに位置する公園となっており、四基の改葬墳のうち方

図３　新田原古墳群改葬地現況

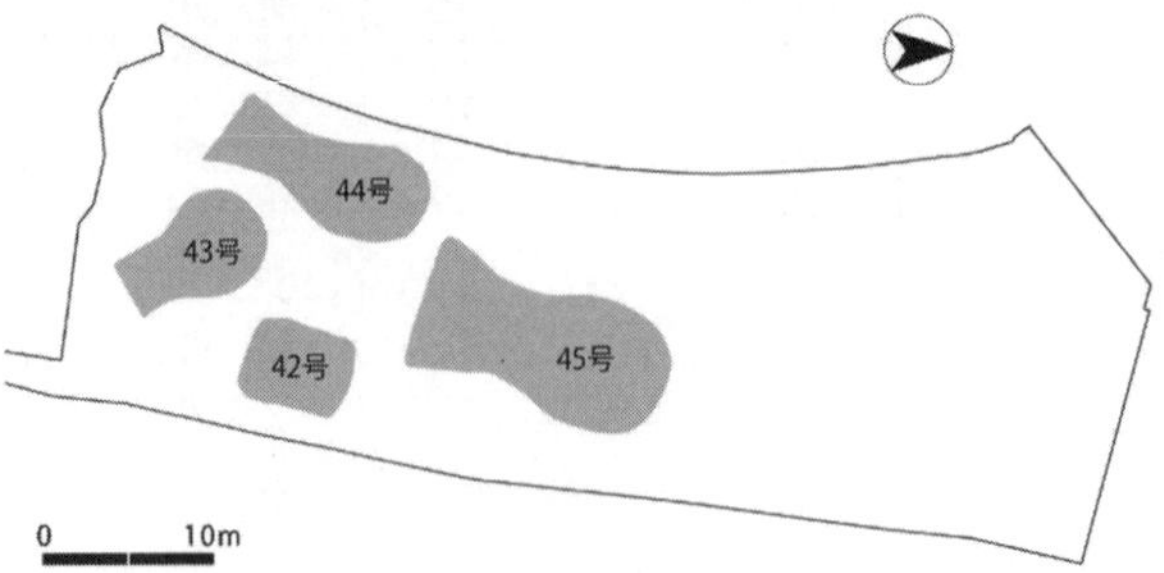

図４　新田原古墳群改葬地復元墳配置図

墳である第四四号墳だけは二分の一の縮尺で造られているようである。各墳頂には古墳番号と裏に「宮崎県」と刻んだ標柱石が建てられている（図3・4）。

県は当初、改葬地での盗掘を心配し、一九三九年（昭和一四）二月二八日付社兵第九三号で出土遺物を法令どおり宮内省に送るか宮崎神宮徴古館に移管し、地元で観覧する機会を与えられるよう申請した。しかし、前述したように宮内省が同年三月一六日陵発第一四七号で「石棺其ノ他埋蔵物ハ全部改葬ノ場所ニ埋蔵」の指示を出したため、当初の予定どおり改葬が実施された。

結局、改葬終了の祭典は予定より一ヵ月余り遅れて四月二四日に挙行された。この祭典に新田小学校長、青年学校長も招待されているが、その理由として児童・生徒に「祖先崇拝並報本反始ノ精神ニ立脚シ、毀損行為ニ出ツルナキ様訓話其他ニ依リ教示」するよう要請のためとしている。この調査による改葬は学術的な出土遺物の現地保存という意味ももつが、祖先崇拝としての祖先の墳墓に対する改葬とその祖先（古代皇族＝天皇）に報いるための精神教育の場ともなったと考えられる。

（5）小　結

新田原古墳群の調査改葬は、事前協議をともなう破壊を前提とする大規模な工事に対する陵墓行政・史蹟行政における最初の対応事例である。この調査における対応の大きな特徴は、陸軍に費用を求めた原因者負担の考え方である。また、調査は大学の研究者に依頼し学術的発掘と位置づけして、調査記録を残している。さらに改葬にともなう地上表記として墳丘の縮小復元を行っていることである。

これらは、その後に行われた陸軍飛行場建設にともなう調査・改葬の先駆けとなり、また調査・改葬にともなう手続き等の指針となった。

第二節　六野原古墳群の改葬

（1）はじめに

新田原古墳群が発掘・調査改葬されてから三年経過した一九四二年（昭和一七）に、新田原古墳群から南西約九キロの現東諸県郡国富町でも、通称六野原に木脇陸軍飛行場が建設されることになった。この建設時期は、新田原飛行場と違い前年一二月八日には太平洋戦争が始まり、一九四二年四月一八日には本土がアメリカ軍機により初めて空襲をうけるなど、日本がますます戦時色を強めた時期である。

この予定地は、当時の行政区域としては宮崎県下東諸県郡木脇村大字三名及び八代村大字八代北俣・大字伊佐生で、通称六野原と呼ばれていた。現在の行政区画では宮崎県東諸県郡国富町に編入されている。この六野原の台地に古墳が複数所在し六野原古墳群と呼ばれ、別名八代村古墳とも呼ばれていた。

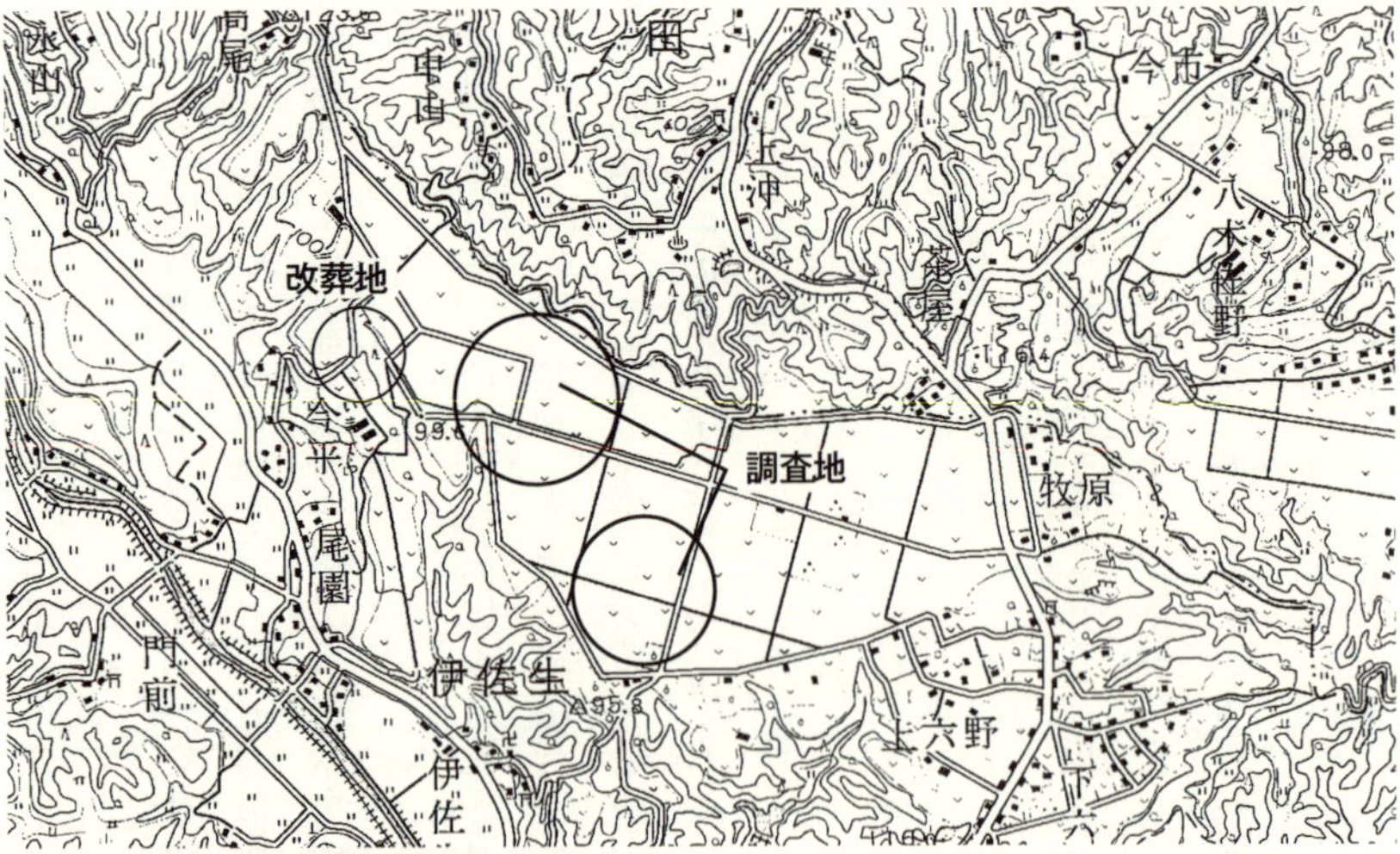

図５　六野原古墳群と改葬位置図

古墳群は、本庄川の支流北俣川と一ツ瀬川の支流である三財川に挟まれた標高約一〇〇メートルの六野原と呼ばれる約四二〇ヘクタールの広い台地に分布する（図5）。古墳群は前方後円墳一基と円墳一三基並びに地下式古墳一基で構成されていた。なお、この件数は、一九三四年（昭和九）四月一七日付県告示第二一三号で「八代村古墳」として県の史蹟指定時の件数である。

（2）飛行場建設

『国富町史』によればこの飛行場計画は、陸軍省で六野原が飛行場建設計画地として決定され、一九四二年（昭和一七）三月には陸軍航空本部から地元への説明があり、同年五月二八日に測量開始、用地接収、そして六月には建設工事に着手している。同年一一月一五日には起工式が行われ、翌一九四三年（昭和一八）一一月には大刀洗陸軍飛行学校[16]・木脇教育隊訓練場として、約一二〇〇メートルの滑走路が完成した。同年一一月二一日一番機が着陸し、複葉機による操縦訓練が開始された。

その後一九四五年（昭和二〇）五月二四日には、戦況の悪化、再三の空襲により、操縦訓練場の機能を失ったため教育隊が鳥取に移動し、木脇教育隊操縦訓練場としての飛行場は閉鎖されている。

（3）古墳の取り扱い

①宮内省、文部省への申請

調査報告書によれば、飛行場建設工事の予定敷地内には「県指定古墳ノ封土墳十二基」と「所在不明ノ地下式古墳若干」が分布していた。県は、これらの古墳の取り扱いについて新田原古墳群同様に発掘・改葬の処置の方針を早々に決定した。このため、一九四二年（昭和一七）六月四日付社兵第一一六号をもって宮内省及び文部省に「古墳発掘ニ関スル申請」を行った。申請書では「公益上止ムヲ得サルモノ」として左記の処置をするとして申請している。

一　区域内ノ古墳ヲ工事ニ先ダチ発掘改葬致度
二　発掘前陸軍省立会ノ下ニ厳粛ナル祭典ヲ行ヒ終了後亦奉告祭ヲ挙行致度
三　出土品ハ宮崎神宮徴古館ニ保存方御許可相成度
四　遺骨ハ之ヲ場外清浄ノ地ニ葬リ祭典ヲ行ヒ標識ヲ立テ、表示ス
五　調査主任ヲ京都帝国大学教授梅原末治氏ニ依頼シタシ
六　調査事項ハ宮崎県史蹟調査報告書トシテ刊行シ之ヲ永遠ニ伝フル事ニ致シタシ

この処置案は新田原古墳群に対する宮内省の九ヵ条の指示事項を参考に、申請の段階で発掘調査・祭典の実施・改葬・梅原末治への依頼・報告書の刊行を県側から提示したものと考えられる。宮内省諸陵頭はこれに対し県に同年六月一二日付陵発第三六七号で古墳群に関して照会をかけている。その中で、やはり宮内省は「一、古墳ノ中ニハ飛行場使用上差支ナク現状ノ儘保シ得ルモノ無之哉」と現状保存できるものがないか照会し、県は六月二二日付でこれに回答している。現状保存に対しては「地ナラシノ都合上現状ノ儘保存シ難シ」とし、さらに古墳群についてては四〇基位の総数はあるが多くは破壊されており、県指定の古墳についても所在が明らかでないものもあるとしている。また地下式横穴墓は存在するが不明であると回答している。保存状態の良くない六野原に所在する古墳群について、県側の処置案が妥当であるとの認識のように読み取れる。

一方文部省は同年六月一六日付崎宗第八号で史蹟名勝天然紀念物保存法第二条による行為として認め、同法施

行令第三条の発掘認可願の提出を促している。これに対して認可願は梅原末治ではなく県の発掘調査担当者である史蹟主事瀬之口伝九郎の名義で提出されている。梅原末治については認可願の県副申の中で遺物調査等について依頼中としている。

宮内省は、六月二二日付の回答を受けて「古墳ニ関スル件[17]」として左記のように起案し、七月二一日付で県に対し指令第二〇号として発している。

古墳発掘ニ関スル件

今般宮崎県東諸県郡木脇村及八代村ニ跨ル六野原ニ陸軍飛行場設置セラル、コト、ナリ、既ニ地域決定不日着工ノ由ニ有之候処同敷地内ニ三四十基ニ及フ古墳群有之候ニ就キ之カ処置方ニ関シ同県知事ヨリ上申有之候処同地方ハ諸県ノ一中心ト思料セラル、ニ就キ景行天皇皇子豊国別皇子並ニ其ノ御系統ノ御方ノ居村タリシコト必シモ否定シ難ク御陵墓調査上現状ヲ保存致度候得共事情マタ否得止モノト被認候ニ付キ左按ノ一ヲ以テ又本件ニ関シ文部次官ヨリ照会有之候間左按ノ二ヲ以テ夫々御指令並ニ回答相成可然哉此段相伺候

按ノ一

指令第二〇号

本年六月四日附発社兵第一一六号ヲ以テ申請アリタル貴管下東諸県六野原所在古墳群ノ処置ニ関スル件承認ス

但シ改葬ニ当リテハ遺骨等ノ混淆ヲ生セサル様留意セラルヘシ

尚埋蔵物発見者有之候節ハ明治三十二年内務大臣訓令ノ趣旨ニヨリ処置セラルヘシ

昭和十七年七月二十一日

宮内省

按ノ二

昭和十七年七月二十一日

宮内次官

（文部次官）

本月二日附崎宗第一一号ヲ以テ古墳発掘ニ関シ御照会相成候処右ハ異議無之候条此段及回答候尚宮崎県知事ヨリ申請有之候ニ就キ之ニ対シテハ実情不得止モノト被認候ヲ以テ承認ノ旨及指令候条此段申添候

この決裁文書で、宮内省は古墳の価値付けを行っている。新田原古墳群と同様に、この諸県郡[18]は「景行天皇皇子豊国別皇子並ニ其ノ御系統ノ御方ノ居村」として、所在する古墳が「豊国別皇子並ニ其ノ御系統」の陵墓の可能性があると位置づけ、陵墓調査上保存すべきものとしている。しかし、この時期「事情マタ否得止モノ」として県の処置を認めている。

この宮内省の決裁文書には、県が文部省に対し同日付で上申した同内容について、文部省が宮内省に照会し、それに対する回答文が「按ノ二」として起草され回答されている。このため、文部省の県に対する回答は、宮内省より遅れて同年八月一〇日付崎宗第一一号により文部省宗教局長名で認可の指令が出されている。この指令とは別途に通牒が出され、発掘調査の経過報告書の提出を求めている。また、県が申請書の中で希望した出土品の宮崎神宮徴古館での保管については、文部省の通牒でも宮内省の指令書でも一八九九年（明治三二）内務省訓令第九八五号[19]のとおり宮内省へ提出するように求められている。すなわち県は、新田原古墳群の時と同様に、出土品の宮崎神宮徴古館での保存と県民への展示を求めていたが、宮内省・文部省共これを認めなかった。そして、宮内省は新田原古墳群の時とは異なり、改葬地への再埋納の指示もしなかった。

このように戦局が厳しくなるなかで、国家施策上最重要である国防に欠かせない陸軍飛行場建設が祖先崇拝という国家観念を凌駕し、宮内省は妥協策としての移転改葬を認めざるをえなかったのである。

②陸軍との手続き

この調査について、宮内省・文部省への古墳発掘申請後の一九四二年（昭和一七）六月八日、飛行場建設を進める陸軍航空本部長に対して県は社兵第一一八号「飛行場内古墳処理ニ関スル件」を提出し、古墳群に対する対応を提示している。この文書では、県が今まで古墳に対し積極的に保存顕彰を進めて来たが、新田原古墳群を例に国防上公益上やむを得ない場合は宮内省の許可をとって調査・改葬を行っていることを挙げている。そして、今回は「伝説等コレナキ」を理由に移転改葬は必要がないと思われるが、尊貴の英霊に対して万全の策をとり報本反始の気持ちを示すとしている。そのために考古学の権威者である梅原末治を招聘して調査し、遺骨は清浄の地に改葬する。また調査記録を残し永遠に伝えたいとして、そのための費用について補助を要望している。その総額は賃金や祭典費、改葬費、報告書刊行費など六九七一円六九銭であった。

これに対し陸軍航空本部は、同年六月一六日付による第三部第十課長名で「古墳処理ニ関スル件回答」として「古墳トシテ伝説等無之実情ニ付当部トシテハ直ニ権威者ヲ聘シ之ヲ発掘スル必要ヲ認メアラサル」と権威者を招聘してまでの調査は必要ないとしている。また、古墳の発掘については工事担当者側で処理し、必要なときは県に連絡するというものであった。この回答に至った理由は、やはり県が「移転ノ必要コレナシト信シ候ヘドモ」との一文を入れた結果であると考えられる。なぜこの一文が入れられたのか、起案者の意図が不明である。

県はこの回答に対し、航空本部に再考を促す文書を六月二四日付で出している。しかし、その後、交渉が進展しないことから瀬之口史蹟主事が直接航空本部と交渉し、調査が認められ調査費用も確定した。結果的には作業員は軍が直接供給することとなった。この結果を踏まえ同年八月一一日付で県から陸軍へ「飛行場内古墳処理費交付ニ関スル件」を提出している。これを受けて同年九月三日付航建経第七二二号で陸軍航空本部は「古墳移転補償ニ関スル件回答」として調査費、改葬費を補償料として支払うとしている。その提示額は三六〇〇円であった。航空本部は、結局、県側予算の八割程度に査定して調査費、改葬費を負担し作業員を提供した。これはやはり新田原古墳群に対する対応が前例となっている。

（4）発掘調査の実施

宮崎県では六野原古墳群の発掘調査に対する処理案が一九四二年（昭和一七）九月一四日に立案された。この調査に考古学の権威者として参加依頼をしていた梅原末治は、直前に公務で参加できなくなった。そのため、県担当の史蹟主事瀬之口伝九郎が調査及び報告書の作成にあたった。

調査は同年九月二二日の移転奉告祭終了後の翌二三日から一〇月四日まで二週間をかけて、封土墳一〇基を対象に実施された。この間、調査開始前の九月一七日付社兵第一八八号により学務部長名で、管轄する高岡警察署長宛に「古墳移転ニ関スル件」として、発掘予定地内での取り締まりを依頼している。さらに九月二五日付社兵第一九二号では警察部長・学務部長名で「古墳ノ取締ニ関スル件」として各市町村長・警察署長宛に依命通牒を発した。この通牒では、県として六野原古墳群の調査は国防上・公益上止むを得ないということで、遺憾ながら調査しなければならなくなった。県が発掘するからと曲解して、他の古墳を毀損し、または盗掘することがないよう取り締まりを求めている。県は発掘実施にあたって、保存顕彰を県令・訓令等で周知している県による調査が、県内の古墳保存に影響を与えるのではないかと懸念していることがわかる。このように発掘調査の環境を整えた上で調査が実施された。

地下式横穴墓は、その性格上、地上に標識をもたないことから工事中に発見されることがほとんどであった。このため、地下式横穴墓についての調査は封土墳の調査後、同年一〇月一七日から翌年五月二〇日の地均し工事が終了するまで続き、二七基（報告書掲載）が調査された。この間、一九四三年（昭和一八）四月一二日付崎宗第一一号「古墳発掘認可ニ関スル件」として文部省教化局長名で経過報告を求められている。これに対して県は工事の進捗に併せて発見される地下式横穴墓を調査していると報告している（図６）。

（５）移転改葬

県は発掘調査中の一九四二年（昭和一七）一〇月二三日に移転改葬地を六野原の西端の八代村大字北俣に求め、民有地「二畝廿三歩」約二七四平方メートルと決定した。また、土地の所有権は八代村に移すこと、改葬地に碑文を建設することも決定した。改葬の方法は、整地後、改葬予定地の地下に長さ六尺（約一・八メートル）、深さ四尺（約一・二メートル）に日向石の切石を積んで埋葬施設とするもので、封土墳そして地下式横穴墓と順次、調査終了後、古墳出土の人骨や主体部の土を再埋納した。六野原古墳群の改葬は墳別ではなく一ヵ所に集約する形で行われ、先に見た新田原古墳群の改葬方法のような各古墳ごとに縮小復元墳を作り、地表表示するものではなかった。

こうして順次行われた再埋納は仮埋葬として取り扱われ、移転改葬地の

図６　六野原台地全景（現況）

所有権が県から八代村に移され、改葬地の管理が八代村に移った一九四三年（昭和一八）一一月一二日に最後の修景と祭典が行われた。この時に地上施設として高さ六尺（約一・八メートル）、径一丈二尺（約三・六メートル）の円墳が築かれた。そして墳丘の南側前に地表表示として移転改葬の経過を刻んだ石碑[20]一基が設置されている。建立された碑文の内容は左記のとおりである。また、同様の文字を刻んだ石板を改葬地にも埋納した（図7）。

碑文

昭和十七年陸軍飛行場ヲ設ケラルルニ当リ宮内省ノ承認ヲ得場内封土墳十基地下式古墳二十数基ヲ此処ニ移転改葬シ其ノ祭典ヲ行ウ

昭和十八年　十月

宮崎県知事　西原忠雄

図7　六野原古墳群改葬地現況

碑文に記されているように、報告書では一九四三年（昭和一八）一一月一三日に県、村、軍部、元地主、知事代理、調査関係者が集まって改葬報告祭が行われ、調査改葬が終了した。

（6）小　結

六野原古墳群に対する陵墓行政・史蹟行政からの対応は、三年前に実施された新田原古墳群の対応を踏襲したものであった。しかし、六野原古墳群が調査改葬された時期は一九四二年（昭和一七）という太平洋戦争の戦局が窮迫してきた時期であり、現地での飛行場建設公表からわずか三ヵ月で工事に着手されている。このことから、県と宮内省、文部省との事前の調整もあまり行われなかったようで、工事範囲着手日が決定された後になってから「事情マタ否得止モノ」と宮内省から早々に調査改葬が決定されている。

また、古墳改葬地での地上表示は、復元縮小模型によるものではなく標柱石一本のみである。これは、地下式横穴墓が多かった理由によるものかもしれない。

第三節　目達原古墳群の改葬と都紀女加王墓の治定

(1) はじめに

目達原古墳群は、発掘当時の地名で言えば佐賀県三養基郡上峰村および神埼郡三田川村、現在の行政区画では同県三養基郡上峰町および同県神埼郡吉野ヶ里町に分布していた。この地は、佐賀平野の東部、切通川と田手川によって形成されて河岸段丘が南北にのびており、河岸段丘上の標高一〇メートルから二〇メートルに古墳群が分布している。

古墳群は、現在までに確認された約一〇基余りによって構成されていたと考えられる。このうち七基は飛行場建設で消滅している。現存するのは、上のびゅう古墳と萩原北方古墳だけとなっている。古墳群中の古墳の築造は古墳時代中期から後期の中で瓢箪塚古墳（前方後円墳）→上のびゅう古墳（前方後円墳）→目達原大塚古墳（前方後円墳）→無名塚（前方後円墳?）→塚山古墳（前方後円墳）→古稲荷塚古墳（円墳）→稲荷塚古墳（前方後円墳）の順で行われていると考えられている。特に上のびゅう古墳からの六基は「一豪族の累世的墳墓群」（蒲原、一九九五）としてとらえられている。また、古墳群の中では目達原大塚古墳（大塚古墳）が最大で全長約五五メートルを計る（図8）。

（2）発掘調査の要因

①飛行場建設

この調査・改葬の原因となったのは、前述の宮崎県の二ヵ所と同様に陸軍飛行場の建設工事であった。この工事に関しては一九四二年（昭和一七）一〇月二四日付陸亜密第四〇九四号「目達原陸軍飛行場整備其他新設工事実施ノ件」[21]として陸軍航空本部で起案され、工事の実施が決定されている。しかし、「目達原古墳群調査報告」（『佐賀県史跡名勝天然紀念物調査報告書』第九輯〈以下「調査報告書」と記す〉）によれば飛行場建設の実際の動きは以前からあり、同年の九月末には起工式が行われたようである。地元で

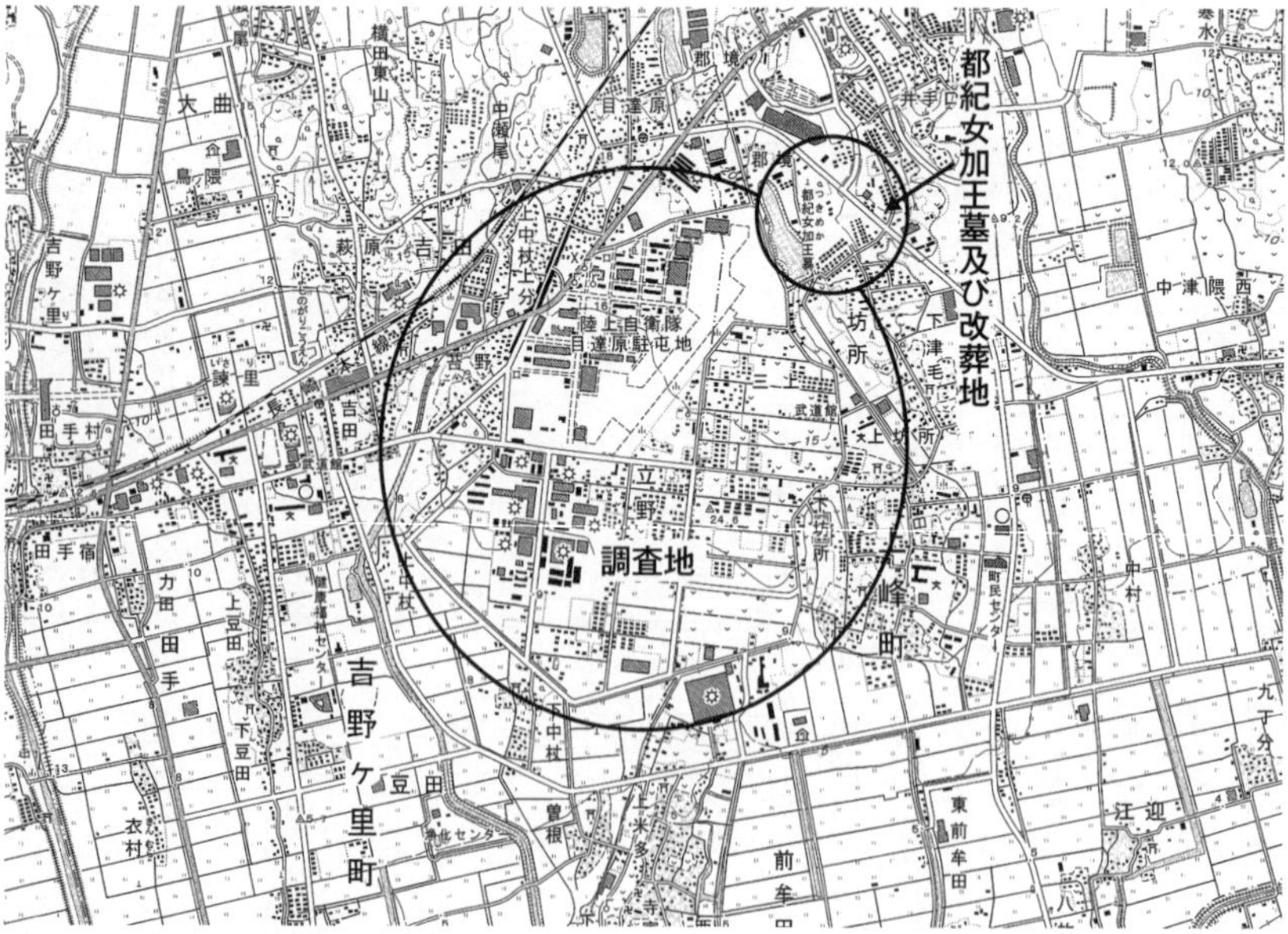

図8　都紀女加王墓及び改葬地

は一九三七年（昭和一二）の日中戦争以後軍関係施設の建設あるいは一九四一年（昭和一六）の太平洋戦争開戦後の飛行場建設などが噂として流布していた。

②佐賀県の対応

県は県史蹟調査員から飛行場建設の噂と工事による古墳群への影響について、はじめて報告を受けた。このことは、史蹟を担当する県社寺兵事課へは、それ以前は軍からの情報は皆無であったことを示している。結局、航空本部で飛行場建設工事の起工伺いが稟議されているころ、すなわち一九四二年（昭和一七）一〇月二七日現地に社寺兵事課の係員が出張調査し、宮内省・文部省から指示を仰ぐこととなった。しかし、事務手続の遅れから一ヵ月以上手間取った。この間、建設工事は進められ、一二月後半には稲荷塚古墳にまで工事が及ぶことがわかり、後述する県・宮内省・軍との協議が行われ目達原古墳群の改葬のための調査が開始された。

（3）都紀女加王墓の治定

①治定以前

この古墳群は『肥前風土記』に記載されている米多郷の中心地に比定されている場所に位置する。このことから、この古墳群については筑志米多国造の墳墓であると一部でいわれるようになった。

一九一三年（大正二）二月一一日には宮内省の増田于信が「竺《ママ》志米多国造ニ関スル史料調査ニ来県」したと調査報告書に記載されている。さらに一九一七年（大正六）にも訪れ、目達原古墳群を実見し、上峰村の有力者達に講演して、米多国造の墳墓であると断言したとも記載されている。このことから、これ以降目達原古墳群は米多国造の墳墓であるということが宮内省で認識されていった可能性があり、一般的にも流布されていったと考えられる。

②「御墓」の決定

この目達原古墳群の所在する一帯が軍の飛行場用地となり、建設工事が進められることで古墳群が破壊されることになった。この時、県の対応が遅れたのであるが、宮内省と文部省に一九四二年（昭和一七）一一月二二日付で状況報告が上申され、その後同月三〇日に県から古墳除去の許可申請が宮内省に出された。

それから一ヵ月ほど経った同年一二月二二日から二五日にかけて、宮内省諸陵寮考証官和田軍一と長崎武道考証官補の二人による現地調査が行われた。このことから、この古墳群を宮内省が増田于信以来、陵墓治定上注目していたものと思われる。県は、この宮内省の動きに力を得たかのように工事の一時中止を軍に認めさせ、担当者が二人とともに熊本にある航空本部の出張所に出向き、今後の古墳群の取り扱いについて交渉した。

この時に、古墳群中最大の前方後円墳である大塚古墳（目達原大塚）と上のびゅう古墳については保存の方向で協議されたものと思われる。その理由は両古墳とも飛行場計画上位置的にあまり影響のない位置にあったためであろう。翌一九四三年（昭和一八）一月七日付の『都紀女加王墓土地編入・修営雑書類』中の用紙メモ[22]には「大塚　上のびゅうハ現状ノ保存ニ留意セヨ　他ハ改葬　浄物ヲ選ビ墳別ニ行　処理スルコト」とある。このメモは同年一月一一日に県宛に通牒された次の指令の下書きであろう。

宮内省指令第一号

客年十一月三十日附社兵第二五八七ヲ以テ其県三養基郡上峯村、及ビ神埼郡三田川村所在古墳群発掘ニ関シ上申有之候処右ハ御陵墓ノ関係ナキヲ保シ難ク重要ナル古墳群ト認メラルルニヨリ大塚古墳及ビ上のびゅう

ノ古墳ハ特ニ現状ノ保存ニ留意セラルベク、稲荷塚、塚山古墳、瓢箪塚、古稲荷塚ハ事情止得己ニ付左記ニヨリ改葬セラレルベシ

昭和十八年一月十一日

宮内省

記

一、改葬ハ適当ノ浄地ヲ選ビ墳別ニ之ヲ行ヒ、各々ニ付元ノ墳ト改葬ノ墳ノ関係ヲ明確ナラシムル事

二、改葬ニ当リテハ詳細ナル調査ヲ行ヒ現状及ビ発掘ノ経過ヲ記録シ詳細ナル写真及ビ実測図調整ノ上報告ノ事　尚記録及ビ実測図ニハ石室石棺及出土遺物等ノ出土位置状態ヲ詳記ノコト

三、埋葬ニハ当省掛官ヲシテ立会セシムルコトアルベキニ由リ改葬ノ日時所用日数及担当者氏名其他参考事項改葬計画決定次第報告ノコト

以上

さらに宮内省は同年一月二五日から二八日にかけて、臨時陵墓調査委員会委員東京帝国大学教授原田淑人を派遣している。派遣が後の「都紀女加王墓」治定を前提としたものかは不明であるが、宮内省が「大塚　上ノびゅうハ特ニ現状ノ保存ニ留意」(24)を指示していることから「墓」(25)決定を視野に入れていたとしても不思議ではない。(23)

県は同年一月二九日付で文部省からも発掘許可が出されたので、同年一月三一日に調査改葬予定の瓢箪塚古墳、塚山古墳、古稲荷塚古墳三基の墓前祭を行い、調査を進めた。調査を進める中で、飛行場予定地の東北隅にあった大塚古墳が飛行機の離着陸に重要な風の方向に影響するとして、同年二月三日航空本部熊本出張所から同古墳を取り除くよう要望が出された。直ちに軍と交渉した結果、一旦は撤回されたが結局軍の再度の強い要望により、調査・改葬されることとなった。宮内省は同年三月二六日付で大塚古墳の改葬を承認した。(26)

大塚古墳は全長五五メートル、後円部径三八メートル、後円部高七メートル、前方部幅三六メートル、前方部

高三・六メートル、主軸方向は六七度東に振る前方後円墳である。この古墳群中最大の規模を有し墳形もよく残っていた。さらに三段に埴輪が埋められていた。このことから、一九一七年（大正六）に訪れた増田于信は、「前方後円墳、埴輪、葺石」など陵墓として治定する要件がそろっており「米多国造墳」の可能性が高いと考えていた。

調査の結果、後円部から横穴式石室が発見され、鏡片・埴輪類（円筒・形象・朝顔）・鉄器類（刀子・鍬鋤先・鉄鏃・石突・鈴）や須恵器が出土した。

③都紀女加王の墓

大塚古墳が消滅したことにより、目達原古墳群の中で、唯一残された前方後円墳は上のびゅう古墳のみとなった。結局、一九四三年（昭和一八）八月五日に上のびゅう古墳が「初代米多国造都紀女加王墓」と勅定された[27]。これは、宮内省と陸軍航空本部の交渉の成果である。しかし、経過を見れば消去法で残った前方後円墳を陵墓としたもので、決して特定した古墳を治定したものではなかったといえる。

この治定に関する和田軍一考証官の都紀女加王墓取調書[28]の草稿によれば、上のびゅう古墳を「都紀女加王墓」に治定した考古学的理由は以下のように記されている。

—前略—コノ古墳群ハソノ位置ヨリ見テ古ノ筑志米多国ニ属スルモノト考フルヲ自然トス又付近ニ斯ノ如キ古墳群ナクソノ古墳ノ形式ハ主トシテ前方後円墳ニシテ少ナクトモ権勢ノ者ニアラサレハ営造セサルモノナルニ由リ同古墳群ハ之ヲ筑志米多ニ於ケル最高ノ家門ノ墳墓ト認メサルヲ得ス

而シテ先般上ノびゅう古墳ヲ除キ大塚以下ノ諸墳ニ於ケル改葬ノ前内部ノ調査実施セラレタルトコロ瓢簞塚以外ノ三墳ニハ鑑鏡片　勾玉（カラス製アリ）　鉄製甲冑残欠　帯鉤残欠（鍍金ノモノアリ）　鉄鏃　祝部土器

其他ノ副葬品ノ残存セシモノアリ　ソノ遺物ノ調査ニ依リ之ヲ諸墳ノ間ニ時代差ノ甚タシカラサルコト及ソノ築造年代カ前方後円墳時代ノ中新シキ方　即チ継体天皇ノ御世ニ近キ時代ニ属スルコトヲ明カニスルヲ得タルカ上ノびゅう古墳モ墳壟ノ様式　大塚ト大差ナキカ故ニ同墳ト大塚トニ時代差モ亦著シカラサルモノト認メラル　但　上ノびゅう古墳以下五基ノ前方後円ハソノ位置及様式ノ上ヨリ考察スルニ上ノびゅう古墳最モ早ク築成セラレ大塚　稲荷塚　瓢箪塚ノ順ニ造営セラレタルモノト考エラル

右ニ依リ佐賀県三養基郡上峰村大字坊所上ノびゅう古墳ヲ以テ応神天皇皇孫都紀女加王ノ御墓ト認ムル

まず、目達原古墳群における前方後円墳の存在から「筑志米多ニ於ケル最高ノ家門ノ墳墓」と位置づけている。そして、調査の結果から古墳群を継体天皇の時代に比定し、上のびゅう古墳を四基の前方後円墳の中で最古であるとして、初代の筑志米多国造である応神天皇皇孫都紀女加王の「御墓」として決定したとしている。この中で特に古墳群中、最大の前方後円墳であり、都紀女加王墓の有力候補として増田于信も挙げている大塚古墳との関係について言及していることが目を引く。墳丘残存状況、規模からいっても陵墓治定候補の最有力であったはずであるが、結局、飛行場建設によって削平されたことにより、位置的に工事の影響が最も少なくて消滅から免れた上のびゅう古墳が最終的に治定されたのが現実であろう。

また、和田考証官の取調書作成の日付からみて、大塚古墳が工事によって削平されたことにより上のびゅう古墳の都紀女加王墓治定は、この頃には内定していたとみるべきであろう。

「都紀女加王墓」は最終的に、一九四三年（昭和一八）一一月二六日左記のように宮内省から告示(29)された（図9）。

宮内省告示第二十六号

都紀女加王ノ墓左ノ通定メラル

都紀女加王墓

佐賀県三養基郡上峰村大字坊所

昭和十八年十一月二十六日

宮内大臣　松平恒雄

そして、都紀女加王について報道提供資料(30)では以下のように説明している。

都紀女加王ハ応神天皇皇子稚野毛二派皇子ノ御孫ニマシマシ筑紫米多国（現在ノ佐賀県三養基郡上峰村ヲ中心トスル地域）ノ国造ト為リ皇威ヲ地方ニ伸べサセ給ヘリ

御墓ハ佐賀県三養基郡上峰村大字坊所ニ有リ形状ハ前方後円ナリ

当時の日本のアジア進出を象徴するかのように、「皇威ヲ地方ニ伸べサセ給ヘリ」と意義づけしている。

④臨時陵墓調査委員会

しかし、この治定については一つ疑問が残る。それは臨時陵墓調査委員会との関係である。同委員会は一九三五年（昭和一〇）六月二二日宮内省達二号臨時陵墓調査委員会規定により宮内大臣の諮問機関として設置

図９　都紀女加王墓現況

され、一九四四年（昭和一九）二月二八日宮内省達第一号で廃止されるまで九年間設置された。委員会の第一の目的が長慶天皇陵の治定であり、併せて治定された疑義のある陵墓の調査や陵墓参考地の調査に関することなどが諮られた。この委員会には、陵墓治定に関し二七件の諮問がなされ、陵墓は長慶天皇嵯峨東陵が治定された。他に景行天皇皇子五十狭城入彦皇子墓など一一ヵ所の墓が治定された。

この一一ヵ所の墓は、いずれも二七件の諮問案件に該当して治定されている。しかし、論じている都紀女加王墓については、臨時陵墓調査委員会が機能している期間に治定されているにもかかわらず、諮問案件にはあげられていない。しかし、この治定がシステム上臨時陵墓調査委員会と無関係で進められたとは思われない。それは一九四二年（昭和一七）一二月二二日から二五日までの和田軍一諸陵寮考証官の現地調査、取調書の作成、さらに一九四三年（昭和一八）一月二五日から二八日には臨時陵墓調査委員会委員として東京帝国大学教授原田淑人が目達原古墳群の調査を視察しているからである。また、新聞記事[31]においても「臨時陵墓調査委員会の調査を経て」とある。このことからも、都紀女加王墓治定に臨時陵墓調査委員会が関係していたであろうことは間違いないし、現在の宮内庁も臨時陵墓調査委員会答申に基づき決定された「墓」として認識している。

しかし、他の一一ヵ所の陵墓と異なり、都紀女加王墓が諮問案件として諮られていないうえに官報告示がなされていないのは、この治定が、国防施策による緊急発掘の結果による陵墓行政と国防行政の妥協によるものであることも影響しているのではなかろうか。

戦後、黒板勝美の業績を記念して出版された『古文化の保存と研究』中で和田軍一が臨時陵墓調査委員会について記している[32]が、同委員会による陵墓治定としては一陵一一墓しかあげていない。和田の意識の中に同委員会による都紀女加王墓の治定は入っていなかったようである。

⑤改葬地の設定

調査も終了し、上のびゅう古墳の都紀女加王墓治定が内定した後、一九四三年（昭和一八）七月二六日付で宮内省諸陵寮考証課長から県社寺兵事課長宛に改葬地に関し申し入れがなされている。[33] 改葬の位置に関しては「上のびう古墳の前方へ（即ち西方へ）二十米位更に之より北十米位を隔てた北側の地」とし、上のびゅう古墳が陵墓となったのでその隣接地が選ばれたのである。古墳の配列については南から大塚（目達原大塚）、古稲荷塚、稲荷塚、瓢箪塚の順に配列するように申し入れている。また、改葬地での墳丘規模は「広狭に従い適宜定め」としているが、最終的には七分の一の墳丘が復元された。副葬品等は「各墳別に木箱等に収め且将来盗掘の恐れ等なき様セメント等にて墓坑を作り埋葬せられ度」とし、出土品の再調査もできないようにセメントによる厳重な再埋納を求めている。また、墳丘復元に使用する土にも清浄なものという条件があり、表面は芝生を張ることも付け加えられている（図10・11）。

図10　目達原古墳群改葬地現況

都紀女加王墓の墓域と改葬地の詳細な範囲と整備計画は、同年八月二三日から八月二八日の考証課長の現地視察で決定された。そして宮内省が上のびゅう古墳を含む約五反余りの土地を購入し墓域とした。この土地の地目は山林が大部分であるが、上のびゅう古墳後円部の南側裾部から西側に地域の墓地があり、これも一部一畝分が購入対象であった。このため予算には二二基の墓石や六地蔵の移転の経費も計上されている。隣接する改葬地は、県が民有地山林を九反余り購入した。購入後の工事は、上峰村青年団や翼賛壮年団の奉仕もあったが、飛行場建設による人手不足や災害復旧工事などがあり手間取ったことが県から宮内省へ報告されている。

こうして、墓域整備が終了し、一九四三年（昭和一八）一二月一九日に都紀女加王御墓報告祭が勅使及び宮内大臣、知事が参列して行われた。

さらに一二月二一日には県主催による改葬にともなう祭祀が行われた。改葬地には墳丘を平面形で七分の一、立面で四分の一に縮尺した古墳が復元された。この復元墳丘には副葬品などが再埋納されたことが左記の通り報告書からうかがえる。

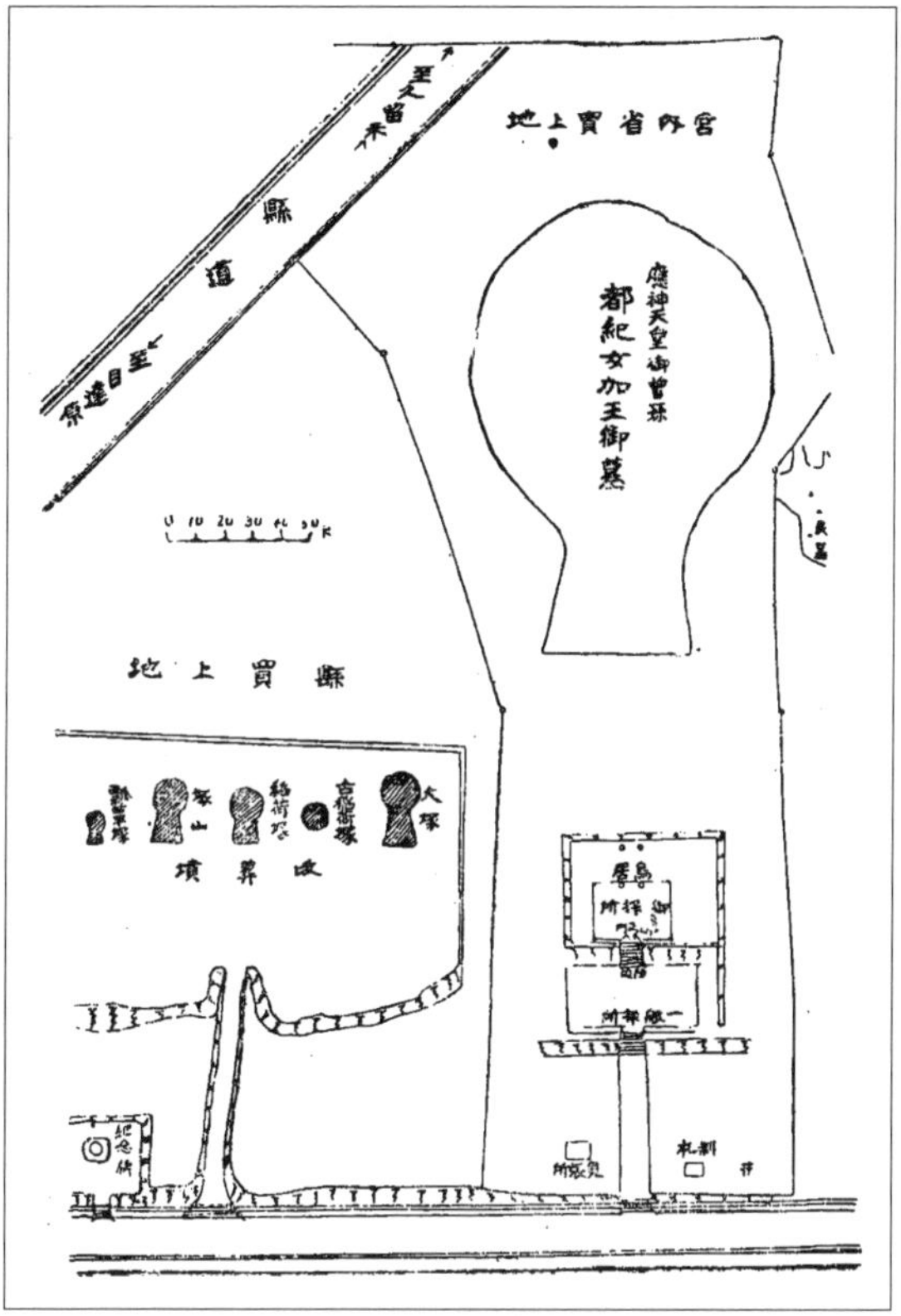

図 11　都紀女加王墓と改葬地復元墳配置図

> 御霊代は方七寸深さ五寸の木箱に納めて清浄の白布に包み、副葬品は方一尺二寸深さ一尺の木製の箱に納めこれをコンクリート製の外箱中に入れその蓋の上に二寸厚さの松板を蓋ひ土圧に備へて地下に方二尺四寸深さ九寸の坑穴をほりて埋めた

ここでの御霊代は、人骨などの出土の記載がなく何を御霊としたかは判明しないがおそらく石室内

の土などが埋納されたと想像される。

（4）小　結

この目達原古墳群の調査・改葬が、宮崎県の二例と相違するところは、古墳一基が陵墓として治定されることにより現状保存されたことである。

宮内省としては最大規模の前方後円墳である大塚古墳の治定を目論んでいたようであるが、軍の要望により破壊されてしまった。このことにより、考古学的には帆立貝式の上のびゅう古墳を初代墓と決定したが、現実的には破壊を免れた当古墳を都紀女加王墓と決定し治定したのである。そして、米多国造の初代というよりも応神天皇皇子稚野毛二派皇子の孫、すなわち応神天皇曾孫ということが強調された。それは、応神天皇は武に通じ、都から遠い九州に派遣された皇族の陵墓の決定ということで、戦時体制下においてアジア進出を進める国家にとって、外地への出兵兵士の鼓舞と国民精神高揚にも一役かったのではないだろうか。

まとめ

（1）宮崎県の古墳保存行政

宮崎県は、一八九二年（明治二五）に全国に先駆けて古墳古物等取締規則[34]を制定している。それとともに出された訓令[35]では「本県ハ古代ノ遺跡遺物ノ類多ク地理上歴史上共ニ我カ国体ニ著シキ関係ヲ有スル」ことから保存は最も必要であるとしている。日向国が皇祖発祥の地であるという意識が根底にあり、古墳群は先祖の墳墓であるという考え方によるものである。この延長ではじまるのが宮崎県知事有吉忠一による西都原古墳群の調査であった。この古墳群の一九一七年（大正六）第六次調査において、京都帝国大学が比較資料を得るために児湯郡川南村（現児湯郡川南町）の調査を計画し、県が宮内省に同年一〇月一〇日付で「児湯郡上江村・川南村所在古墳発掘ノ件」として伺いをたてている。しかし、この伺いに対する宮内省からの回答はなく、同年一一月一五日に再度伺いをたてている。これに対し宮内省は一一月二六日付で左記の理由により、同省の調査が完了するまで「発掘等無之様」と回答している。

—前略—同郡ノ故地児湯郡ノ県ハ景行天皇妃御刀媛・景行天皇々子豊国別命・景行天皇皇曾孫日向国造老男其他族御墓調査地域ニ属シ、目下検覈中ニ有之候—後略—

これを受けて県は児湯郡長宛に同年一二月八日付で宮内省回答と同様の内容に「密掘」が行われないよう注意を払うべく依命通牒を発している。こうして児湯郡の地域は、これ以降皇族御墓調査地域として発掘調査の実施ができなくなった。そして、実体は判明しないが県に「古墳保存協会」が設立され、古墳の保存啓発が行われたと推測される。

しかし、もともと西都原古墳群の発掘に関して一九一二年（明治四五）五月一一日付秘第五六二号の県からの「古墳又ハ古塚ト認ムヘキ個所発掘ノ儀ニ付稟申」に対して、宮内省は同年六月四日付陵墳第四三号で左記のとおり許可をしていた。

本年五月十一日秘第五六二号ヲ以テ、当省大臣ヘ御稟申ノ貴県下笠狭旧跡ニ存在スル古墳ノ儀ハ、今日迄調査ニ依リ、御陵墓参考地ヲ除クノ外総テ陵墓ノ徴証ヲ認メサル次第ニ付、御上申ノ通発掘ヲ許可相成候トモ、当省ニ於テハ差支無之候条、右様御承知相成度、大臣ノ命ニ寄リ此段申進候也

明治四十五年六月四日

諸陵頭理学博士　山口鋭之助

この時点では、「陵墓ノ徴証ヲ認メサル」という判断であった。この宮内省の対応の変化は、おそらく西都原古墳群の六次にわたる調査から得た各古墳の多大な発掘成果によるものと思われる。従来から未定陵墓が含まれている可能性がある古墳を保存するという陵墓行政の目的からみて、調査結果から未定陵墓が含まれる可能性が高いものと判断されたと想像される。

この一九一七年（大正六）の宮内省による陵墓調査の必要上からの発掘調査禁止から一九三九年（昭和一四）の新田原古墳群の調査まで、県行政においては古墳保存の立場が貫かれていた。そのことは六野原古墳群の報告書凡例の一文からも伺える。

一、本県ニ於テハ古墳ヲ上代遺蹟トシテ其ノ保存ヲ計ルコト、ナリ、既ニ古墳保存協会ノ設立ヲ見テ居ル次第デ、古墳ノ発掘ナド思ヒモ寄ラヌ事乍ラ公益上已ムヲ得ザル施設ニ対シテハ、ナサネバナラヌ事トシテ宮内省及ビ文部省ノ許可ヲ得テ調査ヲナス事ニナツタノデアル

このように、国防施策の中で陵墓行政・史蹟行政における古墳保存の方針が崩れていくのである。結果、陵墓行政からは古墳の改葬、史蹟行政からは学術的発掘調査と報告書の刊行を行うことで行政上の収拾がはかられた。

(2) 御墓治定

三ヵ所の古墳群について宮内省の判断は、新田原古墳群の所在する地域が「景行天皇皇子豊国別皇子皇曾孫老男並ニ其ノ御系統ノ御方ノ臨ミ統ヒシ」地であり、六野原古墳群は「景行天皇皇子豊国別皇子並ニ其ノ御系統ノ

御方ノ居村」であることを否定しがたい地であるとしている。宮崎県の二ヵ所の古墳群は、さらに西都原古墳群も含めて「景行天皇妃御刀媛・景行天皇々子豊国別命・景行天皇皇曾孫日向国造老男其他族御墓調査地」とされていた。これらに対し佐賀県の目達原古墳群は「米多国造」に関係する地としている。宮内省が宮崎県の西都原古墳群などの大規模な古墳群の中から御墓を治定しようとすれば、さらなる調査と時間が必要である。しかし、目達原古墳群は宮崎県の古墳群に比べて小規模にまとまり、伝説の米多国造の墓に絞り込めたことから、飛行場建設にともなう古墳群の調査が実施された機会を踏まえて、治定に踏み切ったとも考えられるのではなかろうか。

（3）　調査・改葬

①調査経費

陸軍による飛行場建設が原因となった三ヵ所の古墳群の調査・改葬費については、概ねいわゆる改葬地買収費及び工事費、改葬地での祭典費は県が負担している。それ以外の調査改葬にともなう作業員の費用、調査地での祭典費は、原因者である陸軍が負担している。つまり調査などの直接の経費は、新田原古墳群の措置案にあった「費用出費ノコト」のとおり原因者負担としている。現在の緊急発掘調査による原因者負担の原則の先駆けであろう。

②改葬地の形態

三ヵ所の古墳群については、改葬を条件に古墳破壊が容認された。そして調査の後の改葬については細かな指示が出されている。新田原古墳群に対しては、各墳形別に前方後円墳など元の墳形により近い形で復元するよう指示している。また、出土品についても、すべて改葬地に埋納し、「将来発掘ノ懼無キ様処置」するようにも強く指示している。六野原古墳群についても「改葬ニ当リテハ遺骨等ノ混淆ヲ生セサル様留意セラルヘシ」と指示している。また、目達原古墳群に対しても「改葬ハ適当ノ浄地ヲ選ビ墳別ニ之ヲ行ヒ、各々ニ付元ノ墳ト改葬ノ墳ノ関係ヲ明確ナラシムル事」と指示している。

この結果、新田原古墳群の改葬地では五分の一に縮小した各古墳が復元され、目達原古墳群でも七分の一に縮小した各古墳が復元されている。ただし、地下式横穴墓の多かった六野原古墳群では各古墳の復元はされず、一ヵ所に改葬され、地上標記として円墳状の盛土をして標柱石もたてられた。この埋納に宮内省は係官を派遣し、立ち会わせている。

このような改葬地での古墳墳形復元は、一九三四年（昭和九）に発見された大師山古墳でも見られ、改葬地での地上表示としての縮小した墳丘の復元は、従来から宮内省の指示が出されていたのかもしれない。

（4）おわりに

戦時体制下における古墳保存行政の対応は、結果的に国家の最優先課題である国防施策に取り込まれた。陵墓行政においては、御霊を安らかにするために別の浄地を選んで再埋葬する「改葬」という名目を立てることによって、現状保存の方針を崩し古墳破壊を認めたのである。その中で、本章でとりあげた三ヵ所の古墳群が陵墓調査地の対象にあって、都紀女加王墓の治定は、宮内省にとって軍との駆け引きの中で唯一面目を保ったものであったのであろう。

一方、史蹟行政においては、宮内省が認めた移転改葬のために、十分ではないが研究者による学術発掘調査を実施し記録を残す機会を与えられ、費用も軍が負担することにより古墳破壊を認めるしかなかった。

この大規模な古墳群の調査・改葬を実質的に担当したのが地方庁である県の史蹟担当者であり、時代的な背景を考えれば軍との折衝、中央庁との調整、大学関係者の調整に苦慮したことは十分想像される。
この後、宮内省は戦時下一九四四年（昭和一九）一〇月三一日付宮発第三九六号で宮内大臣から「古墳ノ発掘ニ関スル件」の通牒を出し、古墳の取り扱いについて国防優先を明確化した。これは、すでに史蹟名勝天然紀念物保存法施行令や太政官達第五九号、宮内省達乙第三号の手続きを経ずして行われていた軍関係による古墳破壊や現状変更を追認したものであった。

註

（1）「国家総動員法」法律第五五号、一九三八年（昭和一三）四月一日。
（2）「基本国策要綱」一九四〇年（昭和一五）七月二六日、閣議決定。
（3）「戦時緊急措置法」法律第三八号、一九四五年（昭和二〇）六月二一日。
（4）宮崎県告示史第三号、一九三一年（昭和六）四月七日。
（5）昭和一五年「乙輯第二類　第一冊　建物」（『陸軍省大日記』防衛省防衛研究所蔵）。
（6）熊本・宮崎・大分・鹿児島など九州南部出身者から編成され、熊本に置かれた師団。調査報告書では第六師団と記載されているが、航空本部の熊本出張所が置かれていた。
（7）一九三七年（昭和一二）に宮崎県知事相川勝六によって県民の勤労奉仕精神を高めるため設立された青年団組織。
（8）宮崎県文化財課文書。
（9）「宮内省諸陵頭より児湯郡上江村・川南村地内古墳発掘につき回答」第一四〇ノ三号、一九一七年（大正六）一一月二六日（『宮崎県史　近・現代二』二〇〇〇年）。
（10）註（4）に同じ。
（11）「古墳調査書類」陵墓関係参考資料四二三一、宮内庁宮内公文書館蔵。
（12）註（11）に同じ。

(13)「史蹟名勝天然紀念物保存法」法律第四四号、一九一九年（大正八）四月一〇日。
(14)「史蹟名勝天然紀念物保存法施行令」勅令第四九九号、一九一九年（大正八）一二月二九日改正。勅令第二八五号、一九二四年（大正一三）、勅令第二六九号、一九二八年（昭和三）。勅令第二四〇号、一九三一年（昭和六）。
(15)註(11)に同じ。
(16)「大刀洗陸軍飛行学校令」勅令第八七六号、一九四〇年（昭和一五）九月一三日（『公文類聚』国立公文書館蔵）。
(17)註(11)に同じ。
(18)日向国の南西部にあった郡。古代から明治初期に設置されていた。
(19)「学術技芸若ハ考古ノ資料トナルヘキ埋蔵物取扱ニ関スル付訓令」内務省訓令第九八五号、一八九九年（明治三二）一〇月二六日。
(20)六野原古墳改葬報告祭碑（高さ一二〇センチ、幅四六センチ）、凝灰岩製。
(21)昭和一七年「陸亜密大日記第五一号」（『陸軍省大日記』防衛省防衛研究所蔵）。
(22)「書き込みメモ」（『都紀女加王墓土地編入・修営雑書類』宮内庁宮内公文書館蔵）。
(23)臨時陵墓調査委員会、一九三五年（昭和一〇）～一九四四年（昭和一九）。
(24)註(22)に同じ。
(25)「皇室陵墓令」皇室令第一二号、一九二六年（大正一五）。「第一条　天皇太皇太后皇太后皇后ノ墳塋ヲ陵トス第二条　皇太子皇太子妃皇太孫皇太孫妃親王親王妃内親王王王妃女王ノ墳塋ヲ墓トス」。
(26)註(22)に同じ。
(27)佐賀県教育委員会「目達原古墳群調査報告」（『佐賀県史蹟名勝天然紀念物調査報告』第九輯、一九五〇年）。
(28)註(22)に同じ。
(29)宮内省告示第二六号、一九四三年（昭和一八）一一月二六日（官報告示無）。
(30)「昭和一八年一一月二四日新聞記事材料」（『都紀女加王墓取調書』宮内庁宮内公文書館蔵）。
(31)朝日新聞、一九四三年（昭和一八）一一月二六日。
(32)和田軍一「陵墓調査委員会」（『古文化の保存と研究』黒板博士記念会、一九五三年）。

(33) 陵発第四四七号の文書番号を消し「親展」と墨書している（『都紀女加王墓土地編入・修営雑書類』宮内庁宮内公文書館蔵）。
(34)「古墳古物等取締規則」宮崎県令第六二号、一八九二年（明治二五）一一月七日。
(35) 宮崎県訓令第一四一号、一八九二年（明治二五）一一月七日。

終章

第一節　近代古墳保存行政の諸問題

(1)　行政課題に対応した古墳保存行政

①行政課題と課題解決の変遷

第一部において古墳保存行政を考える上で、はじめに行政史的観点から歴史的変遷を示した。第一章では一八六八年（明治元）の明治新政府の誕生から一九一九年（大正八）までを三つの小期に画した。第二章においては一九一九年（大正八）の史蹟名勝天然紀念物保存法制定から一九五〇年（昭和二五）の史蹟名勝天然紀念物保存法等旧三法の失効までを四つの小期に画することにより、近代古墳保存行政の変遷を七つの小期に画期して論じた。

この全七期を行政課題と課題解決のための制度制定や施策の実施から捉えてみると、さらに成立期、展開期、弱体期という三期の大きな画期を考えることができる。

〔成立期〕

第Ⅰ期から第Ⅲ期においては、近代天皇制国家の成立とともに、天皇制の確立と対外的な天皇制国家の威信としての陵墓治定が重要な行政課題であった。この課題は、陵墓を管理する現在の宮内庁にまで引き継がれているといっても過言ではない。

また、ナショナリズムの勃興により、古墳墓を国家威信を示すためのものとして、あるいは祖先崇拝をわが国の伝統として位置づけその象徴として、顕彰保存することが課題となる。そのための行政制度が整えられるのがこの時期であり、保存制度の成立期である。

〔展開期〕

第Ⅳ期・第Ⅴ期には、陵墓行政に加え史蹟行政において史蹟名勝天然紀念物保存法が整備されたことにより、新たな古墳保存行政が進められた。同法による指定という行政処分による古墳保存が課題となった。この課題に対し、陵墓行政主導で仮指定、指定の行政処分が行われた。この背景には、陵墓行政による陵墓治定の過程で生じた、治定から外れた陵墓候補の古墳や陵墓に匹敵する古墳の保存という問題の解決があった。

また、昭和初期の行政整理による主務省庁の変更が行われたが、古墳保存以外でも文化財保存のための法律が国内だけでなく植民地においても整備され、保存行政制度が整備された。

さらに、大正末期から思想善導という言葉に象徴される国民教化が行政課題となり、祖先崇拝の象徴としての古墳を含む史蹟が国民教育の資源として国家的意図により指定顕彰された。また、陵墓行政の主要課題であった長慶天皇陵の治定を進めるための課題解決として、新たな組織が作られるなど施策が展開された。

このように、この時期は古墳保存行政が制度として機能し、施策が進められる時期であり、展開期としてとらえられる。

〔弱体期〕

第Ⅵ期・第Ⅶ期は、戦時体制下での行政簡素化と戦争終結による混乱及び皇国史観からの解放が無届けの発掘を生み、古墳保存行政遂行力の弱体化した時期である。戦時体制下において行政簡素化による軍事優先行政の中で、いかに古墳を保存するか。また戦争終結後の混乱の中で法令手続きをいかに励行させ保存するかが行政課題であった。

この行政課題に対し、軍事優先行政の中で、軍事施設の建設にともなう破壊に瀕した古墳群を記紀記載の古代皇族との関係を強く示すことにより調査・改葬までこぎつけた。また、戦争終結後の混乱期には、史蹟名勝天然紀念物保存法の仮指定の運用を促し、古墳保存を図ろうとした。

しかし、このような古墳保存は行政施策として実効性は低かったといえる。このことから近代の古墳保存行政の弱体期ととらえることができる。また、行政課題を解決するには、従来の法体系が機能不全を起こしていることから新たな法体系による施策への転換が必要であるという認識が高まった時期でもあった。この認識は、古墳保存行政だけでなく文化財行政全般にいえることでもあった。

この結果、新たに法体系が一元化された文化財保護法が制定され、文化財保存行政の転換が行われ新たな施策がはじまった。

②古墳保存行政に課せられた課題

古墳の保存について、近代天皇制国家による行政課題とその課題解決のための行政施策という視点から論じてきた。その中で最大の行政課題は、天皇の陵としての古墳の治定と保存を頂点とするものであった。それが、文化財保護法と国有財産法(1)の制定により、課題は陵墓行政による皇室用財産としての天皇家の墓の管理保存と、文化財行政による文化財としての陵墓以外の古墳の保存とに、明確に行政課題が二極化された。このことにより、行政目的がパラレル化し、クロスしないものとなった。しかし、最近「百舌鳥古墳群・古市古墳群」の世界遺産登録という別の面での行政課題が生まれ、このことがクローズアップされた。それにより国家という枠組みでの古墳から、グローバルな視点での古墳という存在が浮かびあがってきた。この課題解決を進めるためには、必然的に両行政がクロスしなければならなくなったのが昨今の状況のように思われる。

（2）　行政からみた古墳の認識

①古墳の分類

古墳保存行政における古墳の位置づけは、法令などの保存施策を進めるうえで重要である。

保存行政における出発点である陵墓治定などの陵墓行政では、古墳は陵墓に治定された陵墓古墳（陵墓参考地を含む）とそれ以外の古墳に分類される。さらに陵墓古墳以外の古墳は二種に分類できる。一つは、宮内省から「陵墓ノ徴証ヲ認メズ」と行政判断されて陵墓の可能性を否定された非陵墓古墳、もう一つは、陵墓か否かの行政判断が示されていない未選別古墳であり、これが古墳の大部分を占める。

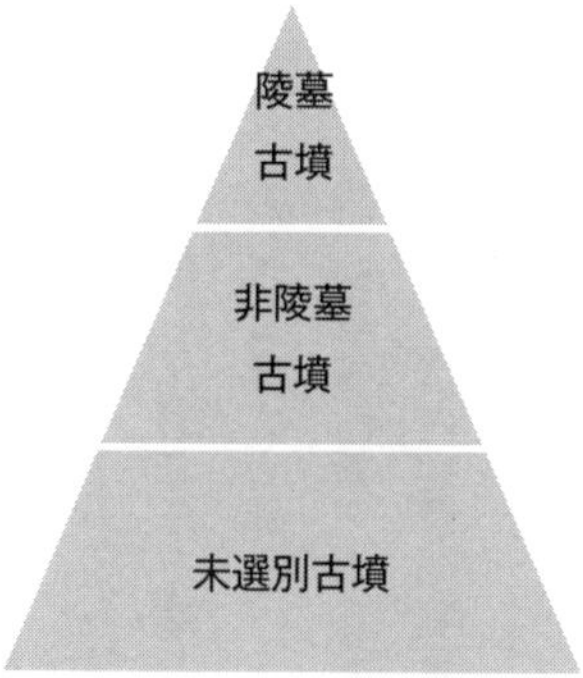

陵墓行政における古墳概念図

一方、史蹟行政では、陵墓古墳以外の古墳は「功臣元勲碩学鴻儒等ノ古墳墓」「国家風教上重要ナモノ」「学術上貴重ノ資料」に該当する古墳として史蹟指定された史蹟指定古墳（仮指定史蹟古墳も含む）とそれ以外の未指定古墳とに分類できる。

両者の関係をみると、史蹟行政の指定対象になる古墳は陵墓行政から分類した非陵墓古墳、未選定古墳である。逆に陵墓行政の治定対象になる古墳は史蹟指定古墳の一部（陵墓行政補完による指定古墳）及び未指定古墳である。

②古墳に対する陵墓行政の補完としての史蹟行政

史蹟名勝天然紀念物保存法が制定され、新たに史蹟指定という行政処分による古墳保存の方法がとられるようになった。第一部第二章で論じたように古墳の史蹟指定の意味を考えると、陵墓行政の補完も一つの重要な役割を担っていると考えられる。

それは、内務省所管である史蹟名勝天然紀念物保存法による古墳の指定行為について、宮内省の関与が大きいことでわかる。宮内省は、陵墓行政の中で生じる矛盾を解消する役割を、同法による史蹟指定という行政処分に求めたからである。たとえば、塚廻古墳や収塚古墳のように陵墓の陪塚と判断しながら、宮内省が官有地編入による直接的国家管理を目論みながら果たせなかった古墳の管理手段として、これを史蹟指定した。また、長塚古墳のように陵墓とも非陵墓古墳とも判断できず「由緒アル遺跡」として位置づけられた古墳、黒姫山古墳(2)のように陵墓の改定により取り消しとなり「他日考証ノ為メ故跡」として位置づけられた古墳、雄略天皇陵の伝承がある河内大塚山古墳(3)や弘文天皇陵候補地であった滋賀県茶臼山古墳(4)など陵墓治定の候補となった古墳を史蹟古墳として位置づけした。これらの古墳は陵墓行政が一度特定の陵墓として行政判断を示しているが、その判断は非陵墓古墳と断定せずに他の陵墓である可能性の含みをもたせた判断と思われ、陵墓行政の影響を残そうとした曖昧な表現のものである(5)。これらは、将来的に再び陵墓行政において陵墓治定候補として取り上げられる可能性がある古墳として指定をすることにより保存を図ったと思われる。

これらの古墳は、史蹟名勝天然紀念物保存法の地方長官による仮指定だけでなく、河内大塚山古墳や茶臼山古墳などのように一九二一年(大正一〇)の第一回の内務大臣による史蹟指定(6)もなされている。

史蹟名勝天然紀念物保存法の制定は、行政上、陵墓古墳以外に新たな史蹟指定古墳を生み出し、新たな古墳保存行政の展開への出発点となった。これは、国家の直接管理すなわち官有地への編入をともなわず、民間所有地のまま私権を制限し国家が管理できる古墳の出現であった。それは、宮内省による陵墓行政以外に、内務省所管の史蹟行政による古墳保存行政が始まったことを意味する。そこには、国家祭祀をともなう祖先崇拝の対象としての墳墓を守るという陵墓行政を補完するための史蹟行政の位置づけもあったことを忘れてはならない。この基本構造は、文化財保護法が制定されるまで変化しなかった。

③古墳保存と内務警察行政

古墳に関する陵墓行政に掛かる手続きは、その古墳が所在する地方庁により宮内省の機関委任事務として、また史蹟名勝天然紀念物保存法が制定された後の史蹟行政における行政手続きは内務省、移管後の文部省の機関委任事務として行われた。そして、地方庁における主管は内務部から一九二六年（昭和元）に地方官官制の改正で設置された学務部へと移管している。

一方、無届の発掘や盗掘の取り締りなど法令違反、陵墓の警備については警察行政の管轄である。一九〇一年（明治三四）から一九一七年（大正六）までに六件の埋蔵物及び古墳に関し警保局長名で依命通牒が警察部を主務する地方長官宛に出されている。しかし、一九一七年を最後に警保局から直接、地方長官宛の依命通牒は布達されていない。後の古墳に関する依命通牒は一九三四年（昭和九）と一九四四年（昭和一九）の宮内省、一九四〇年（昭和一五）の文部省からの三件だけである。この三件は宮内省、文部省の機関委任事務を主務する地方長官宛に出されているが、これを受けた地方長官は、宮内省通牒に関しては学務部だけでなく警察部にも「此旨心得ラルヘシ」(7)と通知している。

陵墓行政が宮内省、史蹟行政が内務省から文部省に変わっても、実質的に警保局を頂点とし、各地方庁の警察部を把握する内務省の警察行政が、古墳保存行政の実行部分で大きな役割を果たしていたと考えられる。

（3）古墳保存行政の矛盾

近代の古墳保存行政では、第一に近代天皇制国家という枠組みに必要不可分な陵墓古墳という国家祭祀のともなう天皇家という最高の祖先崇拝対象と位置づけられる古墳を選別し、保存（調査・治定）行政を行った。次に史蹟指定古墳という国家にとって歴史的資源であり威信財、国民教化の教育資源と位置づけられる古墳を選別し、保存行政を行った。このことから、日本における古墳保存行政は、一九五〇年（昭和二五）の文化財保護法の制定まで陵墓行政と史蹟行政という二面行政が行われたといえる。

しかし、「太政官達第五九号」や「宮内省達乙第三号」が終始、古墳保存行政の基本法令として位置づけられていることからみても、実態は決して二面行政ではなく陵墓行政を上位とする一連のものであった。一方、すべての古墳出土遺物については、中央収奪型行政が展開され、宮内省が必要ないと判断したものや地方庁が提出を拒んだものだけが郷土資料として地域に残された。(8)

そして、陵墓（陵墓参考地も含む）でもなく史蹟指定もされていない大部分の中小の古墳は、帝室博物館の目を引く「珍希ノ遺物」を出土しない限り、あるいは被葬者が記紀などの記載を根拠とする古代皇族との関係を有すると宮内省が認めない限り、存在の記録もなく消えていった。これらの選別からはずれた古墳に対する行政による保存措置は、一九五〇年の文化財保護法の制定まで待たなければならなかった。

第二節　地域の中の古墳

（1）　地方知識人の動き

今回の論点の中で、行政的視点で古墳をみてきたが、もう一方で、古墳行政の施策展開の中で出てくる地域における古墳に関係する人々の行政に対する動きも注目される。それは全国的にみれば一部分であるが三つの方向がみられる。一つは制度への積極的関与であり、一つは制度を利用しようとする動き、そして制度への抵抗である。たとえば、成立期における五十瓊敷入彦命宇度墓決定にみられるように、地方知識人の陵墓行政への積極的な関与の動きがあった。地域の古墳を陵墓候補として建白し、地域を天皇制と結びつけることによって国家史の中に位置づけ、積極的に天皇制国家の枠組みに入ろうとするものである。これに地方庁も積極的に関与し中央政府との関係を計ろうとするものであり、結果的に地域振興を計ろうとしたと考えられる。この陵墓候補地に対する各地からの建白は、近代古墳保存行政における一つの特徴ともいえる。

（2）　古墳所有者の動き

これは成立期後半から展開期にみられるもので、古墳が国家の中で法的に位置づけされ行政制度上法令に規制される対象となった時、所有者たちの中には、単なる不動産の価値として山林、荒廃地ではなく、陵墓の可能性あるいは高貴な人の墓、また高貴な品が埋蔵された所という国家が認める価値をもつ可能性があるということに気がついたのである。その典型が、第二部で論じた百舌鳥古墳群の長塚古墳の史蹟指定に至る経緯における所有者の動きである。所有者は古墳の規模、位置を認識し、古墳の開発を仄めかし、価値を売り込むことにより、国家による土地の買収を促しあるいは、古墳の発掘による出土品の高額な買い上げを目論んだ。古墳保存行政を利用して利益を得ようとした国家に対する庶民のしたたかさが垣間みられる事象である。

また、田中淳蔵は塚廻古墳から出土した勾玉の買上価格を不服として、宮内省相手に民事訴訟を行い一〇年近く争った。その真意は、一方的な行政側の出土品評価収奪の措置に対する不満であった。この裁判で第三七回帝国議会に「古墳発掘並埋蔵物処分ノ件」の請願を行った本山彦一が鑑定人として指名されているのも注目される。本山の請願にみられる主張は、「太政官達第五九号」や「宮内省達乙第三号」による規制や出土品の国家による独占は、考古学研究の自由を犯し、盗掘や出土品の密売を助長して非科学的破壊を進めるだけであるとして、法令改正を主張している。本山と田中との接点はわからないが、両者は、古墳の出土品に対する行政制度に抵抗したのである。

おわりに

現在、現憲法下で文化財保護法により古墳保存行政を進める場合、自明の理であるが、市民・国民の意思により進めなければならない。しかし、近代天皇制国家においては、天皇を中心とする国家の意思により古墳保存行政が進められた。結果、施策として古墳は選別され、その影響は現在も続いており、未だに陵墓古墳は市民・国民から隔離されたものとなっている。

今後も行政は、古墳が市民にとって自由な考古学や歴史学の学習あるいは研究の対象として活用できるものとして、また、文化遺産として後世に伝え保存する施策を展開しなければならない。特に近代における国家主導型保存行政の負の部分を考えれば、地域主導による保存行政が必要不可欠であり重要であることは歴史が物語っている。そのためには、市民とともに保存行政を進めるとともに、その保存されてきた背景にあるものも理解しなければならないであろう。それは近代から現代における行政の動きであり、関係する市民の動きである。それを理解することにより、文化財保存行政を一層進めることができるであろう。

註

（1）「国有財産法」法律第七三号、一九四八年（昭和二三）六月三〇日。

（2）一八七九年（明治一二）二月八日、河内国丹南郡黒山村春日大娘皇后陵を取り消し。『安閑天皇　春日山田皇女陵取消書』宮内庁宮内公文書館。一九二五年（大正一四）に黒山村からの土地払下げ願いに対し、大阪府は史蹟指定の見込みありとして売却しないように、大阪税務監督局長宛回答している。『大阪府庁文書九　御陵墓願伺届』宮内庁宮内公文書館。

（3）一九二一年（大正一〇）三月三日史蹟指定、一九二五年（大正一四）九月二一日、陵墓参考地。

（4）武知正晃「天皇巡幸と「陵墓」の確定――弘文天皇陵の確定を素材に――」（『文化財と近代日本』山川出版社、二〇〇二年）。

（5）大久保徹也「記（紀）念物指定制度と陵墓制度」（『シンポジュウム　陵墓公開三〇年の総括と展望』陵墓関係一六学協会、二〇〇九年）。大久保が示すグレーゾーン案件である。

（6）「内務省告示」第三八号、一九二一年（大正一〇）三月三日。

（7）「御陵墓古社寺古墳形像碑表に関する例規　昭和一九年」大阪府立公文書館蔵。

（8）時枝努「近代国家と考古学」（『東京国立博物館紀要』三六号〈平成十二年度〉、二〇〇一年）。地方庁が提出を拒む例は多く、内務省の埋蔵物行政への介入とも考えられている。

あとがき

私は大学で経済学部に入学したが、中学生時代から興味をもっていた考古学が忘れられず、在学中から大阪府の発掘調査に参加し、卒業後も一年半ほど非常勤で発掘調査に従事していた。その後、幸いかな（財）大阪文化財センターに考古学技師として勤めることができた。しかし、考古学の貴重な資料に恵まれ、また多くの研究仲間や諸先輩方がおられる環境の中で、わが身の不甲斐なさから、研究成果をあまり上げることができなかった。そんな私でも、三一歳のとき、当時大規模な発掘調査の経験者が必要であった河内長野市教育委員会に縁あって奉職した。河内長野市でも発掘調査を担当したが、市域は埋蔵文化財以外に国宝や重要文化財に指定されている文化財などが豊富であり、その保存と活用も担当することになった。文化財が豊富な最高の環境の中で、担当者として文化財行政を進めることができたのは幸福であった。

研究に対しては何をしても中途半端な私であったが、五〇歳前から始めたこの近代の文化財行政史の研究、特に古墳保存行政については、本書を刊行するまでに至った。それは、大阪文化財センターで発掘調査技師として八年過ごしたのち、河内長野市で二八年余り文化財行政を担当し、その中での問題意識が研究の端緒となったのは言うまでもない。地域の人々によって守られ伝えられてきた文化財を、行政がどのようにかかわってきたかを明らかにすることは、今後の文化財行政が進む方向性を考えるとき重要な示唆を与えるものと考えている。その問題意識を、研究まで進められたのは、多くの方々のご厚意を得、またご支援を得たからである。改めて心から感謝したい。

この研究の契機は、在職中に担当した河内長野市史編纂事業で南朝関係史蹟の指定経緯を調査したことである。そして、最初にまとめたのが『河内長野市史近代編』で各時期の文化財行政についての執筆であった。この文化財行政の項目を立て執筆することができたのは、編集委員長の元大阪経済大学学長北崎豊二先生はじめ執筆委員の籠谷次郎、服部敬、原田敬一各先生方の理解があってのことであった。

また、文化財行政史という研究の方向性に向かったのは、京都大学の高木博志先生の研究に刺激と影響を受け導かれたからである。そして、先生には浅学な私に研究会への参加や発表の機会を与えていただくなどなにかとご支援いただき、更には本書の刊行にあたって思文閣出版を紹介いただいた。このご厚情に感謝しお礼申し上げる。

関西大学の米田文孝先生には、この研究を進めている中で、退職間近の私に大学院へ進学の道を開いていただいた。さらには修士課程で十分と思っていた私に、博士課程まで進学することを強く勧めてくださり、思いもかけず学位をいただくことができた。この間、ご指導いただだいた学恩を忘れることはできない。

そして、在職中、仕事と研究の両立の中で挫けそうになる私を叱咤してくださったのは、河内長野市文化財保護審議会会長の原泰根先生や副会長の櫻井敏雄先生であった。また、現職時代、わがまま勝手な私と共に文化財行政を進めていただだいた河内長野市の文化財担当職員の協力があってのことである。

今回、結論を急いだ上滑りする文章を丁寧に校正、編集を進めていただだいた思文閣出版の田中峰人さんには大変お世話になった。なお、本書の刊行に関しては、日本学術振興会平成二五年度科学研究費補助金（研究成果公開促進費）の交付を受けた。

最後に私事であるが、先に鬼籍に入る妻「かよ女」、娘の石川唯、千早赤阪村で暮らす年老いた両親尾谷磯治・久に本書を捧げたい。

二〇一三年一二月

尾谷雅比古

〈論文初出一覧〉

本書は二〇一一年度に関西大学大学院人文学研究科に提出した博士課程学位論文に補筆を行ったものである。各章の初出論文を掲げる。

第一部

第一章　近代古墳保存行政の成立（原題「制度としての近代の古墳保存行政の成立」『桃山学院大学総合研究所紀要』第三三巻第三号、桃山学院大学、二〇〇八年三月）

第二章　近代古墳保存行政の展開（原題「近代古墳保存行政の展開」『桃山学院大学人間科学』第四二号、桃山学院大学、二〇一二年三月）

第二部

第三章　仲哀天皇陵墓伝承地の変遷（原題「陵墓伝承地の変遷と明治期の古墳保存行政―仲哀天皇陵上原伝承地を例にして―」『桃山学院大学人間科学』第三六号、桃山学院大学、二〇〇九年三月）

第四章　淡輪古墳群に対する保存施策（原題「淡輪古墳群に対する保存施策―近代古墳保存行政の成立過程―」『日本考古学』第二七号、日本考古学協会、二〇〇九年五月）

第五章　百舌鳥古墳群の史蹟指定（原題「百舌鳥古墳群における近代の史蹟指定―塚廻古墳・収塚古墳・長塚古墳の仮指―」『考古学研究』第五七巻第四号、考古学研究会、二〇一一年三月）

第六章　大師山古墳の発見と顕彰（原題「大師山古墳の発見と顕彰」『桃山学院大学総合研究所紀要』第三一巻第三号、桃山学院大学、二〇〇六年三月）

第七章　九州における戦時体制下の古墳保存行政（原題「戦時体制下の古墳保存行政」研究ノート『考古学研究』第五九巻第四号、考古学研究会、二〇一三年三月）

関係史料集

Ⅰ　古墳墓等発掘関係布告・通牒・通達

〈史料1―1〉

第二一〇号　古墳墓保存之儀ニ付伺

近来荒蕪之地開墾之事盛ニ行ハレ往々古墳発掘候哉ニ相聞候処上世以来御陵墓之所在未定之分弥以致埋没終ニ
捜索之方法無之相成候ハ必然之勢ニ付右為保存諸府県ヘ御布達有之度仍テ御達案相添此段相伺候也

明治七年四月廿七日　　教部大輔宍戸璣

太政大臣三条実美殿

伺之趣別紙第五十九号ヲ以テ相達候事

明治七年五月二日

〈史料1―2〉

古墳発見ノ節届出方　太政官達第五九号

府県

上世以来御陵墓ノ所在未定ノ分即今取調中ニ付各管内荒蕪地開墾ノ節口碑流伝ノ場所ハ勿論其他古墳ト相見ヘ
候地ハ猥ニ発掘為致間敷候若シ差向墾闢ノ地ニ有之分ハ絵図面相副教部省ヘ可伺出此旨相達候事

明治七年五月二日

太政大臣三條實美

〈史料2〉

人民私有地内古墳等発見ノ節届出方　宮内省達乙第三号

府県　沖縄県ヲ除ク

上世以来御陵墓所在未定ノ分即今取調中ニ付云々ノ件去ル七年五月第五十九号ヲ以テ公達ノ趣有之就テハ古墳ト相見候地ハ人民私有地タリトモ猥リニ発掘不致筈ニ候ヘトモ自然風雨等ノ為メ石槨土器等露出シ又ハ開墾中不図古墳ニ掘リ当リ候様ノ次第有之候ハハ口碑流伝ノ有無ニ不拘凡テ詳細ナル絵図面ヲ製シ其地名並近傍ノ字等ヲモ取調当省へ可申出此旨相達候事

明治十三年十一月十五日

〈史料3〉

古墳発掘手続ノ件依命通牒　内務省内甲第一七号

古墳又ハ古墳ト認ムヘキ箇所ヲ発掘セムトスル者アルトキハ其土地ノ官民有ニ拘ハラス予メ詳細ノ図面ヲ添ヘ宮内省へ打合可相成右ハ明治七年太政官達第五十九号明治十三年宮内省達乙第三号ノ趣モ有之候ニ付依命為念及通牒候也

明治三十四年五月三日

内務省総務局地理課長　大谷靖
内務省警保局長　田中貴道

庁府県長官宛

〈史料４〉

古墳又ハ古墳ト認ムヘキ箇所ヲ帝国大学ニ於テ古墳発掘ノ件通牒　内務省地第一三三九号

古墳又ハ古墳ト認ムヘキ箇所ヲ発掘セントスル者アルトキ取扱方ノ件ニ付テハ本年五月三日内甲第十七号ヲ以テ及通牒置候処帝国大学ニ於テ人類学研究等ノ為発掘ヲ必要トスルトキハ文部省ヨリ宮内省へ打合スヘキ様両省間交渉済ノ趣ニ付右ノ分ニ限リ改テ貴庁ヨリ宮内省へ打合ニ及ハス候此段及通牒候也

明治三十四年十一月四日

内務省総務局地理課長　大谷靖

内務省警保局長　鈴木定直

庁府県長官宛

〈史料５〉

人類学研究等ノ為古墳発掘ヲ要スル際宮内省へ照会方　文部省丑専甲四一〇号

上世以来御陵墓ノ所在未定ノ分ハ取調中ニ付古墳ト相見エ候地ハ猥ニ発掘為致間敷旨明治七年五月太政官ヨリ各府県へ公達有之猶十三年十一月宮内省ヨリモ前公達ノ趣意ヲ以テ更ニ各府県へ示達有之候ニ就テハ貴学ニ於テモ人類学研究等ノ為メ自然古墳発掘ノ必要アル場合ニ於テハ一応宮内省へ御照会相成度今般同省ヨリ特ニ申越ノ次第モ有之候ニ付此段及通牒候也

明治三十四年四月二十二日

文部省専門学務局長理学博士　松井直吉

東京帝国大学総長理学博士　山川健次郎殿
京都帝国大学総長法学博士　木下広次殿（各通）

〈史料6〉

官国幣社以下神社ノ祭神、神社名、社格、明細帳、境内、創立、移転、廃合、参拝、寄付金、神社札等ニ関スル件　内務省令第六号（抜粋）

第十四条　境内地ニシテ古墳若ハ其ノ伝説又ハ特別ノ由緒アル地域ハ地方長官ノ許可ヲ受クルニ非サレハ之ヲ発掘スルコトヲ得ス地方長官ニ於テ之ヲ許可セムトスルトキハ官国弊社境内ニ付テハ内務大臣ニ稟請スベシ

大正二年四月二十一日

〈史料7〉

古墳発掘ニ関スル件依命通牒　内務省書第二六五三号

古墳発掘ニ付テハ曩ニ及通牒置候処近来宮内省ニ申出ツルコトナク往々発掘ニ従事スル場合有之斬クテハ未定御陵墓調査上大ニ差支ヲ生スルヲ以テ相当注意方宮内省ヨリ申越ノ次第モ有之候条一般人民ノ発掘ニ付テハ同省ノ意見ヲ徴シタル上相当御措置相成度尚一般発掘ノ場合大学職員ノ立会ヲ請フ者ニ在リテハ宮内省ニ申出ノ手続ヲ為サヽル場合往々有之候ニ付テハ特ニ御注意相成度候様致度依命及通牒候

追テ大学職員発掘ノ場合ハ予メ大学ヨリ貴官宛通牒ノ筈ニ有之候条御了知相成度候

古墳発掘ニ関スル件依命通牒

大正二年六月十一日

警保局長

庁府県長官宛

〈史料8〉

古墳及埋蔵物発掘ニ関スル件　内務省五衆第二号ノ内

古墳及埋蔵物ノ発掘ニ関シテハ屢次訓令及通牒ノ次第モ有之候得共今尚宮内省ヘ申出ツルコトナクシテ密ニ古墳ノ発掘ヲ洩シ又ハ学術上ノ参考トナルヘキ埋蔵物ヲ発掘シタルニ拘ラス法定ノ手続ヲ為サスシテ恣ニ之ヲ所持若ハ処分スル等古墳ノ内容ヲ非学術的ニ破壊スル者往々有之斯タテハ未定御陵墓ノ調査上ニ支障ヲ来スノミナラス史蹟名勝紀念等ノ保存方法ニ付目下詮議中ニ属スルヲ以テ是等調査ノ結了ヲ先テ又ハ保存方法ノ確立スルニ至ル迄ハ原状ノ儘存置スルノ必要アルモノモ有之既ニ一部人民中ニ於テモ右等古墳ノ密掘並埋蔵物ノ不正処分ノ弊アルヲ認メ之ニ対スル防止方第三十七議会ヘ請願シタル間アリ旁々一層取締ヲ要スヘキ儀ト被存候条相当御注意相成様致度尚今後古墳又ハ古墳ト認ムヘキ場所発掘ヲ企画シ若ハ学術技芸考査ノ資料トナルヘキ埋蔵物ヲ発見シタルトキハ既往訓令並通牒ノ趣旨ニヨリ夫々手続ヲ為サシムル様特ニ御配慮相成度候

大正六年二月二十四日

警保局長

庁府県長官宛

〈史料9〉

古墳ノ発掘及発見ニ関スル件通牒　宮内省宮発第七八七号

古墳ノ発掘及発見ニ関シテハ明治七年五月二日太政官達第五十九号、明治十三年十一月十五日宮内省達乙第三号、史蹟名勝天然紀念物保存法施行令第三条及同施行規則第四条ヲ以テ、又古墳関係品其ノ他学術技芸若ハ考古ノ資料トナルヘキモノ、発見ニ付テハ遺失物法及明治三十二年十月二十六日附内務省訓第九八五号ヲ以テ夫々規定及通達有之右ハ未定ノ陵墓考証上極メテ緊要ノ次第ニ付今後共右諸法令ノ趣旨ヲ厳守励行相成苟モ当省ノ承認ヲ経スシテ軽々ニ古墳ヲ発掘セシムル等ノコトナキ様特ニ御取締相成度候

追テ偶然古墳ニ掘当リタル場合等ニ在リテハ速ニ貴官ヨリ当省ニ申報何分ノ指令ヲ待チタル上発掘調査其ノ他適当ノ処置相成候様致度

昭和九年十二月二十七日

宮内大臣

庁府県長官

〈史料10〉

古墳等ノ発掘防止方ニ関スル件依命通牒　文部省発宗一二六号

近時地方ニ依リテハ未ダ史蹟ニ指定セラレザル古墳其ノ他ノ遺蹟ニ付学術調査ト称シテ濫ニ発掘シ或ハ埋蔵物ヲ目的トシテ盗掘スル等ノ事実頻々トシテ行ハレ貴重ナル遺構遺物ノ毀損滅失スルモノ尠カラザルハ史蹟等保存上甚ダ遺憾ナル次第ニ有之ヲ以テ爾今之ガ発掘ノ防止方ニ関シ特ニ左記ニ依リ御取扱相成様致度此段依命通牒ス

記

一　庁府県史蹟調査委員等ノ当該吏員史蹟名勝天然紀念物保存法第二条ノ規定ニ依ル調査ノ為古墳以外ノ遺蹟ヲ発掘スル場合ニハ予メ当省ニ打合ヲ為スコト
二　古墳発掘方ニ関シ明治七年太政官第五十九号達ニ依リ宮内庁ヘ伺出ヲ為シタルモノニ付テハ別ニ当省ニモ打合ヲ為スコト
三　相当価値アリト認メラルル古墳其ノ他ノ遺蹟ニシテ発掘ノ虞アルモノニ付テハ差当リ史蹟名勝天然紀念物保存法第一条ノ規定ニ依ル仮指定ヲ為シ又ハ庁府県ノ史蹟名勝天然紀念物保存顕彰規定ニ依リ指定顕彰ヲ為ス等適当ノ処置ヲ講ズルコト
四　史蹟名勝天然紀念物保存法施行規則第四条ノ規定ニ依ル申告ヲ励行セシムルコト
五　盗掘ニ対シテハ所在市町村等ヲシテ所轄警察官署ニ連絡シテ其ノ取締ニ協力セシムルコト

昭和十五年十月二十五日

文部省宗教局長

北海道庁長官並各府県知事宛

〈史料11〉

古墳ノ発掘ニ関スル件通牒　宮発第三六九号

国土防衛上軍事施設構築ノ為緊急止ムヲ得サル場合ニ在リテハ戦時中ヲ限リ昭和九年十二月二十七日附宮内大臣通牒ニ拘ラズ御陵墓ノ伝説アルモノヲ除キ古墳発掘ノ許可ニ関シ当省ノ承認手続ヲ省略セラルモ差支ナシ但左記事項厳守相成度

記

一　軍事施設構築ノ為ト雖日時ノ餘裕アル場合ハ古墳発掘ノ許可手続ハ仍従来ノ通タルヘキコト
一　発掘許可ノ古墳ハ能フ限リ改葬スルコト尚主要古墳ハ必ス墳別ニ改葬スルコト
一　発掘改葬ハ現状調査ヲ行ヒタル後ニ着手シ発掘改葬ノ経過ヲ記録スルコト
一　発掘改葬終了ノ上ハ速ニ古墳発見ノ例ニ依ル報告（古墳ノ所在、内外ノ形状、大サ、埋蔵物ノ名称、種類、品質、数量、形状、模様及口碑伝説ノ報告）ト共ニ発掘改葬ノ経過ニ付詳細報告スルコト

昭和十九年十月三十一日

宮内大臣　松平恒雄

大阪府知事宛

〈史料12〉

古墳その他の遺跡の濫掘について依命通達　文部省発社第七九号

終戦以来考古学的調査が盛んになったことは、まことに喜ばしいことであるが、その反面、学術的な目的をもつとは見られない発掘もしばしば行われ、ために、貴重な遺跡や遺構、遺物が毀損され滅失することも少なくなく史跡保存上遺憾に堪えない次第である。

今回遺跡の濫掘防止について特に連合国最高司令部民間情報教育局宗教及文化資料部美術課係官からも強い要望があったのでその趣旨の徹底を期すると共に学術的方法による発掘についても史跡保存の立場から一応本省と連絡を取るよう何分のご協力を煩わしたい。又史蹟名勝天然紀念物保存法施行規則第四条の規定によるものを発見した時は現状を変更することなく十日以内に発見の年月日、所在地及び現状等必要な事項を具して都道府県知事に申告することになっているので貴関係の学術研究者等に対しても本規則に関して周知方御取計いせ

られたくここに命によって通達する。

昭和二十三年三月十日

文部次官より

都道府県知事宛

〈史料13〉

古墳の仮指定について通達　文部省発社第三三七号

最近遺跡の発掘が各地で行われこれに伴い古墳の発掘調査も行われているようであるが、この間に無統制なる発掘もあるように考えられ史蹟保存の立場からきわめて遺憾に思われる。この際未発掘のもので比較的重要な古墳とみなされるものは取りあえず仮指定の上保存することが必要であるから貴官下に於いてこれに相当するものは至急手続きをされるよう取計らわれたい。なお古墳以外の遺跡でも重要なものは仮指定をなし極力濫掘防止に努めたいと思うからその点併せてよろしくお取計いされたい。

昭和二十三年十二月二十日

社会教育局長

教育委員会宛

Ⅱ　古墳墓関係法令

〈史料14〉

土地収用法施行令（抜粋）勅令第九九号

明治三十三年四月一日

第三条　起業者カ内閣ノ認定ヲ受ケムトスル場合ニ於テ起業地内ニ左ニ掲ケタル土地アルトキハ其ノ土地ニ関スル調書及図面ヲ申請書ニ添付スヘシ

一　御陵墓地及御料地

二　国有地

三　現ニ公用ニ供スル土地

四　社寺境内地

五　名所、旧蹟及古墳墓

〈史料15〉

刑法（抜粋）　法律第四五号

明治四十年四月二十四日

第百八十九条　墳墓ヲ発掘シタル者、二年以下ノ懲役ニ処ス

第百九十条　死体、遺骨、遺髪又ハ棺内ニ蔵置シタル物ヲ損壊、遺棄又ハ領得シタル者ハ三年以下ノ懲役ニ処ス

第百九十一条　第百八十九条ノ罪ヲ犯シ死体、遺骨、遺髪又ハ棺内ニ蔵置シタル物ヲ損壊、遺棄又ハ領得シタル者ハ三月以上五年以下ノ懲役ニ処ス

Ⅲ　古墳墓等官有地化

〈史料16〉

御歴代天皇ヲ始メ皇子皇女ノ御殯斂地々種組入方　内務省布達乙第六六号

府　県

御歴代天皇及皇后妃皇子皇女御殯斂地等御由緒判断タル場所ハ官有地第三種旧蹟名区ノ部ニ編入保存可致候条御由緒等詳密調査ヲ遂ケ地形坪数等明詳記載図面相添可伺出此旨相達事

明治八年五月二十四日

〈史料17〉

他日考証トナルヘキ古墳ハ御陵墓見込地ト定メ宮内省ノ所轄トナス　宮内省上申

御陵墓ノ儀追々取調候ヘ共猶其所在湮地ニ属シ居候分御歴代ニ於テハ顕宗天皇山陵始メ十三陵皇后以下ニ至ラハ神武天皇皇后媛踏韛五十鈴媛命御陵ヲ始メ実ニ夥敷事ニテ静々検覈致シ候ヘキモ容易其徴証ヲ難得実ニ苦心罷在候然ル処各所現存之古墳墓タル多クハ民有ニ帰シ居候ヨリ自然自儘ノ処分致シ候者不尠是等之向至テハ他日御陵墓ノ明証得候ト雖モ已ニ其陵墓ノ形状ヲ毀損シ或ハ田畠ニ開墾候上ニテ千悔不及儀ニ候条粗伝説等有之形状当事ノ制ニ称ヒ（即今何某ノ御陵墓ト確定難致モ）行末見込有之候古墳墓ハ御陵墓見込地ト相定メ官有地ノ分ハ地種組換、民有地ニ有之分ハ相当代価ニテ買上候上、総テ当省ノ所轄トメ何レモ四至ノ区域ヲ表シ監守ハ近傍ニ御陵墓有之場所ハ其御陵墓掌丁ヲ以テ兼務為致又ハ地方適宜ニ取締為致置、追テ精々検覈考証致申度尤其都度経伺之上取計申、且当省経費ヲ以テ支弁漸次著手ノ見込ニハ候ヘトモ今日此運ヒニ致シ置不申候テハ向後甚不都合可有存候条至急裁下相成度此段及上申候也

明治十五年八月八日

宮内卿　徳大寺実則

Ⅳ　古墳墓保存建議関係

〈史料18〉

功臣元勲碩学鴻儒等ノ古墳墓保護ノ建議　第十回帝国議会貴族院建議

凡ソ忠臣元勲及学術技芸ヲ以テ国ニ竭シ民ニ益シ其功業赫々タル者ハ其生前ニ於テ之ヲ厚遇スヘキハ勿論死後ニ於テモ亦厚ク之ヲ葬祭シ以テ永ク其ノ功徳ヲ彰表セサルヘカラス維新ノ功臣元勲及南朝勤王諸臣等ノ如キ朝廷其葬儀ヲ厚クシ其祭典ヲ壮ニスルハ能ク其道ヲ尽スモノト云フヘキナリ然ルニ其朝奨ノ及ハサル所ニシテ有徳者有功者或ハ学術技芸等ノ世ニ卓絶スル者ノ墳墓物換リ星移ルニ随ヒ或ハ荒廃シ或ハ堙滅シテ其所在タモ知ル能ハサルモノ少シトセス豈慨歎セサルヲ得ンヤ今日子孫ノ現存スル者之ヲ保護スルハ固ヨリ当然ナリト雖其子孫ノ断滅セルモノニアリテハ国家其保護ヲ与フルニ於テ吝ナルヘカラス政府ハ宜シク適当ナル方法ヲ設ケ荒廃堙滅ノ恐ナカラシメ以テ其保護ノ道ヲ完クセラシンコトヲ希望ス仍テ茲ニ之ヲ建議ス

明治三十年三月十九日

〈史料19〉

古墳墓保存ノ建議　第十三回帝国議会貴族院建議

愼終追遠ハ我カ国風ノ尚フ所ニシテ報本反始ハ実ニ徳教ノ基スル所ナリ是ヲ以テ　先帝在世ノ日山陵修補ノ盛擧アリシ以来諸陵寮其ノ事ヲ奉行シ敢テ失墜アルコトナシ然レトモ歴代皇后皇子皇孫ノ陵墓其ノ数何ソ限ラン

而シテ其ノ所在ヲ確定シ修補ノ挙アリシモノ千百ニシテ十一ニモ及ハス蓋シ古代ノ事載籍備ハラス加フルニ中古兵乱相尋キ遺蹟泯滅シ今日ニ於テ考証易カラサルニ由ナルヘシ然レトモ之ヲ大和国ニ就テ考フルニ同国ハ皇祖発祥ノ地ニシテ千五百年ノ久シキ帝都ノ在リシ所ナレハ古墳墓ノ儼存スル者累々相仍ル其ノ数実ニ八百ヲ下ラス之ヲ大化ノ陵制ニ考フルニ皇族以上ノ墳墓ナルコトヲ徴スルニ足ル者多シ今一々其ノ某皇后某皇子ノ陵墓ナルカラ考証スルニ由ナシト雖モ既ニ皇族以上ノ墳墓ナルコトノ明徴アラハ之カ保存ヲ計ラサル可カラス而シテ斬カル古墳墓ノ存スルハ独大和国ノミニアラス日向国ノ如キハ上代古陵ノ現存スル者亦大和国ニ譲ラス其他山城河内和泉摂津及近畿諸国ニ於テモ随所ニ其ノ遺蹟ヲ存ス然ルニ是等ノ墳墓ハ今多クハ民有ニ属スルカ故ニ無知ノ民往々墓木ヲ伐テ薪ト為ス者アリ鋤テ桑茶ヲ植ウル者アリ発掘シテ副葬品ヲ取ル者アリ甚シキハ石槨石棺ヲ破壊シテ以テ道路鉄道ノ用ニ供スル者アリ啻ニ是ノミナラサルナリ古代陵墓ノ地ヲ相スルヤ必ス清浄高燥ニシテ或ハ山ニ依リ或ハ海ノ臨メル景勝ノ地ヲ択ヘリ故ニ登臨游処ニ最モ適シタル好箇ノ仮山多シ是ヲ以テ外人雑居ノ日ニ至ラハ古墳墓ノ壮大ナル者外人ノ買収占居スル所トナリ亭榭ヲケテ游宴ノ場ト為サヽルヲ保ス可カラス是ニ想ヒ到ラハ豈ニ寒心セサルヲ得ンヤ顧フニ今日考古史学ノ研究方ニ盛ナリ若シ他日礁然タル考証ヲ得ルコトアリテ某古墳ハ某皇后若クハ皇子ノ陵墓ナルコト瞭然タルニ至ルコトアランニ其ノ時ハ既ニ夷ケテ田畑トナシ或ハ外人占拠ノ地トナル等ノコトアラハ何ノ恨事カ之ニ過キンヤ是レ実ニ国家ノ風教ニ関スル至重ノ事タリ今ニ於テ之カ保存ノ方法ヲ確定セスンハ独臣子ノ本分ニ負クノミナラス此ノ一大痛恨ノ事ヲ以テ後世子孫ニ貽スモノト謂フヘシ故ニ政府ニ於テハ速ニ地方ニ散在セル古墳墓ヲ調査シ其民有ニ属スルモノハ伝説ノ有無ニ関セス悉ク国費ヲ以テ之ヲ買収シテ永遠ニ保存シ以テ後ノ考証資スルノ方法ヲ立テラレムコトヲ望ム依テ茲ニ之ヲ建議ス

明治三十二年一月十四日

〈史料20〉

第三七回帝国議会衆議院　古墳ノ発掘ト埋蔵物ノ処分ニ関スル請願（紀介議員相島勘次郎）

現行法令改定ノ必要

現行法令ハ其発掘ニ対シテハ（一）明治七年五月二日太政官達第五十九号（二）明治十三年十一月十五日宮内省達乙第三号（三）明治三十四年一月三日内務省総務局地理課長及警保局長ノ通牒内甲第十七号等アリトイエドモ（一）（二）ハ既ニ歴代御陵墓ノ殆ト開明シ得タル今日其必要ヲ認メサルモノニシテ（三）ハ之ヲ反覆繰返タルニ過キス而モ尚依然トシテ其効力ヲ存シ私有地内ノ古墳ニ対シテモ其所有者ヲ拘束スルコトハ謂レナキコト、云ハサルヘカラス然ラサレハ各私有地ノ古墳ヲ全部参考地トシテ買上ケ置カサレハ土地所有者ノ迷惑少カラサルヘシ故ニ一日モ早ク其拘束ヲ撤廃シ土地ノ自由処分ヲ許ス途ニ出テサルヘカラス　埋蔵物ニ関スル法令ハ（一）明治三十二年遺失物法第十三候（二）明治三十二年十月二十六日内務大臣ヨリ府県知事宛訓示ヲ適用シツ、アルモ埋蔵物ニ対シテ遺失物法ノヲ当テ箝メントスルコト頗ル不候理ナリ何トナレハ土塊ノ中ニハ何物カ存在センコト現定ノ事実ナルニモ拘ラス私有者不明トノ理由ヲ以テ土地所有者及発見者ノ自由処分ヲ制限セントスルハ恰モ土蔵ト称スル築造物内ノ物件ハ当然其所有者ノ所有ナルヘキニ古墳＝土蔵＝ノ所有者ニ限リ其築造物内ノ物件ノ所有権ハ国庫ニ帰属スルモノニシテ法律上ノ鮮釈ヨリ到底非理ナルヲ免レス又博物館大学ノ便宜ノ為ニ土地所有者ト埋蔵物ノ発見者カ犠牲トナルカ如キモ不可解ノ事ト云ハサルヘカラス是レ実ニ法理上ヨリ研究シテ改竄スヘキモノヲ信シテ疑ハス

現行法令ノ弊害

現行法令ハ実ニ如上ノ理由ニヨリテ甚タ事宜ニ適セサルモノナルヲ以テ其結果土地所有者若クハ発掘者ハ其発

掘物ノ結局有耶無耶ノ裡ニ没収セラレ費用換ノ草臥儲ケニ了ルヲ常トスルカ故ニ人情自ラ密堀密売ノ悪弊ヲ助長シ従テ
（一）発掘物ヲ所有スルモノモ其発掘ノ場所ヲ秘密ニシ地理年代等ノ関係ヲ明ニセス
（二）密掘ナルカ故ニ多クハ夜間匆々ノ間ニ発掘シ墳墓ニ対スル適当ノ敬意ヲモ表セシムル余裕ナク且
（三）埋蔵物ヲ巨細漏サス採取シ或ハ埋蔵物ノ位置排列等ニ就キ精細ナル記録ヲ公表スルコトモ出来ス
結局此法令アルカタメ却テ古墳ノ内容ヲ非学術的ニ破壊セシメ調査研究ノ機会ヲ逸セシメルニ至ルハ深ク遺憾トスル所ナリ
現行法令改正ト其希望
以上ノ如キ諸理由及弊害ヨリ察シテ吾人ハ若シ飽迠現行法令ヲ適用セントスルモノナラハ現在未発掘ニ属スル古墳ニシテ私有地内ニ在スルモノヲ全部買上ケトスルカ然ラサレバ繁文縟礼ヲ廃シ典拠ノ正シカラサル古墳ニ対シテハ其発掘ハ一二其所有者ノ随意トシ其発堀物モ亦私人ノ所有ニ帰属セシムルヲ当然トス且又其発掘ニ際シ従来帝国大学又ハ宮内省ノ学者方ノ手ニヨラサレバ発掘ノ手続甚タ面倒ナルハ如何ナル理由ニヨルモノナリヤ学問ハ自由ニシテ其研究ノ機会ハ平等ナラサルヘカラス然ルニ右ノ如キハ研究ノ機会ヲ壟断シ学術ヲ少数者ノ間ニ限局セントスルモノト見ルヘク学界ノタメ嘆スヘキコトナリ
以上ノ諸理由ニ依リ古墳ノ発掘ト埋蔵物ノ処分ニ関スル現行法令ノ改正ヲ切望シテ已マサルナリ
右及請願候

大阪毎日新聞社長本山彦一

大正五年二月一日

衆議院議長島田三郎殿

V　埋蔵物関係

〈史料21〉

遺失物取扱規則（**抜粋**）　**太政官布告第五六号**

明治九年四月十九日

第六条　官私ノ地内ニ於テ埋蔵ノ物品ヲ堀得ルモノハ之ヲ官ニ送ルヘシ其主分明ナラサルモノハ地主ノ所有ニ帰スヘシ若シ借地人其借地ヨリ堀得タルトキハ之ヲ地主ト中分セシム

但盗賊ニ係ルモノハ此限ニ在ラス

〈史料22〉

遺失物法（**抜粋**）　**法律第八七号**

明治三十二年三月二十三日

第十三条　埋蔵物ニ関シテハ第十条ヲ除クノ外本法ノ規定ヲ準用ス

学術技芸若ハ考古ノ資料ニ供スヘキ埋蔵物ニシテ其ノ所有者知レサルトキハ其ノ所有権ハ国庫ニ帰属ス此ノ場合ニ於テハ国庫ハ埋蔵物ノ発見者及埋蔵物ヲ発見シタル土地ノ所有者ニ通知シ其ノ価格ニ相当スル金額ヲ給スベシ

埋蔵物ノ発見者ト埋蔵物ヲ発見シタル土地の所有者ト異ナルトキハ前項ノ金額ハ折半シテ之ヲ給スヘシ

本条ノ金額ニ不服アル者ハ第二項ノ通知ノ日ヨリ六箇月内ニ民事訴訟ヲ提起スルコトヲ得

〈史料23〉

民法（**抜粋**）　**法律第八九号**

明治二十九年四月二十七日

第二百四十条　遺失物ハ特別法ノ定ムル所ニ従ヒ公告ヲ為シタル後一年以内ニ其所有者ノ知レザルトキハ拾得者其所有権ヲ取得ス

第二百四十一条　埋蔵物ハ特別法ノ定ムル所ニ従ヒ公告ヲナシタル後六カ月内ニ其所有権ヲ取得ス但他人ノ物ノ中ニ於テ発見シタル埋蔵物ハ発見者及其物ノ所有者折半シテ其所有権ヲ取得ス

〈史料24〉

学術技芸若ハ考古ノ資料トナルヘキ埋蔵物取扱ニ関スル付訓令　**内務省訓令第九八五号**

遺失物法第十三条ニ依リ学術技芸若ハ考古ノ資料ト為ルヘキ埋蔵物ヲ発見シタルトキハ其ノ品質形状発掘ノ年月日場所及口碑等徴証トナルヘキ事項ヲ詳記シ摸寫図ヲ添ヘ左ノ区別ニ従ヒ之ヲ通知スヘシ

一　古墳関係品其ノ他学術技芸若ハ考古ノ資料トナルヘキモノハ

宮内省

一　石器時代遺物ハ

東京帝国大学

宮内省又ハ東京帝国大学ヨリ前項埋蔵物送付ノ通知ヲ受ケタルトキハ仮領収小証書ヲ徴シ物件ノ毀損セサル様装置シテ之ヲ送付スヘシ運送ニ関スル費用ハ警察費ヲ以テ支辨シ宮内省又ハ東京帝国大学ニ要求スヘシ

宮内省又ハ東京帝国大学ヨリ貯蔵ノ必要アル旨通知ヲ受ケタル埋蔵物ニシテ公告後法定ノ期間ヲ経過シ所有者

発見セス所有権国庫ニ帰属シタルトキハ其ノ宮内省ニ係ルモノハ相当代価ヲ以テ同省ニ譲渡シ東京帝国大学ニ係ルモノハ同学ニ保管縛換ノ手続ヲ為シ当省へ報告スヘシ
宮内省又ハ東京帝国大学ヨリ貯蔵ノ必要ナキ旨通知ヲ受ケタル埋蔵物ハ学術技芸若ハ考古ノ資料ニ供スヘキ物件ノ取扱ヲ為サス法定期間経過後発見者ニ交付スル等便宜ノ処分ヲ為スヘシ
右訓令ス

明治三十二年十月二十六日

内務大臣　侯爵西郷従道

庁府県長官宛（東京府ヲ除ク）

〈史料25〉

内務省訓令第二四八号

遺失物法第十三条ニ依ル埋蔵物取扱ニ関シ本年十月訓第九八五号ヲ以テ訓令致置候処運搬ニ要スル費用国庫支辨ニ属スル地ニ於テハ警察費ヲ以テ支辨セス債権者ノ請求書ヲ徴シ之ヲ宮内省又ハ東京帝国大学ニ回付スヘシ
右訓令ス

明治三十二年十二月九日

内務大臣

警視総監
長崎県知事
鹿児島県知事宛

〈史料26〉

埋蔵物中参考トシテ庁府県ニ保存スル場合ニ於ケル取扱方ニ関スル訓令　内務省訓令第二二一号

遺失物法第十三条ニ依ル学術技芸若ハ考古ノ資料ニ供スベキ埋蔵物取扱ニ関シテ三十二年十月訓第九八五号ヲ以テ訓令及置候所宮内省又ハ帝国大学ニ於テ保管ノ必要ナシト認メタル物件ニシテ地方長官ニ於テ教育其他ノ参考トシテ保存ヲ要スト認メタルトキハ内務大臣ニ報告シ遺失物法第十三条第二項ニ依リ取扱ヒ庁府県ニ於テ保管スルルハ差支無之候而シテ発見者又ハ発見シタル土地所有者ニ給付スル相当代価ハ国庫費用遺失物収得費ノ目ヨリ支出スベシ

明治三十四年四月一日

内務大臣文学博士　男爵末松謙澄

〈史料27〉

埋蔵物中参考トシテ庁府県ニ保存スル場合ニ於ケル取扱ノ件依命通牒　内務省熊甲第七号

遺失物法第十三条ニ依リ取扱フベキ埋蔵物中宮内省又ハ帝国大学ニ於テ保管ノ必要ナシト認メタル物件ニシテ参考用トシテ庁府県ニ於テ保存スル場合ニ於ケル取扱方ニ関シ本日訓令相成候所右ニ依リ庁府県ニ於テ保存セントスルトキハ可成予メ宮内省又ハ帝国大学ヘ依頼シ其ノ適否ノ鑑別ヲ受ケ候上保存候事ニ御取扱相成候様致度依命比段及通牒候也

明治三十四年四月一日

内務省警保局長　田中遺道

〈史料28〉

埋蔵物発掘ニ際シ東京帝国大学職員携帯帰学ノ件訓令　内務省訓令第六五五号

庁府県（樺太県東京府ヲ除ク）

遺失物法第十三条ニ依リ学術技芸若ハ考古ノ資料ト為ルヘキ埋蔵物発見ノ場合ニ於ケル取扱方ニ付テハ明治三十二年十月二十六日付訓第九八五号ヲ以テ訓令ノ次第モ有之候自今東京帝国大学職員発掘ノ場合ニ於テハ同訓令ニ依ルノ外左ノ通リ扱ウヘシ

一　東京帝国大学職員ノ発掘シタル埋蔵物ニシテ携帯帰学ノ必要ヲ申出タルモノアルトキハ仮領収証ヲ徴シ便宜之ヲ交付スルコトヲ得但古墳ノ疑アル場合ニ於テハ同職員ニ於テ予メ宮内省ノ同意ヲ得テ発掘ニ着手シタルコトヲ明記セシムヘシ

二　前項ノ取扱ヲ為シタルトキハ同大学職員名、同大学ニ於テ宮内省ノ同意ヲ得タルニ付携帯帰学ヲ認メタルコト、発掘ノ年月日、場所及口碑等徴証トナスヘキ事項ヲ詳ニシ且ツ埋蔵物ノ品質、形状等ヲ明ニシ摸写図ヲ添ヘ当省及宮内省ニ通報スヘシ

右訓令ス

明治四十一年八月六日

内務大臣法学博士　男爵平田東助

〈史料29〉

東京帝国大学職員発掘ニ係ル埋蔵物取扱方依命通牒　内務省東巳第一一号

東京帝国大学職員発掘ニ係ル埋蔵物取扱方ニ付テハ別紙訓令相成候処右ハ古墳関係品ナルト石器時代ノ遺失物

タルトヲ問ハス一旦携帯帰学スル義ニハ候得共必シモ同大学ニ於於テ貯蔵ノ必要有無ヲ判別スルモノニ無之ニ付或ハ宮内省ヨリ同物件ニ対スル貯蔵ノ要否ヲ申出候場合ニモ無論有之候次第ニ付テハ其ノ孰レヨリ通報アル場合ニ於テモ明治三十二年十月二十六日附訓第九十八号訓令ニ依リ所有権帰属ノ手続有之候様致度依命此段通牒候也

明治四十一年八月六日

内務省警保局長　有松英義

庁府県長官宛（東京府ヲ除ク）

〈史料30〉

遺失物法第一三条第二項ニ依ル埋蔵物ヲ宮内省ニ譲渡ストキハ随意契約ニ依ルコトヲ得ルノ件　勅令第四百二十四号

明治三十二年十一月四日

遺失物法第十三条第二項ニ依リ国庫ニ帰属シタル埋蔵物ヲ宮内省ニ譲渡ストキハ随意契約ニ依ルコトヲ得

〈史料31〉

遺失物法第一三条ニ依ル考古ノ資料等ニ供スベキ物件宮内省へ譲渡スル場合ニ於ケル処置ノ件　依命通牒　内務省内甲第二十六号

遺失物法第十三条ニ依リ考古ノ資料等ニ供スヘキ物件宮内省ヘ譲渡スル場合ニ於ケル譲渡価格ハ該物件ニ関シ国庫ニ於テ支出シタル金額ト為スコトニ決定成候条右様御取扱相成度依命此段及通牒候也

明治三十四年十一月二十一日

内務省総局会計課長　大谷靖

内務省警保局長　鈴木定直

庁府県長官宛

Ⅵ 史蹟関係

〈史料32〉

史蹟名勝天然紀念物保存法　法律第四四号

大正八年四月十日

第一条　本法ヲ適用スヘキ史蹟名勝天然紀念物ハ内務大臣之ヲ指定ス

前項ノ指定以前ニ於テ必要アルトキハ地方長官ハ仮ニ之ヲ指定スルコトヲ得

第二条　史蹟名勝天然紀念物ノ調査ニ関シ必要アルトキハ指定ノ前後ヲ問ハズ当該吏員ハ其ノ土地又ハ隣接地ニ立入リ土地ノ発掘障碍物ノ撤去其ノ他調査ニ必要ナル行為ヲ為スコトヲ得

第三条　史蹟名勝天然紀念物ニ関シ其ノ現状ヲ変更シ又ハ其ノ保存ニ影響ヲ及ホスヘキ行為ヲ為サムトスルトキハ地方長官ノ許可ヲ受クヘシ

第四条　内務大臣ハ史蹟名勝天然紀念物ノ保存ニ関シ地域ヲ定メテ一定ノ行為ヲ禁止若ハ制限シ又ハ必要ナル施設ヲ命スルコトヲ得

前項ノ命令若ハ処分又ハ第二条ノ規定ニ依ル行為ノ為損害ヲ被リタル私人ニ対シテハ命令ノ定ムル所ニ寄リ政府之ヲ補償ス

第五条　内務大臣ハ地方公共団体ヲ指定シテ史蹟名勝天然紀念物ノ管理ヲ為セシムルコトヲ得

前項ノ管理ニ要スル費用ハ当該公共団体ノ負担トス

国庫ハ前項ノ費用ニ対シ其ノ一部ヲ補助スルコトヲ得

第六条　第三条ノ規定ニ違反シ又ハ第四条第一項ノ規定ニ依ル命令ニ違反シタル者ハ六月以下ノ禁錮若ハ拘留又ハ百円以下ノ罰金若ハ科料ニ処ス

附則

本法施行ニ関シ必要ナル事項ハ命令ヲ以テ之ヲ定ム

本法施行ノ期日ハ命令ヲ以テ之ヲ定ム

古社寺保存法第十九条ハ本法施行ノ日ヨリ之ヲ廃止ス

(備考ノ一)

本法ハ大正八年勅令第二百六十一号ヲ以テ同年六月一日ヨリ施行

(備考ノ二)

本法内務大臣トアルノハ史蹟名勝天然紀念物保存ニ関スル事務ノ移管ニ因リ昭和三年十二月一日以降ニ於テハ文部大臣之が主務大臣トナル

以上

〈史料33〉

史蹟名勝天然紀念物保存法施行令　勅令第四九九号

大正八年十二月二十九日

改正大正一三年第二八五号、昭和三年二六九号、六年第二四〇号

第一条　当該吏員史蹟名勝天然紀念物保存法第二条ノ規定ニ依ル行為ヲ為サムトスルトキハ少ナクトモ三日前ニ関係土地物件ノ所有者及占有者ニ其ノ旨ヲ通知スヘシ

史蹟名勝天然紀念物保存法第二条ノ規定ニ依ル行為ヲ為ス当該吏員ハ其ノ証票ヲ携帯シ関係者ノ請求アリタルトハ之ヲ示スヘシ

日出前又ハ日没後ニ於テハ占有者ノ承諾アルニ非サレハ史蹟名勝天然紀念物保存法第二条ノ規定ニ依リ邸内ニ立入ルコトヲ得ス

第二条　行政庁史蹟名勝天然紀念物保存法第三条ニ規定スル行為ヲ為サムトスルトキハ地方長官ノ承諾ヲ受クヘシ

第三条　史蹟名勝天然紀念物保存法第二条ノ規定ニ依リ古墳ヲ発掘スル場合ニ於テハ当該吏員ハ地方長官ヲ経由シ文部大臣ノ認可ヲ受クヘシ

史蹟名勝天然紀念物保存法第三条ノ規定ニ依リ古墳ヲ発掘セムスル場合ニ於テ地方長官許可又ハ承認ヲ与フルコトキハ文部大臣ノ認可ヲ受クヘシ

前二項ノ規定ニ依リ文部大臣認可ヲ為ス場合ニ於テハ予メ宮内大臣ニ協議スヘシ

第四条　史蹟名勝天然紀念物保存法第四条第二項ノ規定ニ依ル補償ハ通常生スヘキ損害ニ限リ之ヲ為ス

前項ノ補償ノ額ハ地方長官ト損害ヲ被リタル私人トノ協議ニ依リ之ヲ定ム協議調ハサルトキハ文部大臣鑑定人ノ意見ヲ徴シ之ヲ決定スヘシ

前項ノ規定ニ依ル決定ニ不服アル者ハ文部大臣ニ訴願スルコトヲ得

第五条　史蹟名勝天然紀念物ニシテ国有地ニ属スルモノハ文部大臣之ヲ管理ス但シ官用地又ハ国有林ニ属スル

モノニ付テハ主管ノ大臣ト文部大臣ト協議シテ其ノ管理大臣ヲ定ム
第六条　文部大臣ハ史蹟名勝天然紀念物ニシテ国有ニ属スルモノヨリ生スル収益ヲ管理ノ費用ヲ負擔スル地方公共団体ノ所得ト為スコトヲ得
第七条　史蹟名勝天然紀念物ノ管理ノ費用ヲ負担スル地方公共団体ハ其ノ管理スル史蹟名勝天然紀念物ニ付観覧　料ヲ徴収スルコトヲ得
附則
本令ハ大正九年一月一日ヨリ之ヲ施行ス

〈史料34〉

史蹟名勝天然紀念物保存法施行規則　内務省令第二七号

大正八年十二月二十九日
改正　昭和三年文部省令第十七号
第一条　文部大臣史蹟名勝紀念物ノ指定ニ為シ又ハ其ノ指定ヲ解除シタルトキハ官報ヲ以テ之ヲ告示ス地方長官仮指定ヲ解除シタルトキ亦同シ但シ指定セラレタル物ノ保存上必要ト認メタルトキハ告示セサルコトヲ得
第二条　史蹟名勝天然紀念物保存法第四条第一項ノ禁止若ハ制限ヲ為シタルトキハ官報ヲ以テ之ヲ告示ス但シ指定セラレタル物ノ保存上必要ト認メタルトキハ告示セサルコトヲ得
第三条　史蹟名勝天然紀念物ノ所有者、管理者又ハ占有者ニ変更アリタルトキハ十日以内ニ新タナル所有者、管理者又ハ占有者ヨリ之ヲ地方長官ニ申告スヘシ

史蹟名勝天然紀念物ノ所有者、管理者又ハ占有者其ノ住所氏名ヲ変更シタルトキハ十日以内ニ之ヲ地方長官ニ申告スヘシ
第四条　土地ノ所有者、管理者又ハ占有者古墳又ハ旧蹟ト認ムヘキモノヲ発見シタルトキハ其ノ現状ヲ変更スルコトナク発見ノ日ヨリ十日以内ニ左ノ事項ヲ具シテ地方長官ニ申告スヘシ
一　発見ノ年月日
二　所在地
三　現状
第五条　文部省ニ史蹟名勝天然紀念物ノ台帳ヲ備フ
第六条　第三条及第四条ノ規定ニ違反シタル者ハ二十円以下ノ科料ニ処ス
附則
本則ハ大正九年一月一日ヨリ之ヲ施行ス

〈史料35〉

史蹟名勝天然紀念物保存要目

大正九年一月二十八日

史蹟ニシテ保存スヘシト認ムヘキモノ左ノ如シ
一　都城阯、都阯、行宮阯其ノ他皇室ニ関係深キ史蹟
二　社寺ノ阯跡及祭祀信仰ニ関スル史蹟ニシテ重要ナルモノ
三　古墳及著名ナル人物ノ墓並碑

四　古城阯、城砦、防塁、古戦場、国郡庁阯其ノ他政治軍事ニ関係深キ史蹟
五　政廟、国学、郷学、藩学、文庫又ハ是等ノ阯其ノ他教育、学芸ニ関係深キ史蹟
六　薬園阯、悲田院阯其ノ他社会事業ニ関係アル史蹟
七　古関阯、一里塚、窯阯、市場阯其ノ他産業交通土木等ニ関スル史蹟
八　由緒アル旧宅、苑池、井泉、樹石ノ類
九　貝塚、遺物包含地、神籠石其ノ他人類学考古学上ニ重要ナル遺蹟
十　外国及外国人ニ関係アル重要ナル史蹟
十一重要ナル伝説地

引用参考文献

序　章

今井　堯「明治以降陵墓決定の実態と特質」『歴史評論』三二一、歴史科学協議会、一九七七年
大久保徹也「資料編」『史跡・名勝・天然記念物指定等告示目録』徳島文理大学文学部文化財学科、二〇〇八年
大久保徹也「資料編二都道府県目録」『史跡・名勝・天然記念物指定等告示目録』徳島文理大学文学部文化財学科、二〇〇九年
大久保徹也「記念物指定制度の九〇年」『考古学研究会第五五回総会・研究集会ポスターセッション資料』二〇〇九年
鬼頭清明「文化財行政史ノート」『日本都市論序説』法政大学出版局、一九七七年
塩野　博「明治政府の古墳調査――埼玉県の「陵墓伝説地」をめぐって――」『埼玉県史研究』第三一号、埼玉県立文書一九九六年
鈴木良・高木博志編『文化財と近代日本』山川出版社、二〇〇二年
高木博志『近代天皇制の文化史的研究』校倉書房、一九九七年
田中　琢「遺跡遺物に関する保護原則の確立過程」『考古学論考』平凡社、一九八二年
外池　昇「陵墓伝承と明治政府」『幕末・明治期の陵墓』吉川弘文館、一九九七年
外池　昇『事典　陵墓参考地』吉川弘文館、二〇〇五年
日本史研究会「特集　近代の文化財の歴史認識」『日本史研究』三五一、日本史研究会、一九九一年
山上　豊「明治二、三〇年代の「陵墓」治定をめぐる一考察」『日本文化史研究』第二五号、帝塚山大学、一九九六年
陵墓関係一六学協会『シンポジュム　陵墓公開運動三〇年の総括と展望』陵墓関係一六協会、二〇〇九年
歴史科学協議会「特集　近代日本の文化財問題」『歴史評論』五七三、一九九八年

第一部　第一章　近代古墳保存行政の成立

朝尾直弘ほか編　『岩波講座　日本通史　第一六巻　近代一』岩波書店、一九九四年
朝尾直弘ほか編　『岩波講座　日本通史　第一七巻　近代二』岩波書店、一九九四年
大阪毎日新聞社　『稿本本山彦一翁伝』大阪毎日新聞社、一九二九年
大阪毎日新聞社・東京日日新聞社　『松陰本山彦一翁』故本山彦一社長伝記編纂委員会、一九三七年
堺市立中央図書館編　「堺県公文録九・一〇」『堺研究』一三・一四、堺市立中央図書館、一九八三年
新人物往来社　『「天皇陵」総覧』新人物往来社、一九九四年
鈴木良・高木博志編　『文化財と近代日本』山川出版社、二〇〇二年
高木博志　『近代天皇制の文化史的研究』校倉書房、一九九七年
帝国古蹟取調会　『帝国古蹟取調会会報』一、一九〇〇年
外池　昇　「陵墓伝承と明治政府」『幕末・明治期の陵墓』吉川弘文館、一九九七年
外池　昇　『天皇陵の近代史』吉川弘文館、二〇〇〇年
外池　昇　『事典　陵墓参考地』吉川弘文館、二〇〇五年
東京市役所　『東京市史稿　御墓地編』臨川書店、一九七四年
時枝　努　「近代国家と考古学」『東京国立博物館紀要』三六、東京国立博物館、二〇〇〇年
日本史研究会　「特集　近代の文化財の歴史認識」『日本史研究』三五一、日本史研究会、一九九一年
文化財保護委員会　『文化財保護の歩み』大蔵省印刷局、一九六〇年
文　化　庁　『文化財保護法五〇年史』ぎょうせい、二〇〇一年
宮崎県編　『宮崎県史　近・現代二』宮崎県、二〇〇〇年

第一部　第二章　近代古墳保存行政の展開

朝尾直弘ほか編　『岩波講座　日本通史　第一七巻　近代二』岩波書店、一九九四年
朝尾直弘ほか編　『岩波講座　日本通史　第一八巻　近代三』岩波書店、一九九四年
梅原末治　『持田古墳群』宮崎県教育委員会、一九六九年

大阪府教育委員会『大阪府教育百年史 第一巻 概説編』大阪府教育委員会、一九七三年
大 阪 府『大阪府史蹟名勝天然紀念物調査報告 第七輯』大阪府、一九三六年
菊池 実・十菱駿武『続しらべる 戦争遺跡の辞典』柏書房、二〇〇三年
高鍋町史編さん委員会編『高鍋町史年表』高鍋町、一九八七年
外池 昇『天皇陵論』新人物往来社、二〇〇八年
東京国立博物館『東京国立博物館百年史』東京国立博物館、一九七三年
文化財保護委員会『文化財保護の歩み』大蔵省印刷局、一九六〇年
文化財保護委員会『文化財保護法制定前の文化財の保護をめぐる座談会』、一九六〇年
文 化 庁『文化財保護法五〇年史』ぎょうせい、二〇〇一年
宮崎県編『宮崎県史 史料編 考古二』宮崎県、一九九三年
文 部 省『神武天皇聖蹟調査報告』文部省、一九四二年
文部省大臣官房総務課編『終戦教育事務処理提要 第一集』文部省、一九四五年
文部省大臣官房総務課編『終戦教育事務処理提要 第二集』文部省、一九四六年
文部省大臣官房総務課編『終戦教育事務処理提要 第三集』文部省、一九四九年
文部省大臣官房総務課編『終戦教育事務処理提要 第四集』文部省、一九五〇年

第二部 第三章 陵墓伝承地の変遷

井上正雄『大阪府全志』大阪府全志発行所、一九二二年
大竹秀男「近代土地所有権の形成」『日本近代化の研究 上』東京大学出版会、一九七二年
河内長野市史編纂委員会編『河内長野市史 第八巻 資料編五』河内長野市、一九八一年
河内長野市史編纂委員会編『河内長野市史 第一巻上 本文編考古』河内長野市、一九九四年
河内長野市史編纂委員会編『河内長野市史 第三巻 本文編近現代』河内長野市、二〇〇四年
皇典講究所編纂『現行 神社法規』皇典講究所、一九〇七年

堺市立図書館編　「堺県公文録七・八」『堺研究』一一・一二、堺市立図書館、一九七〇年
外池　昇　『幕末・明治期の陵墓』　吉川弘文館、一九九七年
羽曳野市史編纂委員会編　『羽曳野市史　第五巻　史料編三』羽曳野市、一九八三年
山崎有信　『古社寺保存便覧』都文舎、一九〇三年

第二部　第四章　淡輪古墳群に対する保存施策

朝尾直弘ほか編　『岩波講座　日本通史　第一六巻　近代一』岩波書店、一九九四年
朝尾直弘ほか編　『岩波講座　日本通史　第一七巻　近代二』岩波書店、一九九四年
朝尾直弘ほか編　『岩波講座　日本通史　第一八巻　近代三』岩波書店、一九九四年
石部正志ほか編著　『天皇陵を発掘せよ』三一書房、一九九三年
泉佐野市　『特別展　和泉の王たち』歴史館いずみさの、一九九四年
今井　堯　「明治以降陵墓決定の実態と特質」『歴史評論』三二一、一九七七年
大　阪　府　「第五編名勝旧跡」『大阪府誌』大阪府、一九〇三年
大　阪　府　『大阪府史蹟名勝天然記念物　第四冊』史蹟名勝天然紀念物保存協会大阪支部、一九二九年
大　阪　府　『大阪府史蹟名勝天然紀念物調査報告　第三輯』一九三二年
大　阪　府　『大阪府の史蹟と名勝』大阪府、一九三七年
大　阪　府　『大阪府史蹟調査委員会報』和泉文化研究会、一九八四年
大阪府教育委員会　『大阪府の文化財』一九六二年
大阪府教育委員会　『淡輪遺跡発掘調査概要・Ⅲ』大阪府教育委員会、一九八一年
大阪府泉南郡役所　『泉南記要』大阪府泉南郡役所、一九二六年
尾谷雅比古　「大師山古墳の発見と顕彰」『桃山学院大学総合研究所紀要』三一—三、二〇〇六年
尾谷雅比古　「制度としての近代古墳保存行政の成立」『桃山学院大学総合研究所紀要』三三—三、二〇〇八年
川村恒明　監修・著　根木昭・和田勝彦編著　『文化財政策概論』東海大学出版会、二〇〇二年

鬼頭清明『日本都市論序説』法政大学出版局、一九七七年
宮内省諸陵寮編『陵墓一覧』宮内省諸陵寮、一八九七年
堺市立図書館編「堺県公文録一」『堺研究』五号　堺市立図書館、一九七〇年
堺市立図書館編「堺県公文録二」『堺研究』六号　堺市立図書館、一九七一年
堺市立図書館編「堺県公文録四」『堺研究』七号　堺市立図書館、一九七二年
堺市立図書館編「堺県公文録五」『堺研究』八号　堺市立図書館、一九七五年
堺市立図書館編「堺県公文録六」『堺研究』九号　堺市立図書館、一九七八年
堺市立図書館編「堺県公文録七・八」『堺研究』一一・一二号、堺市立図書館、一九七〇年
堺市立中央図書館編「堺県公文録九・一〇」『堺研究』一三・一四号、堺市立中央図書館、一九八三年
新人物往来社『「天皇陵」総覧』新人物往来社、一九九四年
末永雅雄『古墳の航空大観』学生社、一九七五年
鈴木正幸『国民国家と天皇制』校倉書房、二〇〇〇年
鈴木良・高木博志編『文化財と近代日本』山川出版社、二〇〇二年
高木博志『近代天皇制の文化史的研究』校倉書房、一九九七年
高木博志『近代天皇制と古都』岩波書店、二〇〇六年
淡輪村『淡輪村誌』淡輪村役場、一九四〇年
外池　昇「陵墓伝承と明治政府」『幕末・明治期の陵墓』吉川弘文館、一九九七年
外池　昇『天皇陵の近代史』吉川弘文館、二〇〇〇年
外池　昇『事典　陵墓参考地』吉川弘文館、二〇〇五年
東京国立博物館『東京国立博物館百年史　資料編』東京国立博物館、一九七三年
内閣官報局『明治年間法令全書』原書房、一九八七～一九九四年
内閣印刷局『大正年間法令全書』原書房、一九八四～一九九七年
日本史研究会・京都民科歴史部会編『「陵墓」からみた日本史』青木書店、一九九五年

羽賀祥二　『明治維新と宗教』筑摩書房、一九九四年
羽曳野市史編纂委員会編　「堺県法令集一」『羽曳野資料叢書』第五巻、羽曳野市、一九九二年
羽曳野市史編纂委員会編　「堺県法令集二」『羽曳野資料叢書』第六巻、羽曳野市、一九九二年
羽曳野市史編纂委員会編　「堺県法令集三」『羽曳野資料叢書』第七巻、羽曳野市、一九九二年
羽曳野市史編纂委員会編　「堺県法令集四」『羽曳野資料叢書』第八巻、羽曳野市、一九九二年
阪南町教育委員会　『玉田山遺跡発掘調査報告書』阪南町教育委員会、一九八二年
文化財保護委員会　『文化財保護の歩み』文化財保護委員会、一九九〇年
文　化　庁　『文化財保護法五〇年史』ぎょうせい、二〇〇一年
平　凡　社　『考古学論考　小林行雄博士古稀記念論文集』平凡社、一九八二年
松葉好太郎編　『陵墓誌　古市部見廻区域内』松葉好太郎、一九二五年
丸山宏　『復刻版　史蹟名勝天然紀念物　解説』不二出版、二〇〇三年
岬町教育委員会　『西陵古墳発掘調査報告書』一九七八年
岬町教育委員会　『国指定史跡　西陵古墳発掘調査報告書Ⅱ』一九八〇年
「岬町の歴史」編さん委員会　『岬町の歴史』岬町、一九九五年
茂木雅博　『日本の中の古代天皇陵』慶友社、二〇〇二年
森　浩一　『天皇陵古墳』大巧社、一九九六年
文　部　省　『史蹟名勝天然紀念物一覧』文部省社会教育局文化課、一九四九年
歴史科学協議会　「特集　近代日本の文化財問題」『歴史評論』五七三、一九九八年
吉川弘文館編集部　『近代史必携』吉川弘文館、二〇〇七年
吉村利男　「明治期の野褒野墓治定と修補」『三重の古文化』八一、三重郷土会、一九九九年

第二部　第五章　百舌鳥古墳群の史蹟指定

朝尾直弘ほか編　『岩波講座　日本通史　第一六巻　近代一』岩波書店、一九九四年

朝尾直弘ほか編　『岩波講座　日本通史　第一七巻　近代二』岩波書店、一九九四年
朝尾直弘ほか編　『岩波講座　日本通史　第一八巻　近代三』岩波書店、一九九四年
今井　堯　「明治以降陵墓決定の実態と特質」『歴史評論』第三二一号、一九七七年
石部正志ほか編著　『天皇陵を発掘せよ』三一書房、一九九三年
稲賀繁美　「越境する学術：二〇世紀前半の東アジアの遺跡保存施策」『美術フォーラム二一』六、醍醐書房、二〇〇二年
井上正雄　『大阪府全志』大阪府全志発行所、一九二二年
内田英二　「史蹟名勝天然紀念物保存法解説（一三）」『史蹟名勝天然紀念物』第一一集、一九三六年
大久保徹也　「記（紀）念物指定制度と陵墓制度」『シンポジュウム　陵墓公開運動三〇年の総括と展望』　陵墓関係一六学協会、二〇〇九年
大阪府　「第五編名勝旧跡」『大阪府誌』大阪府、一九〇三年
大阪府　『大阪府史蹟名勝天然記念物　第四冊』史蹟名勝天然紀念物保存協会大阪支部、一九二九年
大阪府　『大阪府の史蹟と名勝』大阪府、一九三七年
大阪府教育委員会編　『大阪府の文化財』大阪府教育委員会、一九六二年
大阪府立近つ飛鳥博物館　「百舌鳥・古市大古墳群展～巨大古墳の時代～」『平成二〇年度冬季特別展　図録』大阪府立近つ飛鳥博物館　図録四七、二〇〇九年
大道弘雄ａ　「大仙陵古墳畔の大発見（上）」『考古学雑誌』二―一二、一九一二年
大道弘雄ｂ　「大仙陵古墳畔の大発見（下）」『考古学雑誌』三―一、一九一二年
鬼頭清明　『日本都市論序説』法政大学出版局、一九七七年
小林行雄博士古稀記念論集刊行委員会編『考古学論考　』平凡社、一九八二年
堺市教育委員会編　『平成一五年度国庫補助事業発掘調査報告書』堺市教育委員会、二〇〇四年
堺市教育委員会編　『平成一六年度国庫補助事業発掘調査報告書』堺市教育委員会、二〇〇四年
堺市教育委員会編　『堺の文化財　百舌鳥古墳群』堺市教育委員会、二〇〇八年
堺市博物館編　『平成二一年度秋季特別展　仁徳陵古墳築造』堺市博物館、二〇〇九年

新人物往来社　『「天皇陵」総覧』新人物往来社、一九九四年
白石太一郎　『古墳と古墳群の研究』塙書房、二〇〇〇年
白石太一郎ほか　『近畿地方における大型古墳群の基礎的研究』六一書房、二〇〇八年
末永雅雄　『古墳の航空大観』学生社、一九七五年
鈴木正幸　『国民国家と天皇制』校倉書房、二〇〇〇年
鈴木良・高木博志編　『文化財と近代日本』山川出版社、二〇〇二年
高木博志　『近代天皇制の文化史的研究』校倉書房、一九九七年
高木博志　『近代天皇制と古都』岩波書店、二〇〇六年
田中　琢　「遺跡遺物に関する保護原則の確立過程」『考古学論考』平凡社、一九八二年
外池　昇　「陵墓伝承と明治政府」『幕末・明治期の陵墓』吉川弘文館、一九九七年
外池　昇　『天皇陵の近代史』吉川弘文館、二〇〇〇年
外池　昇　『事典　陵墓参考地』吉川弘文館、二〇〇五年
時枝　努　「近代国家と考古学」『東京国立博物館紀要』三六、東京国立博物館、二〇〇〇年
中井正弘　「伝仁徳陵古墳の周庭帯と陪塚について」『考古学雑誌』六三―一、一九七七年
中井正弘　『仁徳陵――この巨大な謎――』創元社、一九九二年
日本史研究会　「特集　近代の文化財の歴史認識」『日本史研究』三五一、一九九一年
日本史研究会・京都民科歴史部会編　『「陵墓」からみた日本史』青木書店、一九九五年
文　化　庁　『文化財保護法50年史』ぎょうせい、二〇〇一年
文化財保護委員会編　『文化財保護のあゆみ』文化財保護委員会、一九六〇年
松葉好太郎編　『陵墓誌　古市部見廻区域内』松葉好太郎、一九二五年
丸山二郎　「黒板勝美博士の年譜と業績」『古文化の保存と研究』黒板勝美記念会、一九五三年
丸山　宏　『復刻版　史蹟名勝天然紀念物　解説』不二出版、二〇〇三年
茂木雅博　『日本の中の古代天皇陵』慶友社、二〇〇二年

吉川弘文館編集部　『近代史必携』吉川弘文館、二〇〇七年
歴史科学協議会　「特集　近代日本の文化財問題」『歴史評論』五七三、一九九八年
森　浩一　『天皇陵古墳』大巧社、一九九六年
文部省社会教育局文化課　『史蹟名勝天然紀念物一覧』文部省、一九四九年

第二部　第六章　大師山古墳の保存と顕彰

大阪狭山市立郷土資料館学芸委員会　『末永雅雄先生　常歩無限の一生』大阪狭山市立郷土資料館、一九九二年
大　阪　府　『大阪府史蹟名勝天然紀念物調査報告』第三輯、一九三二年
尾谷雅比古　「昭和九年における建武中興関係史蹟の指定について」『藤澤一夫先生卒寿記念論集』藤澤一夫先生卒寿記念論集刊行会、二〇〇二年
関西大学　『大師山古墳』一九七七年
河内長野市史編纂委員会編　『河内長野市史　第三巻　本文編近現代』河内長野市、二〇〇四年
外池　昇　『天皇陵の近代史』吉川弘文館、二〇〇〇年
時枝　努　「近代国家と考古学」『東京国立博物館紀要』三六、東京国立博物館、二〇〇〇年

第二部　第七章　戦時体制下の古墳保存行政

有田辰美　「新田原古墳群」『宮崎県史　史料編　考古二』宮崎県、一九九三年
有馬義人　「新田原古墳群と百足塚のはにわ」『平成二二年度百足塚古墳のはにわ展展示リーフレット』新富町教育委員会、二〇一一年
梅原末治　『新田原古墳調査報告』宮崎県史蹟名勝天然紀念物調査報告書　第一一輯、宮崎県、一九四一年
大久保徹也　「資料編」『史跡・名勝・天然記念物指定等告示目録』徳島文理大学文学部文化財学科、二〇〇八年
大久保徹也　「資料編二　都道府県目録」『史跡・名勝・天然記念物指定等告示目録』徳島文理大学文学部文化財学科、二〇〇九年

大久保徹也　「記念物指定制度と陵墓制度」『「陵墓」を考える』新泉社、二〇〇九年
蒲原浩宏行　「古墳と豪族」『風土記の考古学五　肥前風土記の巻』同成社、一九九五年
笠原宏行　『日本行政史』慶応義塾大学出版会、二〇一〇年
上峰村史編纂委員会編　『上峰村史』上峰村、一九七九年
菊池実・十菱駿武　『しらべる　戦争遺跡の辞典』柏書房、二〇〇二年
国富町郷土史編さん委員会編　『国富町郷土史　上巻』国富町、二〇〇一年
国富町郷土史編さん委員会編　『国富町郷土史　資料編』国富町、二〇〇一年
郡司松雄　「近代文化の普及」『宮崎県史　近・現代二』宮崎県、二〇〇〇年
坂本太郎ほか　『日本古典文学大系　日本書紀』岩波書店、一九六七年
佐賀県教育委員会　『目達原古墳群調査報告』佐賀県史蹟名勝天然紀念物調査報告第九輯、一九五〇年
新富町編　『新富町史　通史編』新富町、一九九二年
文化財保護委員会　『文化財保護の歩み』大蔵省印刷局、一九六〇年
宮崎県　『六野原古墳調査報告』宮崎県史蹟名勝天然紀念物調査報告書、一九四四年
宮崎県　『復刻　宮崎県西都原古墳調査報告書』西都市教育委員会西都原研究所、一九八三年
和田軍一　「臨時陵墓調査委員会」『古文化の保存と研究』黒板博士記念会、一九五三年

終　章

大久保徹也　「記（紀）念物指定制度と陵墓制度」『シンポジュウム　陵墓公開三〇年の総括と展望』陵墓関係一六学協会、二〇〇九年
故本山彦一社長伝記編纂委員会　『松陰本山彦一翁』大阪毎日新聞社・東京日日新聞社、一九三七年
武知正晃　「天皇巡幸と「陵墓」の確定――弘文天皇陵の確定を素材に――」『文化財と近代日本』山川出版社、二〇〇二年
時枝　努　「近代国家と考古学」『東京国立博物館紀要』三六、東京国立博物館、二〇〇一年

索 引

か

き

【図表一覧】

第１章

第２章

第3章

第4章

第5章

第6章

第7章

終　章

◎著者略歴◎

尾谷雅比古《おたにまさひこ》(雅彦)

1953年,大阪府生れ
1975年,桃山学院大学経済学部卒業
2012年,関西大学大学院文学研究科博士課程後期修了.博士(文学)
(財)大阪文化財センターを経て河内長野市教育委員会で文化財行政を担当
現在,河内長野市立図書館文化遺産普及啓発専門員,関西大学ほか非常勤講師
専門は日本考古学及び文化遺産,文化財行政史

〈主な論文〉
「制度としての近代の古墳保存行政の成立」(『桃山学院大学総合研究所紀要』33-3, 2008年)
「淡輪古墳群に対する保存施策」(『日本考古学』27, 2009年)
「百舌鳥古墳群における近代の史蹟指定」(『考古学研究』57-4, 2009年)ほか

近代《きんだい》古墳《こふん》保存行政《ほぞんぎょうせい》の研究《けんきゅう》

2014(平成26)年2月28日発行

定価:本体7,200円(税別)

著　者　尾谷雅比古
発行者　田中　大
発行所　株式会社　思文閣出版
〒605-0089　京都市東山区元町355
電話 075-751-1781(代表)

組　版　本郷書房
印　刷
製　本　株式会社　シナノ書籍印刷株式会社

ISBN978-4-7842-1734-2 C3021